Chuck Spezzano
Prinzipien des Seins für ein erfolgreiches Leben

Verlag Via Nova

CHUCK SPEZZANO

Prinzipien des Seins für ein erfolgreiches Leben

Auf allen Ebenen Fülle erfahren

via nova
Verlag Via Nova

Übersetzung aus dem Englischen:
Ulrike Kraemer

Originaltitel:
Spiritual Dimensions of Success
The Principles of Being for a Successful Life
Copyright © 2017 Chuck Spezzano

1. Auflage 2017
Verlag Via Nova, Alte Landstr. 12, 36100 Petersberg
Telefon: (06 61) 6 29 73
Fax: (06 61) 96 79 560
E-Mail: info@verlag-vianova.de
Internet: www.verlag-vianova.de
Umschlaggestaltung: Guter Punkt, München
Satz: Sebastian Carl, Amerang
Druck und Verarbeitung: Appel und Klinger, 96277 Schneckenlohe

ISBN 978-3-86616-423-9

Meinem Onkel,
Thomas Spezzano

Inhalt

Einführung

Die Menschen gehen durch das Leben in der Hoffnung, dass ihre Träume wahr werden. Allzu oft zerschlagen diese Träume sich jedoch, und dann leiden sie und ziehen sich vom Leben zurück. Viele Menschen geben auch ihre Lebensaufgabe verloren. Sie richten sich entweder in ihrem Leben, in ihrer Arbeit und in ihren Beziehungen ein, oder ihre Ziele waren von Anfang an nicht sonderlich hoch gesteckt. Ungeachtet dessen, in welchem Stadium deines Lebens du dich befindest, und ganz gleich, ob du unglücklich bist oder Größe erreicht hast, kannst du dein Leben jedoch transformieren, um es mit einem höheren Maß an Schönheit zu erfüllen. Ein schönes Leben ist nicht zwangsläufig ein bedeutendes Leben, sondern vielmehr ein Leben, das dir sowohl Befriedigung als auch Erfüllung schenkt.

Dein Leben muss nicht aufsehenerregend sein. Du musst nicht steinreich sein. Du *wirst* jedoch alle guten Dinge in Fülle besitzen, zu denen vor allem dein Selbstwert und die Bedeutung gehören, die deinem Leben innewohnt. Du wirst vorangelangen, und dein Leben wird von Liebe erfüllt sein. Es wird Verbundenheit, Fluss und die Geburt auf neue Ebenen geben. Es wird Glück und die Lernerfahrungen geben, die dich im Herzen jung und im Geist jugendlich bleiben lassen. Du wirst auch die Fehler ablegen, die du gemacht hast, und du wirst von deinen zerschlagenen Träumen ebenso befreit werden wie von den Mauern deines Egos, die dich vom Glück und von anderen Menschen trennen.

Du wirst lernen zu vertrauen, und das hat zur Folge, dass du Anteile deines Geistes zurückgewinnst, die du verloren hattest. Du wirst dein Herz zurückgewinnen, sodass du einmal mehr von ganzem Herzen geben und empfangen kannst. Du wirst dich wieder neu mit dem reinen Geist verbinden und dir der LIEBE bewusst werden, die GOTT für dich empfindet.

Ein natürlicher Teil dieses Lebens besteht darin, deine Lebensaufgabe zu leben und dich zum goldenen Glanz deiner Bestimmung zu bekennen. Du wirst dich nicht vor dem Schmerz fürchten, sondern ihn vielmehr nutzen, um Transformation zu bewirken. Du wirst deine Selbstliebe und deine Unschuld zurückgewinnen und sie mit den Menschen in deiner Umgebung teilen.

Was du in deinem Leben zulässt, rührt sowohl vom Maß deiner Selbstliebe als auch vom Maß deiner Unschuld her. Es besteht ein direkter Zusammenhang zwischen dem Maß an Liebe, das dein Leben erfüllt, und dem Maß, in dem du dich unschuldig fühlst. Beide vermitteln dir ein Gefühl für deinen Selbstwert. Wenn du in dem Erfolg lebst, der vom Sein kommt, kannst du eine schöne Lebensgeschichte schreiben und den goldenen Glanz in deinem Leben erfahren. Das Maß, in dem du jede Aufopferung aufgegeben hast und nicht länger in einer unwahren Beziehung zu dir selbst lebst, entspricht dem Maß, in dem du in einer richtigen Beziehung zu deinem Partner und zu den Menschen stehst, die dir besonders nahe sind. Heilung zu erlangen, Lernerfahrungen zu machen und in deinem persönlichen Entwicklungsprozess voranzuschreiten heißt, dich zu öffnen und das glückliche Leben zu leben, das du dir wirklich wünschst.

Prinzipien des Erfolges, der vom Sein kommt

1. Gib allen und allem hundert Prozent, denn dann wirst du von allen und allem hundert Prozent empfangen. Das hat zur Folge, dass die Welt schön wird und ihre Gefährlichkeit verliert.
2. Erkenne, dass der HIMMEL dein Freund und dein Verbündeter ist. Es liegt in SEINER Natur, dir alles geben zu wollen. Wenn du etwas nicht hast, steht deine Unabhängigkeit ihm im Weg.
3. Gehe mit dem Fluss und vertraue dem Prozess. Widerstand rührt vom Ego her und erzeugt Schmerz. Vertrauen führt dich dagegen auf eine paradoxe und positive Weise sogar durch extrem negative Erfahrungen hindurch zu einem glücklichen Ergebnis hin.
4. Erinnere dich daran, dass dein Geist die Welt erschafft. Die Welt ist ein Spiegel deines Geistes. Wenn du vergibst und segnest, vergibst du *dir selbst* und segnest *dich selbst*.
5. Wertschätze und liebe dich selbst. Du bist GOTTES kostbares KIND. Den Rest hat dein Ego erfunden, um sein Bedürfnis nach Besonderheit zu nähren. Du kannst *entweder* glücklich *oder* besonders sein, aber nicht beides, weil das eine das jeweils andere der Unwahrheit überführt.
6. Dein Ego ist nicht dein Freund. Es ist gleichbedeutend mit deinen Mauern des Schmerzes, der Angst und der Schuld. Es ist gleichbedeutend mit den Mauern der Selbstzentriertheit und des Selbstangriffs der Identität, die du aufgebaut hast und deren Geisel du bist. Dein Ego plant sogar in diesem Augenblick deinen Tod. Du schuldest ihm keine Treue. Es ist der „Vater der Lügen" und die „Mutter der Illusionen". Es ist das Prinzip der Trennung und nicht der, der du wirklich bist. Es besteht lediglich aus Glaubenssätzen, die du – basierend auf Schmerz, Angst und Schuld – über dich selbst aufgestellt hast. Diese Emotionen waren eine Fehldeutung, die du benutzt hast, um dich zu trennen und eine Identität aufzubauen, während du die Verbundenheit

zerstört und den Preis des „Opfers" bezahlt hast. Du könntest Wahrheit und Frieden anstelle deines Egos haben.

7. Emotionale Reife benutzt alle Emotionen und jede negative Erfahrung, um Heilung zu bewirken. Anderenfalls setzt jede schmerzhafte Begebenheit ein Opfermuster in Gang und wird zu einem Instrument für Schuldzuweisungen, Angriff und Selbstangriff. Außerdem lässt sie ein Muster der Aufopferung und der dissoziierten Unabhängigkeit entstehen.

8. Jedes Problem, das du hast, verbirgt eine Schuldzuweisung, die gegen einen anderen Menschen gerichtet ist. Auf der tiefsten Ebene verurteilst du einen anderen Menschen für das, was *du* getan hast. Vergebung kann euch beide befreien.

9. Glück rührt von Liebe her. Begeistere dich für das Glück und werde zu einem Botschafter der Liebe. Damit hilfst du der Welt und allen, die in ihr wohnen, vor allem aber den Menschen, die du liebst.

10. Segne, statt zu urteilen! Die Welt braucht alle Hilfe, die sie bekommen kann. Ein Urteil trennt dich durch Überlegenheit, verschmilzt dich auf der anderen Seite jedoch in Schuld, Aufopferung und Co-Abhängigkeit. Alle diese Dinge verbergen deine Angst vor dem nächsten Schritt.

11. Lasse alle Schuld fallen und entwickle stattdessen Einfühlsamkeit und die Fähigkeit, auf andere Menschen einzugehen. Schuld und Schuldzuweisungen sind die Lügen des Egos, während die Wahrheit der Unschuld die Welt rettet. Falsches Verstehen erzeugt Schmerz und Urteile, die Leiden verursachen. Deshalb kann Heilung geschehen, denn das, was geheilt wird, ist nicht die Wahrheit. Die Heilung von Illusionen bringt Wahrheit. Sie befreit dich von Schmerz. Verpflichte dich der Heilung anstelle deines „rechtschaffenen" Zorns und Grolls.

12. Beende die Trennung, die allen Schmerz erzeugt. Erinnere dich daran, dass Verbindung mühelos Liebe und Erfolg bringt.

13. Höre auf deine innere Führung. Sie wird dir einen Weg zeigen, auf dem alle gewinnen können. Wechselseitigkeit ist Erfolg.

14. Alle Menschen haben unterschiedliche Aufgaben, aber Ebenbürtigkeit ist das verbindende Prinzip. Es begründet Partnerschaft, Nähe und Erfolg.

15. Die Welt ist der Spiegel deines Geistes. Sie zeigt dir, was du über dich selbst denkst. Bringe dir selbst Güte und Achtung entgegen.

16. Negativität, Emotionen und Probleme weisen darauf hin, dass du eine falsche Entscheidung getroffen hast. Jedes schmerzhafte Ereignis in deinem Leben wurde von deinem Ego geplant. Es benutzt vergangene Ereignisse für seine

eigenen Zwecke, zu denen Ausreden, der Wunsch, deiner Lebensaufgabe aus dem Weg zu gehen, Groll, Rechthaberei, Kontrolle, Angriff und Selbstangriff gehören, um *sich selbst* aufzubauen und zu stärken. Entscheide dich für den richtigen Weg und für das Licht.

17. Große oder chronische Probleme dienen dazu, grundlegende Gaben, deine Lebensaufgabe und deine Bestimmung zu verbergen. Du kannst den HEILIGEN GEIST jederzeit darum bitten, dich sowohl von dem betreffenden Problem als auch von der Angst zu befreien, die das Problem am Leben erhält. Du erfüllst deine Lebensaufgabe nicht. Der HIMMEL erfüllt deine Lebensaufgabe durch dich.

18. Angst rührt von Unabhängigkeit und von dem Glauben her, dass du alles aus eigener Kraft schaffen musst. Die Erinnerung daran, WER mit dir geht, heilt dich.

19. Deine Verpflichtung, einen Schritt vorzutreten, ist deine Verpflichtung, den Anteil deines Herzens und deiner Macht zurückzugewinnen, den du verloren hast. Deine Verpflichtung, einen Schritt vorzutreten, ist deine Verpflichtung zum Leben, zur Wahrheit und zu positiver Veränderung.

20. Wenn du bei allen Dingen den Weg der Heilung gehst, wird Verbindung zu einem zentralen Teil deines Lebens. Verbindung ist die Partnerschaft, die Erfolg bringt.

21. Vergebung, Vertrauen, uneingeschränkte Selbsthingabe und Hilfsbereitschaft gegenüber anderen Menschen mehren dein Glück. Urteile, Groll, Schuld und die Opferrolle zerstören dein Leben. Verpflichte dich stattdessen der Liebe und der Wahrheit.

1

Zwei Wege

Es gibt zwei Wege, die Welt zu betrachten: aus der Sicht des Egos oder aus der Sicht des Glücks. Das Ego will dir weismachen, dass es nur an deinem Glück interessiert ist. In Wirklichkeit ist es jedoch ausschließlich an sich selbst interessiert. Das Ego will ganz einfach seine eigene Macht und seinen eigenen Fortbestand sichern, und wenn es dazu Schmerz, Verlust oder eine Katastrophe herbeiführen muss, dann hat es damit überhaupt kein Problem. Der Weg des Glücks ist dagegen ein Weg der Liebe, der alle Menschen einschließt und uns zum EINSSEIN zurückführt.

Das Ego will uns erfolgreich machen, aber sein Ziel besteht nicht darin, dass wir glücklich sind, sondern vielmehr darin, dass wir besonders sind. Diese Besonderheit ist von Konkurrenzdenken geprägt und schließt andere Menschen *aus*, während das Glück auf Zusammenarbeit gründet und andere Menschen *ein*schließt. Besonderheit beruht auf dem Irrglauben, dass etwas außerhalb von uns selbst uns glücklich macht und dass wir etwas außerhalb von uns selbst bekommen müssen, um unser Glück zu bewahren. Abhängigkeit, Kontrolle, Manipulation und der Wunsch zu nehmen sind die Folgen, die ihrerseits Fallen erzeugen und dann Schmerz nach sich ziehen. Dabei versichert unser Ego uns ständig, dass es in unserem ureigenen Interesse und im Namen von Liebe und Erfolg handelt.

Das Prinzip des Glücks besteht darin, dass bleibendes Glück von innen kommt und dass es verloren gehen kann, wenn du von äußeren Faktoren abhängig bist. Was in unserem Leben fehlt, können wir selbst von innen heraus erschaffen. Wir alle haben ein Ego, aber es sind unsere Entscheidung und unsere Absicht, die uns entweder in die Trennung, die Angst und die Schuldzuweisungen des Egos oder aber zum Glück führen. Wenn wir in einer Situation gefangen sind, die von Schmerz, Verlust, Frustration oder Ärger erfüllt ist, haben wir uns ganz offenkundig von unserem Ego leiten lassen. Wenn wir dann jedoch sofort einen Prozess der Heilung durch Vergebung einleiten, zeigt dies, dass unsere Absicht darin besteht, Frieden und Glück zu erlangen. Wenn wir leiden, beklagt unser Ego sich lautstark, benutzt diese Tatsache jedoch, um Aufmerksamkeit, dunklen Glanz und Besonderheit zu erlangen. Bei allem, was geschieht, will das Ego erreichen, dass sich alles nur um es selbst dreht. Dies hat verheerende Auswirkungen auf unsere Beziehungen, und es bringt den Fluss zum Stillstand. Es führt dazu, dass das Leben von Konkurrenz und Angst erfüllt ist.

Um den Weg des Glücks zu gehen, der ein Weg der Vergebung ist, vergeben wir allen Menschen und allen Dingen, die uns nicht glücklich machen. Dies bringt uns den Frieden wieder zurück, der das Fundament von Liebe, Erfolg, Glück und Fülle ist. Die Besonderheit des Egos bringt uns dagegen höchstens Gier und das, was sie anhäuft, oder aber tiefes Leid.

Um den Weg der Vergebung zu gehen, der Glück und Heilung bringt, schaue dir einfach an, was in einer Situation fehlt, und gib dich uneingeschränkt hin. Du kannst auch auf eine Weise vergeben, die bewirkt, dass die Situation in deiner Wahrnehmung eine heilende Veränderung erfährt.

Schaue heute auf dein Leben zurück. Was hat eine emotionale Verstimmung in dir hervorgerufen? Vergib den betreffenden Ereignissen, bis du im Frieden bist und die ganze Situation neu gestalten kannst. In *Ein Kurs in Wundern* heißt es, dass, wenn du dich selbst nicht für das verurteilst, was du einen anderen Menschen tun siehst, ihr beide frei seid und du dein Gefühl des Wohlseins wiederhergestellt hast. Verpflichte dich jeden Morgen und jeden Abend dem Weg, den du gehen willst. Frage dich dann bei jeder negativen Emotion, wo sich Besonderheit eingeschlichen hat. Nutze die Kraft der Vergebung anstelle der Besonderheit des Egos, um deine Freiheit und dein Glück zurückzuerlangen.

2

Der Kanal war verschlossen

Robin war ein großer, stämmiger, arbeitsloser Bauarbeiter, der ein Herz aus Gold besaß. Er war nicht sehr gesprächig, machte nur ab und an eine treffende Bemerkung oder einen gelegentlichen Witz mit seinen Freunden.

Als er zwei Jahre alt war, wurde sein Bruder geboren, und das hatte er zum Anlass genommen, sich emotional komplett zu verschließen. Bei der Arbeit an seiner finanziellen Situation fanden wir heraus, dass er im Alter von zwei Jahren seinen Kanal der Gnade verschlossen hatte. Zuvor hatte Robin darüber geklagt, dass er für andere Menschen ein Glücksbringer war, dass der Zauber bei ihm selbst aber niemals funktionierte. Er gab zu, dass er es aufgegeben hatte, zu Geld kommen zu wollen. Er hatte das Gefühl, dass seine finanzielle Situation sich nie verbessern würde. Wir gingen dem Ereignis, das Robin im Alter von zwei Jahren widerfahren war, tiefer auf den Grund und fanden heraus, dass es sich dabei sowohl um einen Wutanfall handelte, aus dem heraus er seinen finanziellen Kanal verschlossen hatte, als auch um einen Angriff auf sich selbst, der eine Form von Rache darstellte. Jetzt bekam er Recht, was seine dunklen Glaubenssätze über sich selbst betraf.

Robin hatte schon immer zu den Menschen gehört, die nachsichtig gegenüber allen anderen, aber hart zu sich selbst waren. Zu ihm vordringen und ihn motivieren konnte ich dort, wo es um seine Kinder ging. Ich erklärte ihm, dass sein Selbstangriff nicht vereinzelt war, wie es in *Ein Kurs in Wundern* heißt, sondern dass er, wenn er hart zu sich selbst war, genau dies auch in seinen Kindern verstärkte. Er gab den Mangel und die Geldnot an seine Kinder weiter, sodass auch sie sich später nicht erlauben würden, den Lohn für ihre Arbeit zu empfangen.

Robin war die erste Fokusperson im Workshop. Sie steht sinnbildlich für den Ort, an dem es ihm bestimmt war, vorauszugehen und den Weg zu weisen. Robin war bereit, sich zu ändern, weil der Gedanke, dass er das Muster der Härte zu sich selbst an seine Kinder weitergeben würde, ihm ganz und gar nicht gefiel. Ich bat andere Teilnehmer, seine Rolle des Pioniers und des Wegbereiters der Fülle zu spielen. Seine Gaben an sich selbst waren die Heilung seiner neurotischen Resignation sowie die Bereitschaft, sich am Riemen zu reißen und sich dem Leben hinzugeben.

Ich erklärte ihm, dass er, sobald es ihm gelang, seinen Selbstangriff loszulassen, die Fähigkeit erlangen würde, auch andere Menschen aus ihrer Depression und ihrer neurotischen Resignation zu befreien. Robin trat einen Schritt vor und umarmte den Teilnehmer, der die HIMMLISCHE Gabe der Fülle verkörperte. Danach integrierte er die Gabe, die darin bestand, dass er sich im Irrtum befand, was seine dunklen Glaubenssätze über sich selbst betraf, die Teil seines Wutanfalls und seines Selbstangriffs waren. So war Robin schließlich imstande, seine Gaben und seine Durchbrüche an die Teilnehmer weiterzugeben, die seine Kinder verkörperten. Inzwischen waren alle Teilnehmer des Workshops seinem jungenhaften Charme erlegen und feuerten ihn an. Viele von ihnen erkannten sich in der harten Haltung wieder, die Robin sich selbst gegenüber an den Tag gelegt hatte, sodass sie natürlich darüber frohlockten, dass ein Weg gefunden worden war, der ihn dazu gebracht hatte, den festgefahrenen Ort zu verlassen, an dem er seinen Kanal der Fülle und der Selbstliebe verschlossen hatte.

3

Positiver und negativer Prozess

Bei meinen Untersuchungen darüber, wie Dinge sich für Menschen, Paare, Firmen und die Geschäftswelt ganz allgemein entwickeln, habe ich festgestellt, dass negative Ereignisse nicht die Wahrheit sind. Sie überdecken vielmehr etwas, das eine große positive Wirkung besitzt. Wenn wir lernen, nicht an die Negativität zu glauben, die am Werk ist, dann erlaubt sie uns, nach dem positiven Prozess zu suchen, der sich auf einer *tieferen* Ebene ereignet.

Manche Menschen entdecken das Positive unter dem Negativen, indem sie zuerst meditieren, um Frieden und Zentriertheit zu erlangen, und sich danach intuitiv fragen, worin die Gabe besteht, die in der betreffenden Situation verborgen liegt. Eine andere Möglichkeit besteht darin, einfach deine Augen zu schließen und den HIMMEL oder dein höheres Bewusstsein um Hilfe zu bitten, während du gedanklich bei deiner Erfahrung des negativen Prozesses mit seinen ablenkenden Emotionen verweilst. Das kann dazu führen, dass sich weitere negative Erfahrungen auftun, aber du kannst einfach so lange fortfahren, bis du zum tiefsten Entfaltungsprozess gelangst, der sowohl positiv als auch glücklich ist. Damit baust du auf dem auf, was geschieht, um ein höheres Maß an Erfolg zu erreichen. Du kannst dir in diesem Prozess auch deine Emotionen zunutze machen. Wenn du *fühlst*, was geschieht, werden die alten Emotionen befreit und lösen sich auf. Du verbrennst sie und bringst das, was negativ ist, zum Schmelzen, bis du schließlich im Frieden bist. Wenn du ins Zentrum der Emotion vordringst und fühlst, was dort vor sich geht, kannst du den Prozess beschleunigen.

Akzeptanz erlaubt uns ebenfalls, eine festgefahrene Situation zur Entfaltung zu bringen. Es ist ganz natürlich, dass wir uns gegen Verletztheit, Negativität und andere Emotionen wehren. Die Negativität eines Ereignisses und unsere Emotionen verändern sich jedoch, sobald wir sie akzeptieren. Sie gelangen zum nächsten Schritt voran. Du musst etwas nicht mögen, um es zu akzeptieren! Wenn du es akzeptierst, erlaubst du ihm jedoch, sich zu entfalten.

Vergebung ist eine weitere wunderbare Möglichkeit, um Transformation in einer Situation zu bewirken. Es gibt eine Form der Vergebung, die gleichsam die Projektion und die Negativität zurückzieht, die du außerhalb von dir in einem Menschen oder in einer Situation gesehen hast. Unsere Wahrnehmung und unsere Erfahrung rühren von der Projektion unserer Schuld in Form von Urteilen und in Form unserer Entscheidungen her. Wenn wir unsere Projektion zurückziehen, können wir unsere Schuld neben die Vergebung legen. Dann wird die Schuld befreit, denn die Vergebung bringt die Wahrheit mit sich.

Negative Dinge in deinem Leben helfen dir, die Orte zu erkennen, an denen sich Schmerz verbirgt. Wenn du die Anhaftungen erkennst und loslässt, wird die Situation zunehmend leichter, bis der Fluss in dein Leben zurückkehrt. Sobald du eine Anhaftung loslässt, bist du entweder glücklich oder entdeckst einen weiteren Aspekt, an dem du festhältst und den loszulassen du aufgerufen bist.

Vertrauen gibt dir ebenfalls die Möglichkeit, eine negative Situation zu wenden und dafür zu sorgen, dass sie sich in eine positive Richtung entwickeln kann. Vertrauen ist die Entscheidung, an das zu glauben, was geschieht, statt der Angst nachzugeben. Wenn wir die positive Kraft unseres Geistes auf negative Dinge ausrichten, beginnt die ihnen innewohnende Negativität sich paradoxerweise auf das hin zu entwickeln, was uns Erfolg bringt.

Erkenne, dass der Schlüssel zu jeder Methode, für die du dich entscheidest, in dem Wissen liegt, dass du ein negatives Ereignis zur Entfaltung bringen kannst, sodass ein positiver Fluss entsteht. *Du* kannst es bewirken. Du brauchst negative Dinge nicht zu erleiden. Wenn du Frieden gefunden und die mit ihm einhergehenden Gaben und Gelegenheiten empfangen hast, kann die Situation sich einmal mehr in eine positive Richtung entwickeln, und dies geschieht nicht nur auf einer persönlichen, sondern auch auf einer globalen Ebene.

4

Was wir beweisen

Rufe dir das größte Problem ins Gedächtnis, das du hast. Nimm mit Hilfe deiner Intuition wahr, was dir als Erstes in den Sinn kommt, wenn du dir die folgenden Fragen stellst.

Was beweise ich, indem ich dieses Problem habe?
Was beweise ich über das Leben, indem ich dieses Problem habe?
Was beweise ich über mich selbst?
Was beweise ich über meinen Partner oder meine generelle Einstellung zu einem Partner (wenn du keinen Partner hast)?
Was beweise ich über GOTT?
Was beweise ich über meine Mutter?
Was beweise ich über meinen Vater?

Wir glauben oftmals, dass wir nur das beweisen, was tatsächlich geschieht, aber das entspricht ganz einfach nicht der Wahrheit. *Wir beweisen nur die Dinge, an die wir selbst nicht voll und ganz glauben.* Unsere Beweise kompensieren einen Mangel an Selbstwert und an Selbstvertrauen. Sie kompensieren Selbstkonzepte, die das Gegenteil dessen sind, was wir zu beweisen versuchen.

Wir benutzen jedes Problem, jeden Fehlschlag, jeden Herzensbruch und jede Niederlage auch, um etwas über andere Menschen zu beweisen. Jede Antwort, mit der du etwas über andere Menschen und Dinge beweist, dient einem bestimmten Zweck. Was erlaubt sie dir zu tun? Was willst du mit ihrer Hilfe beweisen?

Diese Fragen stellte ich Mike, der Fokusperson in einem Workshop, während wir an seinen finanziellen Problemen arbeiteten. Seine Antwort lautete, dass seine finanziellen Probleme ihm die Möglichkeit gaben, sich zu verstecken, während er anderen Menschen gegenüber nach wie vor ganz normal erschien. Er bewies, dass das Leben ein Kampf war. Er bewies, dass seine Partnerin unfähig war, wenn es um Geld ging, und dass GOTT ihn ignorierte. Mike projizierte diese Glaubenssätze über sich selbst auf die Menschen in seiner Umgebung. Im Laufe unserer Arbeit erkannte er, dass er ein „Kämpfer" war – das, was er selbst als anspruchsvollen Ehemann bezeichnete. Er erkannte, dass er sich unzulänglich fühlte, wenn es um Geld ging, und dass er GOTT ignorierte, weil GOTT ihn schon per Definition nicht ignorieren konnte.

Als ich Mike fragte, gegen wen er den Groll hegte, der Schicht für Schicht zu diesem Problem geführt hatte, sagte er: „Gegen alle. Mich eingeschlossen."

Je mehr wir redeten, umso mehr erkannte Mike, dass er sein finanzielles Problem benutzte, um sich einerseits abzulenken und andererseits zu verstecken. Er fürchtete sich, und er konnte fühlen, wie Angst tief aus seinem Inneren heraufwaberte, die mit Macht und Machtbesitz zu tun hatte. Er betrachtete Macht als ein Problem. Ich fragte Mike, ob er das Gefühl hatte, dass Geld und Macht ein Problem waren und ob dieses Gefühl von seinem Ego oder von seinem höheren Bewusstsein herrührte. Er antwortete: „Von meinem Ego."

Ich fragte weiter: „Wenn Angst im Spiel ist, entspringt sie dann deinem Ego oder deinem höheren Bewusstsein?" Mike erwiderte: „Meinem Ego."

Ich sagte: „Kommt es dir nicht ein wenig verdächtig vor, dass dein Ego einen Plan für dein Leben hat, du ihm aber nicht wirklich etwas bedeutest? Wäre jetzt nicht ein guter Zeitpunkt, um die Seiten zu wechseln?"

In einem Rollenspiel legte Mike alle erkennbaren negativen Selbstkonzepte in die Hände des HIMMELS und empfing an ihrer Stelle inneren Frieden. Er übergab auch die vielen Teufelskreise und Ablenkungen, die er entdeckt hatte, sowie die ihnen zugrunde liegende Angst, die er empfand, wenn es um Geld, Macht und freie Zeit ging. Er konnte fühlen, wie Freiheit und Begeisterung an die Stelle seiner ursprünglichen Emotionen traten.

Später sagte Mike von sich selbst, er habe einen Paradigmenwechsel vollzogen, als er sein Unterbewusstsein erforschte und erkannte, dass nicht äußere Faktoren die Verantwortung für sein finanzielles Problem trugen, sondern er selbst. Er erkannte, dass alle Methoden, die er bisher angewandt hatte, um seine Probleme zu lösen, die Sache nur verschlimmert hatten. Er erkannte, dass das, was er versucht hatte – sich auf Trab zu halten und von seiner Angst vor Macht und Geld abzulenken –, ganz einfach nicht funktionierte. Nach der Wende in seiner Weltsicht hatte er ein anderes Gefühl für sich selbst und für seine Fähigkeit erlangt, mit Geld umzugehen.

5

Die Macht des Geistes
und die Dualität

Was immer wir wollen, gehört uns. Dies ist die natürliche Macht des Geistes. Was wir uns wünschen, das erschaffen wir. Handelt es sich dabei um eine Illusion, träumen wir lediglich, dass sie wirklich ist. Und wie in unseren nächtlichen Träumen erscheint uns das, was wir wollen, wirklich, obwohl das Leben, wie wir es kennen, ein Traum ist. Dies wird in dem Film *What the Bleep Do We Know?* beschrieben, und es entspricht dem, was viele Mystiker aller spirituellen Richtungen über das Leben und über die Welt sagen. Auch Quantenphysiker sagen, dass wir selbst uns für das entscheiden, was wir in unserem Leben haben wollen, und damit wird unser Leben so, wie wir es entschieden haben.

Unserem Bewusstsein mangelt es jedoch an Ganzheit. Wir haben es durch unsere Selbsturteile unzählige Male gespalten, während wir versucht haben, das abzutrennen, was uns an uns selbst nicht gefiel. Das kann zur Folge haben, dass unser Bewusstsein in Bezug auf fast alle Dinge gespalten ist. Jede Integration dieser Spaltungen bringt jedoch ein höheres Maß an Ganzheit und Selbstvertrauen und vergrößert unsere Fähigkeit zu empfangen. Dualität bedeutet, dass wir etwas wahrnehmen, das nicht Licht, Liebe und Zeitlosigkeit ist. Sie bedeutet, dass wir Zeit und Raum wahrnehmen, oben und unten, links und rechts, Licht und Dunkelheit, Leben und Tod, innen und außen – statt einfach nur Hier und Jetzt.

Wir brauchen uns nicht mit dem kollektiven Bewusstsein und noch nicht einmal mit unserem unbewussten Seelenbewusstsein zu befassen, um ein enorm hohes Maß an Macht zurückzugewinnen, die uns dann zur Verfügung steht, um an unserem Erfolg zu arbeiten. Wir brauchen bei jedem negativen Ereignis lediglich der Frage nachzugehen, was in unserem Leben geschieht.

Dazu wollen wir mit den schmerzhaften Ereignissen in unserer Kindheit beginnen. Jedes dieser Ereignisse ist ein Ort, an dem wir unsere Verbundenheit verloren haben. Aus psychologischer Sicht wäre es richtiger zu sagen, dass dies ein Ort ist, an dem wir unsere Verbundenheit weggeworfen haben, um uns auf die Seite des Egos zu stellen und es aufzubauen. Wir glaubten, mit dieser Unabhängigkeit zugleich Eigenständigkeit zu gewinnen, aber alles, was sie uns eingebracht hat, waren Verlust, Leiden, Krankheit und Schmerz. Diesen Schmerz mussten wir in höchstmöglichem Maße dissoziieren, um weitergehen zu können. Angst, Bedürfnis, Widerstand, Verlust und Schmerz haben den Platz der Verbundenheit eingenommen und uns außerdem ein gespaltenes Bewusstsein eingebracht. Ein Anteil unseres Bewusstseins strebt nach Liebe und Erfolg, während die anderen, verborgenen Anteile nach der Unabhängigkeit streben, von der wir glauben, sie könne uns Eigenständigkeit geben.

Um Liebe und Erfolg zu verwirklichen, müssten wir uns wieder neu verbinden. Das würde den verborgenen, unabhängigen Anteil jedoch völlig aus dem Konzept bringen, da er fälschlicherweise glaubt, dass der Weg zum Glück über die Trennung führt. Diese Pattsituation erzeugt einen Konflikt, wenn es darum geht, das zu bekommen, was wir wollen. Manchmal ist unser Streben nach Erfolg mit einem derart hohen Maß an Stress verbunden, dass wir die ganze Belohnung, die damit einhergeht, dass wir unsere Ziele erreichen, allein dafür aufbrauchen, den Stress zu kompensieren. Manchmal weigern wir uns auch, noch erfolgreicher zu sein, weil dies lediglich noch mehr Stress und eine noch größere Belastung bedeuten würde. Das zeigt, dass unser Erfolg nicht echt, sondern eine Form von Aufopferung war, in der wir uns angetrieben haben, ohne uns selbst einzubeziehen. Verbundenheit macht das Leben dagegen leicht und lässt uns mühelos erfolgreich sein.

Wir leben in einer dualistischen Welt, aber jeder Akt der Vergebung, der Verbindung und der Integration lässt uns ein höheres Maß an Ganzheit und größere Willensstärke im besten Sinne des Wortes erlangen. Wie wir entscheiden, so ist es. Die unzähligen Anteile unseres Bewusstseins entscheiden sich zu dem Zeitpunkt für ihr jeweiliges Ziel, an dem auch wir uns für unser bewusstes Ziel entscheiden. Das sorgt dafür, dass alle denkbaren Ergebnisse möglich sind. Manchmal reicht unsere Konzentration aus, um uns für das zu entscheiden, wonach wir gesucht haben, und es zu manifestieren. Zu anderen Zeiten arbeiten wir hart für unser Ziel und erkennen nicht, dass gemischte Ergebnisse, Widerstand und Probleme in dem Maße auftreten, in dem unser Bewusstsein gespalten und in der Dualität gefangen ist, weil alle diese Dinge die verborgenen Anteile unseres gespaltenen Bewusstseins verkörpern.

Wenn wir ein Problem haben, können wir den Menschen und Dingen vergeben, die uns zu behindern scheinen, denn sie verkörpern den abgespaltenen Anteil unseres Bewusstseins mit seiner Angst, seiner Unzulänglichkeit, seiner Schwäche, seiner Schuld und seinem Schmerz. Wir können auch unser höheres Bewusstsein darum bitten, das Hindernis mit unserem Wunsch nach Erfolg so oft zu integrieren, wie der Konflikt in Schichten in unserem Bewusstsein nach unten reicht.

Orte, an denen wir die Erfahrung von Getriebenheit, harter Arbeit, Aufopferung, Stress und Burnout machen, keine Belohnung empfangen oder uns womöglich sogar in einem besonders positiven Licht sehen, weisen meist auf Kompensationen schwächerer oder dunklerer Selbstkonzepte hin. Wir können in diesem Fall unser höheres Bewusstsein um die Integration aller Ebenen unseres Bewusstseins bitten, auf denen wir in einem Konflikt gefangen sind. Verpflichtung ist ebenfalls eine Möglichkeit, unser gespaltenes Bewusstsein zu einen. Immer dann, wenn wir uns in der gegenwärtigen Situation uns selbst, dem, was uns scheinbar behindert, und dem nächsten Schritt von ganzem Herzen hingeben, werden die Fehler der Vergangenheit berichtigt. Immer dann, wenn wir uns einem Menschen oder einer Sache verpflichten, wird ein Konflikt aus der Vergangenheit zu neuer Ganzheit geführt.

Wenn du es heute mit einem aktuellen Problem zu tun hast, frage dich intuitiv, wo die Wurzel dieses Problems liegt.

> Wenn du wüsstest, wie alt du warst, dann warst du vermutlich _____ alt.
> Wenn du wüsstest, wer bei dir war, dann war es vermutlich _____.
> Wenn du wüstest, was damals geschehen ist, dann war es vermutlich
> _____ .
> Wenn du wüsstest, worin das Muster besteht, das aus dieser Wurzel hervorgegangen ist und dich bis heute beeinflusst, dann ist es vermutlich _____ .
> Wenn du wüsstest, zu wie viel Prozent du dich damals verloren hast, dann sind es vermutlich _____ %.

Heiße diesen Anteil deiner selbst nun durch Integration wieder willkommen. Wenn du mehr als 100% verloren hast, stehen jeweils 100% für ein Selbst, das gestorben ist. Hauche diesen Selbstanteilen den heiligen Atem des Lebens ein, um sie zu neuem Leben zu erwecken, bevor du sie wieder in die Ganzheit deines Geistes hinein willkommen heißt.

Frage dich, auf wie vielen Ebenen dein Bewusstsein zur damaligen Zeit gespalten wurde.

Bitte dann darum, dass deinem Bewusstsein auf all diesen Ebenen neue Ganzheit geschenkt wird und dass diese Ganzheit mit allen an der Situation beteiligten Menschen geteilt werden möge.

Verpflichte dich uneingeschränkt allen an der Situation beteiligten Menschen, ihren Beziehungen und der Situation selbst. Vergib dir selbst für die falsche Entscheidung, die dich dazu gebracht hat, andere Menschen oder eine Situation zu benutzen, um dich von Verbundenheit, Frieden, Authentizität, Freiheit und Partnerschaft abzuspalten. Würdest du dich selbst für das Verhalten jedes der anderen an der Situation beteiligten Menschen verurteilen?

Wenn du dich dafür entscheidest, dir selbst keine Schuld zu geben, seid ihr beide frei. Der betreffende Mensch brauchte in der Situation lediglich Hilfe, und das gilt auch für dich. Nun kannst du nicht nur das Ereignis selbst berichtigen, sondern zugleich das Muster, das aus diesem Ereignis hervorgegangen ist.

6

Erfolg rührt von dem her,
was du anbietest

Denke einen Augenblick lang über dein Leben nach. Was scheint ihm zu fehlen? Um Erfüllung zu finden, müssen wir offen sein, damit wir empfangen können, und wir müssen uns würdig fühlen und offen dafür sein, den Erfolg anzunehmen. Gefühle der Unwürdigkeit und die Weigerung, uns zu öffnen, können ein chronisches Problem sein. Wir sind in vielen Teufelskreisen aus Schuld und Unwürdigkeit gefangen, die Urteile und Schuldzuweisungen erzeugen. Dadurch verstärkt sich unser Gefühl, unwürdig zu sein. Es gibt jedoch einen einfachen Weg, alle diese Dinge aufzulösen, wenn wir uns dafür entscheiden, ihn zu gehen. Wenn wir Erfolg haben wollen, müssen wir Erfolg anbieten. Das bringt uns wieder zu der Frage zurück, worin die wichtigsten Elemente bestehen, die notwendig sind, um Erfolg anzubieten.

Das erste Prinzip ist eine positive Einstellung, denn ohne sie kann nichts anderes gelingen. Wenn du nicht in eine positive Richtung gehst, gehst du nicht in Richtung deines Erfolges. Eine negative Einstellung hat mit Urteilen, Groll, Klagen, Selbstangriff, Schuld und Angst zu tun. Du kannst ganz einfach keinen Erfolg haben, wenn du diese Elemente in dir trägst. Probleme und die Bürden, die dich behindern, drücken dich nieder. Diese selbstsabotierenden Elemente sind tatsächlich meist Teil alter Familienmuster, die von Aufopferung zeugen und davon, dass du eine große Last trägst. Sie werden durch ein höheres Maß an wahrhaftiger Selbsthingabe transformiert. Eine positive Einstellung ist von Optimismus und einer zupackenden Haltung geprägt.

Das zweite Prinzip ist Selbstvertrauen. Selbstvertrauen ist gleichbedeutend damit, die Kraft deines Geistes in eine positive Richtung zu lenken. Es ist gleichbedeutend mit dem Wissen, dass es zu schaffen ist, dass du es schaffen kannst und dass du es verdient hast. Der Himmel unterstützt dich und stärkt dir den Rücken. Die Gnade vollbringt es durch dich. Selbstvertrauen heißt, den Glauben in all das zu bewahren, was wahr ist. Es bedeutet, an den Erfolg zu glauben, und ist unwiderstehlich.

Das nächste Element des Erfolges ist Geben. Wir können nur durch unser Geben erfolgreich sein. Wir können nur durch Geben verhindern, in einen der Teufelskreise zu geraten, die sich um Aufopferung, Burnout, Erschöpfung, Dissoziation, Leblosigkeit und Begrenzung drehen. Unser Geben lässt uns empfangen. Es gibt uns selbst und anderen Menschen einen Wert. Es dehnt uns aus und lässt uns über unsere selbstauferlegten Begrenzungen der Vergangenheit hinausgelangen. Der machtvollste Aspekt des Gebens besteht darin, uns selbst hinzugeben. Wenn wir uns uneingeschränkt hingeben, werden neue Ebenen des Erfolges erreicht. Selbsthingabe lässt uns über die Tyrannei unserer Familienmuster hinausgelangen. Wir überwinden die Abhängigkeit und das Opferdenken ebenso wie die dissoziierte Unabhängigkeit und ihr Unvermögen, zu empfangen oder Erfüllung in der Partnerschaft zu finden.

Das nächste Element des Erfolges ist die Partnerschaft selbst. In der Partnerschaft sind wir über die Angst und die konfliktbringende Konkurrenz hinausgelangt und haben ein Stadium der Zusammenarbeit erreicht. Partnerschaft ist das Gleichgewicht zwischen dem, was wir geben, und dem, was wir empfangen, sowie zwischen unserer männlichen und unserer weiblichen Seite. Dieses Gleichgewicht gibt uns das Glück und den Erfolg, den wir anstreben. Partnerschaft bringt uns Verbundenheit und Zusammengehörigkeit, die unsere Vergangenheit erneuern und die unsere dunklen Geschichten in Geschichten des Erfolges und der Liebe verwandeln. Partnerschaft lässt uns den Lohn unserer Arbeit empfangen und erzeugt neuen Fluss. Sie bringt uns Glück, Gelegenheiten und schöne Überraschungen.

Der positive Einsatz unserer Geistes- und Herzenskraft gehört zu den Dingen, die Partnerschaft und das mit ihr einhergehende höhere Maß an Geben und Empfangen sowie den nächsten Aspekt unseres Erfolges herbeiführen. Das bedeutet, dass wir die Kraft unseres Geistes dazu nutzen, eine erfolgreiche Zukunft zu manifestieren, zu sehen und zu erschaffen. Es bedeutet, dass wir die Liebe, den Mut und das Verlangen unseres Herzens einsetzen, um auf einer neuen Ebene erfolgreich zu sein. Interessanterweise stammt *courage*, das englische Wort für Mut, von *cor* ab, dem lateinischen Wort für Herz. Mut zu haben bedeutet, die Kraft des eigenen Herzens einzusetzen, im eigenen Herzen zu sein.

Wir können die Kraft des Geistes und des Herzens gemeinsam einsetzen, um die noch mächtigere Kraft des Willens zum Erfolg hervorzubringen. Der Wille zum Erfolg ist ein Aspekt unseres reinen Geistes und ein wesentlicher Faktor, wenn es darum geht, erfolgreich zu sein.

Hinzu kommt noch ein spirituelles Element, das von der Erkenntnis herrührt, dass GOTT die LIEBE ist und dass ER nur das Beste für uns will. Wir legen die Situation und ihre Entwicklung also in GOTTES HÄNDE in dem Wissen, dass uns der Inbegriff an erfülltem Erfolg gewiss ist.

7

Klein bleiben

Eine Möglichkeit, andere Menschen von selbstsabotierenden Mustern zu befreien, besteht darin, dass wir ihnen helfen, die Dynamiken zu entdecken, die ihrem Problem zugrunde liegen. Dabei handelt es sich um die falschen Entscheidungen, die sie getroffen haben, als sie das Ego zu ihrem Lebenslehrer gemacht haben. Sie hätten stattdessen auf ihr höheres Bewusstsein hören und ihrem Leben dadurch eine völlig andere Richtung geben können. Das höhere Bewusstsein ist auf ein erfülltes und glückliches Leben nicht nur für dich, sondern für alle Menschen bedacht. Das Ego wettert unablässig, dass dies unmöglich ist, und tut dann etwas, das niemandem dient, nicht einmal dir, sondern nur ihm selbst.

Im Laufe der zahllosen Male, die ich mit Menschen zu den Wurzeln ihrer Probleme zurückgekehrt bin, habe ich entdeckt, dass eine der häufigsten falschen Entscheidungen, die wir zugunsten unseres Egos treffen, darin besteht, uns zu verstecken oder klein zu bleiben. Damit entscheiden wir uns für die Schrumpfung. Die Angst, die der Motor für diese Entscheidung war, wird dadurch jedoch nicht geheilt, sondern vielmehr verstärkt. Je mehr wir schrumpfen und uns verstecken, umso unfähiger fühlen wir uns, uns mit den Dingen zu befassen, mit denen wir uns befassen müssen. Die Entscheidung, klein zu bleiben, bildet somit einen Teufelskreis mit der Angst, die uns zu dieser Entscheidung gebracht hat. So glauben wir vielleicht, uns in geringerem Maße aufopfern zu müssen, wenn wir klein bleiben. Klein zu bleiben hat im Gegenteil jedoch ein weit höheres Maß an Aufopferung zur Folge. Wir müssen alle Dinge, die zu tun wir aufgerufen sind, von einer Position der Kleinheit und der Zurückgezogenheit aus tun. Ein kleines Leben zu führen, ist eine Form von Aufopferung, ganz zu schweigen davon, dass Kleinheit unsere Fähigkeit, zu empfangen, naturgemäß schrumpfen lässt. Die Opfersituation, die wir als Ausrede benutzt haben, um klein zu bleiben, zieht somit weitere Opfersituationen und weitere Kleinheit nach sich.

Die Entscheidung, klein zu sein, ist Teil einer Strategie des Egos, die einfach nicht funktioniert. Sie verleumdet unser wahres Selbst, das als Potenzial in uns wartet. Klein zu bleiben ist eine Form von Selbstverrat, der die Menschen verrät, denen wir auf einer Seelenebene versprochen haben, dass wir sie retten würden. Wenn sie flussabwärts mitgerissen werden, lassen wir uns noch nicht einmal blicken, um sie zu ergreifen, oder – noch schlimmer – wir können nicht bis zu ihnen hinausreichen, weil wir uns dafür entschieden haben, klein zu bleiben.

Unsere Entscheidung, klein zu bleiben, kann umgekehrt werden. Wie wir uns dafür entschieden haben, klein zu bleiben, so können wir uns nun auch dafür entscheiden, unseren wahren Ausdruck zu finden.

Klein zu bleiben, wenn es um unsere Bestimmung geht, der zu sein, der zu sein wir versprochen haben, ist nicht das Gegenteil von Selbstüberhöhung. Größenwahn und Kleinheit sind die beiden Seiten *ein und derselben* Münze. Kleinheit ist vorgetäuschte Demut. Dein wahres Selbst birgt Größe und Erhabenheit in sich.

Manche Menschen entscheiden sich gegen eine Beförderung im Beruf oder gegen die Erweiterung ihres Geschäfts, weil der Zeitaufwand, der dafür erforderlich wäre, ihre Familie oder ihren Partner verletzen könnte. Das kann tatsächlich ein Zeichen von Größe und dafür sein, dass sie ihre Prioritäten richtig gesetzt haben. Es ist jedoch eine völlig andere Erfahrung, als sich zu verstecken und klein zu bleiben.

Unterziehe dein bisheriges Leben einer Prüfung.

  Hast du dich dafür entschieden, klein zu bleiben, als du im Mutterleib warst?

  Bei deiner Geburt?

  In deiner Kindheit?

  In deiner Jugend?

  Als Teenager?

  Als junger Erwachsener?

  Wer war zu diesen Zeiten anwesend?

  Was ist geschehen?

  Was hat das Ego dir für deine Entscheidung zugunsten der Kleinheit versprochen?

  Hat das Ego sein Versprechen gehalten?

  Falls ja, hat es dich glücklich gemacht?

Stelle dir vor, dass du nun den Weg deines höheren Bewusstseins wählst. Nimm die Gaben an, die dir angeboten werden, und teile sie dann mit allen Menschen, die an der ursprünglichen Situation beteiligt waren. Gehe dann weiter auf diesem Weg, bis du in der Gegenwart angekommen bist, und lasse dich von deinem höheren Bewusstsein führen. Teile die Gabe nun mit den Menschen in deinem Umfeld. Welche Entscheidung willst du an den ursprünglichen Wegkreuzungen treffen, nachdem du nun weißt, was du weißt? Du kannst dich für deine Größe entscheiden. Dies ist auch die Entscheidung, die der HIMMEL für dich trifft, und der HIMMEL irrt sich niemals.

8

Akzeptanz

Wenn du nicht akzeptieren kannst, lebst du ein Leben, das von Widerstand geprägt ist. Wenn du ein Leben lebst, das von Widerstand geprägt ist, lebst du ein Leben, das von Verletzung, Herzensbruch und unweigerlich auch von Rache erfüllt ist, weil Rache, Verletzung und Herzensbruch einen Teufelskreis bilden. Wo wir Rache üben wollen, werfen wir uns als ungeliebt und nicht liebenswert weg und greifen andere Menschen und das Leben an. Dies setzt ein Muster aus Herzensbruch, Niederlage und weiteren zerschlagenen Träumen in Gang. Wo wir in einer Beziehung einen Herzensbruch erleiden, müssen wir im gleichen Maße auch Rückschläge im Leben und Niederlagen im Beruf oder in unserer beruflichen Laufbahn hinnehmen. Es findet ein Verlust von Akzeptanz und Selbstvertrauen statt.

Negative Dinge sind nur dann schlecht, wenn wir sie als schlecht verurteilen. Das hat zur Folge, dass wir uns selbst ebenfalls als schlecht verurteilen. Der Mensch, dem es gelänge, durchs Leben zu gehen, ohne verletzt zu werden, wäre ein wirklich erstaunlicher Mensch, wenn man bedenkt, in welch hohem Maße unser Bewusstsein gespalten ist. Ein gespaltenes Bewusstsein erzeugt Widerstand, und Widerstand führt dazu, dass wir verletzt werden. Jedes Mal, wenn wir unser Bewusstsein spalten, ist eine Verletzung die Folge. Wir leisten Widerstand und scheinen oberflächlich betrachtet etwas zu verlieren. Unter dem Schmerz des Verlustes liegt jedoch ein Anteil unserer selbst verborgen, der das, was wir verloren haben, nicht wollte. Nichts kann geschehen, ohne dass wir uns dafür entschieden haben. Was wir als schlecht verurteilt und abgespalten haben, trifft nach wie vor Entscheidungen über unser Leben. Wenn unser Bewusstsein gespalten ist, dann verbergen wir den abgespaltenen Anteil vor uns selbst. Das hat zur Folge, dass wir zwei unterschiedliche Dinge wollen, uns aber nur dessen gewahr sind, was wir bewusst wollen. Wir vergraben das Selbst, mit dem wir uns in geringerem Maße identifizieren, und seine Entscheidung. Ein gespaltenes Bewusstsein führt zu emotionaler Verletztheit, Konflikt, Herzensbruch und zerschlagenen Träumen. Wir identifizieren uns ausschließlich mit unserer bewussten, bevorzugten Entscheidung. Die Tatsache, dass wir die andere Seite verbergen, hat aber zur Folge, dass wir sie nicht ändern können, und deshalb kann sie uns aus dem Hinterhalt angreifen. Wir identifizieren uns mit unserem bewussten Anteil, um ein gewisses Maß an Integrität im Denken zu bewahren und damit unseren Stress möglichst gering zu halten. Wenn der abgespaltene Anteil unseres Bewusstseins jedoch zur Oberfläche steigt und uns als Hindernis in unserer Welt begegnet, kann er uns nicht nur verletzen, sondern sogar einen Herzensbruch hervorrufen. Wir haben uns jedoch bereits vorher in einem Konflikt befunden und den weniger populären Anteil im Unterbewusstsein vergraben.

> „Der Geist strebt immer nach Integration, und wenn er gespalten ist und DIE SPALTUNG AUFRECHTERHALTEN WILL, so wird er glauben, dass er EIN Ziel hat, indem er es ZU EINEM MACHT."
>
> *Ein Kurs in Wundern*, Urtext

Etwas, das uns verletzt, bietet uns die Gelegenheit, die Spaltung und das Muster der Verletztheit zu heilen. Verletztheit ist die Folge eines gespaltenen Bewusstseins. Akzeptanz bringt uns über den Widerstand hinaus, der dafür gesorgt hat, dass wir auf der Stelle treten und uns verletzt fühlen. Der Konflikt eines gespaltenen Bewusstseins hindert uns daran, den nächsten Schritt zu gehen, denn wenn wir versuchen, ihn ohne Akzeptanz oder Integration zu gehen, fühlt eine Seite sehr bitter den Verlust, der daher rührt, dass ihre Bedürfnisse nicht erfüllt wurden, und das kann äußerst schmerzhaft sein.

Alles, was in unserer Welt unserem Willen scheinbar zuwiderläuft, steht also ganz einfach für einen anderen Anteil unseres Willens. Wenn wir ein Ereignis akzeptieren, können wir den nächsten Schritt mit echter Integrität gehen, ohne uns verletzt zu fühlen und ohne den Teufelskreis aus Niederlage und Rache fortzusetzen. Rache bedeutet auf der tiefsten Ebene, dass wir uns selbst verletzt oder sogar aufgegeben haben müssen, um uns die Erlaubnis zu erteilen, einen anderen Menschen dafür anzugreifen, dass er unser Bedürfnis nicht erfüllt hat. Darunter verbirgt sich Widerstand, weil wir uns davor fürchten, den nächsten Schritt zu gehen. Unsere Verletztheit und unser Herzensbruch liefern uns die Ausrede dafür, es nicht zu tun.

Unterziehe die letzten sechs Monate deines Lebens einer Prüfung. Hat es einen Ort gegeben, an dem du dich verletzt gefühlt oder einen Rückschlag erlitten hast? Hat es in der letzten Woche einen Ort gegeben, an dem du Gefühle der Verletztheit oder der Selbstentwertung empfunden hast? Diese Orte verlangen nach Akzeptanz. Möchtest du nicht mehr länger an Orten der Verletztheit, des Herzensbruchs, der Niederlage und der Rache feststecken?

Wenn du aus deinem alten Muster der Verletztheit, der Selbstsabotage und der Rache ausbrechen möchtest, wärest du dann bereit, das zu akzeptieren, was geschehen ist? Denke daran, dass es dir nicht gefallen muss, aber sei bereit zu akzeptieren, dass es geschehen *ist*.

Wärest du bereit, es jetzt zu akzeptieren, damit du dich nicht nur besser fühlen, sondern auch zu einem höheren Maß an Erfolg vorangehen kannst? Akzeptanz bedeutet, dass du zum nächsten Schritt gelangst und dass dein Leben sich entfalten kann. Du gehst zu einer besseren Lebensweise voran. Willst du das jetzt nicht tun?

9

Angst vor Größe

Angst vor Größe bedeutet, dass wir uns davor fürchten, vorzutreten und unser Licht wie ein strahlender Stern leuchten zu lassen. An irgendeiner Wegkreuzung unseres Lebens haben wir uns von unserer Größe abgewandt und haben uns stattdessen für die Kleinheit entschieden. Ein Trauma war der Preis, den wir dafür bezahlt haben. Neben der emotionalen Wunde des Problems hat die Abkehr von der Antwort und von unserer Größe auch ein selbstsabotierendes Muster erzeugt. Mit der Abkehr von unserer Größe haben wir uns selbst und alle Menschen verraten, die wir hätten retten können, und wir haben ein hohes Maß an Zeit und Mühe vergeudet. Weil wir uns davor gefürchtet haben, ein leuchtender Stern zu sein, haben wir uns von dem abgewandt, was wir in diesem Leben vollbringen wollten. Weil wir es satt haben, immer wieder Niederlagen zu erleiden, kann es häufig passieren, dass wir entweder anfangen, andere Menschen zu tyrannisieren, oder uns vom Leben zurückziehen. Das kann nur zur Folge haben, dass unser Leben noch härter und schwieriger wird. Die Schwäche und das selbstsabotierende Muster, das mit dem Trauma entstanden ist, machen es wesentlich wahrscheinlicher, dass wir erneut zum Opfer werden.

Unsere Größe ist die Wahrheit, und selbst die Größe, die dieses Leben zu bieten hat, ist klein im Vergleich zu dem, der wir in spiritueller Hinsicht wirklich sind. Unsere Größe trägt dazu bei, unser Leben und das Leben der Menschen in unserer Umgebung müheloser und glücklicher zu machen.

Wir verstecken uns nur allzu oft hinter der Arroganz der Kleinheit. GOTT, der die GRÖSSE SELBST ist, hat uns als groß geschaffen. Statt uns zu unserer Größe zu bekennen, haben wir jedoch gegen sie rebelliert. Wir tragen einen Autoritätskonflikt in uns, der sowohl Glück als auch Größe ablehnt. Wir tun es, um klein bleiben zu können in einer Welt arroganter kleiner Menschen, die auf Zustimmung aus sind und versuchen, sich aneinander anzupassen.

Heute ist ein Tag, um dich deiner Größe und deiner Mühelosigkeit zu verpflichten und damit die Tür für das große Glück zu öffnen, das kommt, wenn du vortrittst und dich zu dem bekennst, dessentwegen du hier bist. Du kannst deine Angst vor Größe dem HIMMEL übergeben, damit ER sie als die Illusion auflösen kann, die sie ist. Um der Menschen willen, die du liebst, und um deiner selbst willen bekenne dich zu der Größe, in der du geschaffen wurdest. Der HIMMEL ist stets bestrebt, dich daran zu erinnern! Möge diese Lektion dir als eine weitere Erinnerung dienen. Sie ist ein großer Schritt, wenn es darum geht, Wahrheit von Falschheit zu trennen.

10

Rückzug heilen

Die meisten Menschen sind zumindest teilweise vom Leben abgeschnitten. Bei jedem Trauma und manchmal auch bei jedem Schmerz und jeder Enttäuschung ziehen wir uns vom Leben zurück. Ich frage die Teilnehmer meiner Workshops manchmal, wie viele Schritte sie sich vom Leben zurückgezogen haben. Bei der besten Antwort, die ich jemals gehört habe, waren es zwei Schritte, während es bei der schlimmsten Antwort tausend Schritte waren.

Kontakt ist der Ort, an dem der Erfolg zu finden ist. Es ist der Ort, an dem das Leben reizvoll und vergnüglich ist. Kontakt ist der Ort, an dem die Nähe zu finden ist. Wenn du keinen Kontakt hast, bist du nicht verbunden, und du kannst weder erfolgreich sein noch wirklich empfangen. Damit wird alles zu einem Akt der Aufopferung. Je weiter du vom Leben entfernt bist, umso weniger Erfolg hast du. Wie viele Schritte hast du dich vom Leben zurückgezogen? Ist das Leben für dich so hart? Du kannst dich dafür entscheiden, wieder auf das Leben zuzugehen. Es war deine Entscheidung hinzusehen, und es ist auch deine Entscheidung, dich wieder zu verbinden und den Kontakt wieder herzustellen.

Sobald du wieder mit dem Leben verbunden bist, kannst du auch andere Bereiche überprüfen, um herauszufinden, wie weit du von Erfüllung und von einem glücklichen Leben entfernt bist.

Wie viele Schritte hast du dich zurückgezogen?

1. Liebe
2. Wahre Liebe
3. Partner
4. Kinder
5. Ursprungsfamilie
6. Erfolg

7. Macht
8. Vergnügen
9. Attraktivität
10. Hilfsbereitschaft gegenüber anderen Menschen
11. Glück
12. Kreativität
13. Beziehungen
14. Sex
15. Geld
16. Fülle
17. Freizeit
18. Spiritualität
19. Humor
20. Effektivität
21. Selbst
22. Lebensaufgabe

Punkt für Punkt kannst du jetzt die Entscheidung treffen, vorzutreten und den Kontakt wiederherzustellen.

11

Das wieder willkommen heißen, was du verloren hattest

Wenn Menschen leiden, enttäuscht werden oder traumatisiert sind, werfen sie oft bestimmte Aspekte von sich selbst weg. Sie werfen einen bestimmten Prozentsatz von sich selbst weg, und das heißt im Grunde genommen, dass sie aufgeben. Diese Tatsache wird häufig verdrängt oder vergessen, weil sie in einem sehr frühen Stadium geschehen ist. So wird beispielsweise im Alter von zwei Jahren unser Beziehungsmuster festgelegt. Das heißt nicht, dass es im Laufe unseres Lebens nicht noch andere Ereignisse gibt, die einen Einfluss auf unsere Beziehungen haben, aber das Muster wird im Alter von zwei Jahren festgelegt. Wir treffen unterbewusste Entscheidungen oder treffen sie bewusst, verdrängen sie dann aber sofort in unser Unterbewusstsein. Das macht es sehr schwer für uns, Heilung zu erlangen. Nun können wir diese Bereiche einer bewussten Prüfung unterziehen, und wo etwas fehlt, können wir die verlorene Energie wieder willkommen heißen. Dies ist besonders hilfreich in Verbindung mit der vorherigen Übung, in der es darum ging, den Kontakt wiederherzustellen.

Nehmen wir zum Beispiel an, dass wir uns 144 Schritte vom Erfolg zurückgezogen hatten. Wir sind diese 144 Schritte in der vorherigen Übung wieder vorgetreten, um uns wieder neu mit unserem Erfolg zu verbinden. So weit, so gut, *aber* es sind uns nur 10% unserer Erfolgsenergie geblieben, weil wir 90% durch unseren Rückzug weggeworfen haben. Wir stellen den Kontakt zwar wieder her, können dies aber nur für die 10% der Erfolgsenergie tun, die uns geblieben sind, solange wir die fehlenden 90% nicht wieder zurückgewonnen haben.

Es ist unser Leben, und wir entscheiden, was darin enthalten sein soll. Beginne nun mit dem Glück und frage dich, zu wie viel Prozent du es weggeworfen hast. Schaue dir danach andere wichtige Bereiche deines Lebens an. Finde intuitiv heraus, wie viel Prozent der jeweiligen Energie dir geblieben sind. Wie viel Prozent hast du in jedem der folgenden Bereiche weggeworfen?

Glück	Freundschaft	Dein Herz
Erfolg	Kreativität	Dein Körper
Gesundheit	Sex	Dein Geist
Liebe	Geld	Spiritualität
Beziehungen	Sicherheit	Gaben, die du in dieses Leben mitgebracht hast
Schönheit / gutes Aussehen	Fülle	Macht
Sportlichkeit	Zeit	Vision
Mühelosigkeit	Familie	Das goldene Leben
Du selbst	Deine Lebensaufgabe	Inspiration
Fluss	Der HIMMEL	

Bitte nun in jedem Bereich alles, was du verloren hattest, darum, wieder zu dir zurückzukehren. Ergänze die Übung durch eigene Aspekte und unterziehe auch sie einer Prüfung.

Ab jetzt kannst du die Übung des Vortretens aus der vorigen Lektion gemeinsam mit der Übung des Willkommenheißens aus dieser Lektion durchführen.

12

Das größte Problem heilen

Rufe dir das größte Problem ins Gedächtnis, das du im Leben hast. Worin besteht es? Es ist Teil eines Musters, das dich schon dein ganzes Leben lang begleitet. Während du darüber nachdenkst, stelle dir folgende Fragen:

Wenn du wüsstest, wie alt du warst, als es begonnen hat, dann warst du vermutlich _____ alt.
Wenn du wüsstest, wer bei dir war, dann war es vermutlich _____.
Wenn du wüsstest, was damals geschehen ist, dann war es vermutlich

_____.

Im Verlauf meiner langjährigen Erforschung und Heilung von Traumen habe ich herausgefunden, dass keines dieser traumatischen Ereignisse hätte stattfinden müssen, wenn wir bereit gewesen wären, vorzutreten und unser Licht in höherem Maße leuchten zu lassen. Hätten wir es getan, hätten wir nicht nur unsere Lebensaufgabe in höherem Maße angenommen, sondern auch die Gaben, die wir als Potenzial in uns tragen, und die Gaben, die der HIMMEL uns anbietet. Sie hätten die problematische Situation geheilt und damit die Notwendigkeit für das Trauma umgangen. Dies hätte uns größeren Erfolg und ein höheres Maß an Fluss geschenkt, und es hätte uns erlaubt, unser Licht auf einer ganz neuen Ebene der Größe leuchten zu lassen.

Ein Trauma steht für eine falsche Entscheidung, die wir getroffen haben, als wir den Einflüsterungen des Egos erlegen sind. Dazu gehören Trennung, Unabhängigkeit, Kleinheit, der Wunsch, uns zu verstecken, und der Wunsch, vor unserer Lebensaufgabe davonzulaufen. Damit verbunden sind verschiedene andere Dynamiken, die Bestandteil aller Traumen sind, wie beispielsweise Schuld, Selbstangriff und Angst vor dem nächsten Schritt.

Du kannst in deiner Vorstellung zu der Wegkreuzung zurückkehren, die unmittelbar vor dem Trauma liegt, und dich dieses Mal für den wahren Weg, den mühelosen Weg, den Weg deiner Lebensaufgabe entscheiden. Welche Seelengaben erwarten dich dort, die das Gegenmittel für diese Situation sind? Sie sind ein natürlicher Bestandteil deines Lernprozesses und eine Lektion, die alle an der Situation beteiligten Menschen brauchen. Sie brauchen sie, weil sie alle den Schmerz in sich fühlen, den du in der traumatischen Situation übernommen hast. Empfange anschließend die Gaben des HIMMELS für diese Situation und die daran beteiligten Menschen. Deine Gaben sind ein ganz natürlicher Bestandteil deiner Lebensaufgabe. Empfange sie, damit du sie teilen kannst. Bringe sie dann durch dein Leben mit zurück in die Gegenwart und nimm wahr, wie dein Leben sich erneuert, wenn du dich zu diesem Teil deiner Lebensaufgabe bekennst. Bringe die Gaben nun in die problematische Situation ein, in der du dich jetzt befindest, und teile sie dort mit den Menschen, die daran beteiligt sind. Wenn der Prozess abgeschlossen ist, trage die Gaben den ganzen Weg zurück bis zu deiner Empfängnis und teile sie auf dem Weg mit allen Menschen, denen du begegnest. Trage die Gaben abschließend von diesem Punkt der Heilung aus in die Gegenwart und teile sie mit allen Menschen, denen du auf dem Weg begegnest.

13

Am Ende des Loslassens

Wenn wir negative Emotionen oder Anhaftungen loslassen, entsteht neuer Fluss. Orte, an denen wir ins Stocken geraten waren, können uns nicht länger gefangen halten und unser Vorankommen behindern. Umgekehrt können wir Orte anschauen, an denen wir negative Emotionen hegen oder ins Stocken geraten sind, und uns fragen, woran wir anhaften. Unsere Anhaftungen zu finden und loszulassen, ist ein müheloser Weg, um durch schmerzhafte Emotionen hindurchzugelangen. Außerdem rückt es unser Leben wieder in die richtige Perspektive. Wir streben nicht länger nach etwas außerhalb von uns, das uns glücklich machen soll. Am Ende des Loslassens geben wir Vertrauen hinzu. Vertrauen darauf, dass der Prozess des Loslassens stets ein neues Kapitel aufschlägt. Vertrauen darauf, dass der Prozess des Loslassens stets alles besser macht, sogar noch weit besser, als es vor dem Verlust war, den wir erlitten haben. Wenn wir Verpflichtung hinzugeben, gelangen wir schließlich mühelos zu einer neuen Ebene der Verbundenheit voran.

Wir halten an einem Bedürfnis fest, das entstanden ist, als wir zu einem frühen Zeitpunkt unseres Lebens unsere Verbundenheit und Verbindung verloren haben. Um den Verlust nicht fühlen zu müssen, haben wir ihn kompensiert, indem wir geschäftig waren, indem wir uns angetrieben haben, indem wir perfektionistisch geworden sind, indem wir Forderungen gestellt haben, indem wir zu hart gearbeitet haben oder indem wir Erwartungen an uns selbst und andere Menschen gestellt haben. Loslassen befreit alles, woran wir festgehalten haben, und ebnet uns so einen besseren Weg. Loslassen lässt zu, dass die Verbundenheit dort wiederhergestellt wird, wo der Verlust geschehen ist. Es gibt kein Problem, das Loslassen nicht zu heilen vermag, und gemeinsam mit Vertrauen und Verpflichtung bewirkt Loslassen, dass wir auf eine ganz neue Ebene in unserem Leben gelangen.

14

Lebensmuster des Verrats verändern

Wenn wir verraten wurden und den Verrat nicht vollständig geheilt haben, tragen wir Muster des Verrats in uns. Diese Muster sind heimtückisch und setzen sich sogar bis weit ins Meisterschaftsbewusstsein hinein fort. Es gibt jedoch einen Weg, diese Muster zu beseitigen und sie durch Frieden, Heilung und Ganzheit zu ersetzen. Bemerkenswert ist in diesem Zusammenhang, dass das englische Wort *healing* (Heilung) von einer alten germanischen Wurzel herrührt, die zugleich Ursprung der Worte *whole* (ganz oder heil) und *holy* (heilig) ist und bedeutet, dass alles wiederhergestellt wurde und dass nichts getrennt oder abgesondert ist.

Erstelle zunächst eine Liste aller Zeiten, in denen du dich in irgendeiner Situation von irgendjemandem oder irgendetwas verraten gefühlt hast. Rufe dir dann einige der unterbewussten Dynamiken ins Gedächtnis, die Verrat antreiben. Die erste, allgemeine Dynamik lautet: *Niemand verletzt uns außer wir selbst.* Die zweite Dynamik lautet: *Aller Verrat ist Selbstverrat.* Die dritte Dynamik lautet: *Was du siehst, ist Projektion. Wenn du verraten wirst, verrätst du andere Menschen und deine Lebensaufgabe.*

> Wenn du wüsstest, auf welche Weise du den Menschen verraten hast, der dich vermeintlich verraten hat, dann war es vermutlich durch _____.
> Wenn du wüsstest, wen außer dir selbst du verraten hast, dann war es vermutlich _____.
> Wenn du wüsstest, für welchen Verrat aus der Vergangenheit du dich bestraft hast, dann war es vermutlich _____.

Ein Akt des Verrats im Geschäftsleben führt uns an einen Ort zurück, an dem wir glauben, unseren Vater verraten zu haben. Ein Akt des Verrats in der Beziehung steht für einen Ort, an dem wir glauben, unsere Mutter verraten zu haben. Die vierte Dynamik lautet: *Ein Verräter in unserer Welt steht für einen Verräter in unserem Geist.* Wir tragen sowohl Schattenfiguren des Verräters als auch Selbstkonzepte des Verräters in uns. Die Schattenfiguren des Verräters bergen ein höheres Maß an Selbsthass in sich, während wir bei Selbstkonzepten des Verräters glauben, es sei normal, so zu handeln, wie wir es getan haben. Schattenfiguren sind tiefer verdrängt, weil wir es vorziehen, uns in einem positiven Licht zu sehen. Wie viele Schattenfiguren und Selbstkonzepte des Verräters trägst du in dir? Stelle die Schattenfiguren auf der einen Seite und die Selbstkonzepte auf der anderen Seite in einer Reihe vor dir auf. Lasse sie dann alle zu einem einzigen großen Verräter verschmelzen. Lasse anschließend den großen Verräter schmelzen, bis nur noch das übrig ist, woraus alles besteht – Licht und reine Energie. Nimm die geheilte Energie und das geheilte Licht wieder in dich auf, um dein Selbstvertrauen und deine Ganzheit zu vergrößern. Frage dich, wie viele Drehbücher der Geschichte des Verrats du in dir trägst.

Wie viele Verschwörungen des Verrats trägst du in dir?

Wie viele Götzen des Verräters trägst du in dir?

Nimm alle deine Geschichten, Verschwörungen und Götzen des Verrats und frage dich, wofür du sie benutzt hast. Wir verbergen diese Antworten vor uns selbst, denn wenn wir sie mit unserem bewussten Denken und seiner Einsicht betrachten, erkennen wir, dass wir sie in Wirklichkeit nicht wollen. Diese Erkenntnis gibt dir die Möglichkeit, alle deine Geschichten, Verschwörungen und Götzen des Verrats – also deine gesamte Maschinerie des Verrats – in die HÄNDE GOTTES zu legen. Was wird dir im Austausch dafür gegeben?

Kehre nun zu jedem Ereignis zurück, bei dem du verraten wurdest, und stelle dir die Frage, was du *bekommen* wolltest, indem du zugelassen hast, dass es geschieht. Welche *Ausrede* hat es dir geliefert? An wem – außer an dir selbst – wolltest du dich rächen? Wenn du es einer bewussten Prüfung unterziehst und überlegst, was es dir eingebracht hat, kannst du dir die Frage stellen, ob es das ist, was du wirklich willst. Falls du es nicht willst, stelle dir vor, dass du dich wieder in der betreffenden Situation befindest, bevor der Verrat geschieht. Gib dich uneingeschränkt demjenigen hin, der im Begriff ist, dich zu verraten, und allen anderen an der Situation beteiligten Menschen, die deine Hilfe brauchen. Wenn du dem angehenden Verräter rückhaltlos und verpflichtend gibst, wird jeder Gedanke an den wahrgenommenen Gewinn geheilt, der ihn angetrieben hat. Wie entwickelt die Situation sich jetzt?

Es gibt keine Situation, die wir gemeinsam mit dem HIMMEL nicht heilen können. Vereint haben wir die Macht, allen Verrat zu transformieren. Kehre zu jeder Situation des Verrats zurück und empfange die Gaben und die Gnade des HIMMELS sowohl für dich selbst als auch für alle Menschen und Dinge, die an der Situation beteiligt sind. Wie entwickelt die Situation sich jetzt?

Betrachte das erste Ereignis und frage dich, von welchem heiligen Versprechen, das Teil deiner Lebensaufgabe war, du dich abgewandt hast. Würdest du in die Situation zurückkehren, unmittelbar bevor der Verrat geschieht, und dich dieses Mal stattdessen zu deiner Lebensaufgabe bekennen? Teile die Macht und die Gabe, die ihr innewohnt, mit allen Menschen, die an der Situation beteiligt sind. Wie entwickeln die Dinge sich jetzt? Kehre zum Schluss an Orte zurück, an denen du möglicherweise deine Eltern und frühere Partner verraten hast. Entscheide dich dieses Mal für die Wahrheit und dafür, dass alle an der Situation beteiligten Menschen uneingeschränkt erfolgreich sind. Wie entwickeln die Dinge sich jetzt?

15

Lebensmuster des Versagens verändern

V ersagensmuster entstehen immer dann, wenn wir das Gefühl haben, versagt zu haben, oder glauben, jemand anderer habe uns im Stich gelassen. Der größte Teil der Familienverschwörung beruht auf der Annahme, dass wir darin versagt haben, unsere Familie vor ihren Fallen zu retten. Da Versagen zu Schuld und Schuld zu Selbstbestrafung führt, setzen diese Muster sich in einem Teufelskreis immer weiter fort, bis sie geheilt werden. Versagensmuster zu heilen ist also äußerst wichtig, wenn es um unseren Erfolg geht.

Erstelle eine Liste aller Zeiten, in denen du das Gefühl hattest, versagt zu haben. Alles, was dafür gesorgt hat, dass du dich schuldig fühlst, zeigt dir einen Ort, an dem du glaubtest, versagt zu haben.

Erstelle dann eine Liste aller Zeiten, in denen du geglaubt hast, jemand habe dich im Stich gelassen durch das, was er getan oder nicht getan hat.

Die folgenden Prinzipien fördern den Prozess der Heilung:
1. Wir werden niemals mit einer Situation konfrontiert, in der wir nicht über die erforderlichen Mittel und Werkzeuge verfügen, um mit ihr umzugehen und sie zu transformieren.
2. Jemand kann uns nur dann im Stich lassen, wenn wir ihn im Stich gelassen haben.

Wenn wir uns einem Menschen uneingeschränkt hingeben, ist er erfolgreich. Mit einer heilenden Einstellung erkennen wir außerdem, dass er, wenn er lustlos ist oder sich nicht hundertprozentig einbringt, ganz einfach unsere Hilfe braucht. Wenn wir uns ihm uneingeschränkt hingeben, hat er dort Erfolg, wo er ansonsten versagt hätte. Unter dem Gefühl, dass Menschen, die eine wichtige Rolle in unserem Leben spielen, uns im Stich gelassen haben, liegt das tiefere Gefühl der Schuld dafür verborgen, dass wir sie im Stich gelassen haben. Alle diese Dinge müssen transformiert werden, damit wir unser Versagensmuster heilen können.

Kehre also zu jedem Ereignis zurück, bei dem du glaubst, versagt zu haben, und gib allen an der Situation beteiligten Menschen und auch der Situation selbst hundert Prozent, bis jeder von Frieden erfüllt ist und nach bestem Vermögen handelt. Gehe dann der Frage nach, welches Ergebnis die jetzt „erfolgreiche" Situation hat, und bringe ihre Energie durch dein ganzes Leben hindurch mit bis in die Gegenwart. Gehe anschließend weiter zum nächsten Ereignis, bei dem du glaubst, versagt zu haben, und wiederhole diesen Prozess, bis du alle Ereignisse transformiert hast. Wenn frühere Themen in ein Ereignis eingepresst sind oder es an unbewusste Themen geknüpft ist, kann es passieren, dass du den Prozess mehrmals wiederholen musst. Überprüfe in diesem Fall nach jeder Wiederholung, wie die Situation und die daran beteiligten Menschen sich aktuell für dich darstellen.

Untersuche danach die Ereignisse, bei denen du glaubst, von anderen Menschen im Stich gelassen worden zu sein. Kehre in die Zeit unmittelbar vor dem Ereignis zurück und gib allen Menschen, von denen du glaubst, dass sie dich im Stich gelassen haben, hundert Prozent. Gib auch allen anderen Menschen, die deine Hilfe brauchen, und der Situation selbst hundert Prozent. Wenn du das Gefühl hast, dass sie transformiert ist, bringe die gesamte Energie aus der Situation mit zurück in die Gegenwart und in den gegenwärtigen Moment.

Frage dich anschließend, wie viele Geschichten des Versagens, Verschwörungen des Versagens, Götzen des Versagens, Schattenfiguren und Selbstkonzepte des Versagers du in dir trägst. Wofür hast du sie benutzt? Die Antworten auf diese Fragen hast du meist vor dir selbst verborgen, weil sie einer genauen Überprüfung deines bewussten Denkens oder deiner Einsicht nicht standhalten könnten. Sobald du erkennst, dass diese Versagensmuster eine Strategie des Egos waren, um beispielsweise Rache zu üben oder eine Ausrede zu haben, kannst du dich für das entscheiden, was du wirklich willst. Lege alle deine Versagensmuster in die Hände des HIMMELS. Was wird dir im Austausch dafür gegeben?

Diese Übung ist eine Möglichkeit, dein Leben zurückzugewinnen, das du an die Niederlage verloren hattest. Du kannst dafür sorgen, dass dein Leben so ist, wie du es haben willst.

16

Anstrengung in Fluss verwandeln

Anstrengung trägt einen verborgenen Aspekt der Besonderheit in sich. Wir senden die Botschaft: „Schaut nur her, wie ich all diese Arbeit meistere. Ich muss wichtig sein. Schaut nur her, was ich alles zu tun habe." Wenn wir unsere Unabhängigkeit aufgeben und uns stattdessen der Partnerschaft verpflichten, lassen wir neuen Fluss in unserem Leben entstehen. Immer dann, wenn wir uns aus tiefstem Herzen verpflichtend geben, erzeugen wir Fluss. Wechselseitige Abhängigkeit und Partnerschaft lassen ebenfalls Fluss entstehen. Wir treiben uns nur dann an, wenn wir unabhängig sind. Die wechselseitige Abhängigkeit ist von der Fähigkeit zur Delegation, Zusammenarbeit und Gnade geprägt. Unabhängigkeit ist im Grunde genommen von Konkurrenzdenken geprägt, sodass wir versuchen, entweder möglichst viel oder möglichst wenig zu tun, aber dieser Haltung, bei der die eine Seite gewinnt und die andere Seite verliert, fehlt die Mühelosigkeit, die Fluss mit sich bringt.

Ein weiterer Aspekt unseres Lebens, der mit Anstrengung verbunden ist, besteht darin, dass wir Dinge aus einer Erwartung heraus tun. Erwartungen sind Forderungen oder entstehen aus Rollen, Regeln und Pflichten heraus, die bedeuten, dass wir etwas tun, weil wir es tun sollten. Über Erwartungen und Rollen hinauszugehen heißt, uns in authentischem Geben zu öffnen. Das erzeugt Gleichgewicht, lässt uns empfangen und bringt die Mühelosigkeit, die mit Fluss einhergeht. Die beste Möglichkeit, diese Fallen zu verändern, die anderenfalls zum Burnout führen, ist die Entscheidung: uns für das zu entscheiden, was wir tun, statt es aus einer Forderung heraus zu tun, uns anzutreiben, oder es zu tun, weil wir glauben, es tun zu müssen. Die *Entscheidung*, etwas zu tun, auch wenn es schwierig oder beschwerlich erscheinen mag, erzeugt bei allem, was wir tun, einen willkommenen Fluss.

Gleichgewicht ist ebenfalls ein Prinzip, das Fluss entstehen lässt. Wenn unsere männliche und unsere weibliche Seite sich in einem Gleichgewicht von mindestens

50:50 befinden, gibt es in unserem Leben einen natürlichen Fluss. Wenn unser Gleichgewicht auf 60:60 oder darüber hinaus auf noch höhere Ebenen gelangt, ist auch unser Leben von einem noch höheren Maß an Fluss geprägt. Wir können dieses Gleichgewicht ganz einfach herstellen, indem wir uns entweder unserem inneren Gleichgewicht oder aber dem Gleichgewicht mit unserem Partner verpflichten. Jedes Mal, wenn wir uns dem Gleichgewicht von Yin und Yang in uns verpflichten, gelangen wir auf höhere Ebenen der Mühelosigkeit und des Flusses hinauf. Dies lässt uns zur Partnerschaft gelangen, die uns befähigt, in höherem Maße zu empfangen, und uns ein höheres Maß an Freiheit bringt.

Selbsteinbeziehung bringt ebenfalls sowohl wechselseitige Abhängigkeit als auch Fluss mit sich. Je mehr wir uns selbst einbeziehen, umso mehr gelangen wir über die Unabhängigkeit hinaus zur wechselseitigen Abhängigkeit hin. Selbsteinbeziehung bringt Mühelosigkeit und Wahrheit mit sich. Alle diese Prinzipien ersetzen Anstrengung durch Fluss. Dies ist vor allem dann der Fall, wenn wir bereit sind, uns vom dunklen Glanz und der Kompensation harter Arbeit abzuwenden. Wir benutzen diese beiden Dynamiken, um Erfolg, Nähe und dem nächsten Schritt aus dem Weg zu gehen und unsere Angst vor diesen Dingen zu schützen.

Fluss ist eine Gabe der Führerschaft, die Reibungslosigkeit, Glück, Fülle und Segen bringt. Das erzeugt eine natürliche Verbindung mit allen Menschen und allen Dingen in unserer Umgebung, sodass unser Leben von Verbundenheit und Vergnügen anstelle von Adrenalin und dem Bedürfnis, uns anzutreiben, geprägt ist.

17

Die Macht des Loslassens

Wenn wir einen Verlust erleiden, fühlen wir Niedergeschlagenheit, Enttäuschung und Schmerz. Wenn wir unseren Verlust loslassen, fangen wir an, uns wieder lebendig zu fühlen. Loslassen besitzt die Macht, einen Neuanfang und neuen Fluss zu bewirken. Loslassen kann uns auf einen Weg der Heilung bringen, der bis zur Erleuchtung führt, und es ist eine einfache und leichte Methode der Heilung, weil es nichts gibt, was getan werden muss. Wir halten einfach nicht länger fest. Loslassen ist eine Entscheidung. Es kann unkompliziert und mühelos sein, wenn wir uns vorstellen, unsere Anhaftungen und unseren Schmerz an unser höheres Bewusstsein zu übergeben oder sie in GOTTES HÄNDE zu legen.

Der Wunsch, an Dingen festzuhalten, erliegt dem größten Fehler, den wir im Leben machen können und der darin besteht, unser Glück von äußeren Dingen bekommen zu wollen. Der Verlust dessen, was wir bekommen haben, oder das Versagen darin, es zu bekommen, kann Schmerz verursachen. Loslassen kann den Schmerz mühelos auflösen und lässt zu, dass neuer Fluss entsteht. Loslassen kann mit großer Dramatik verbunden sein oder Schicht um Schicht erfolgen, ist aber stets ein tiefgreifender Prozess und rückt unser Leben jedes Mal wieder in die richtige Perspektive.

Manchmal lassen wir auf eine so tiefe Weise los, dass wir in einem großen Sprung ganz mühelos zum nächsten Schritt oder sogar zum nächsten Stadium unseres Lebens vorangebracht werden. Festhalten und Anhaften sind der schwierige Teil. Je mehr wir festhalten, umso mehr leiden wir. Loslassen bringt uns unmittelbare Erleichterung, und wir können dort weitergehen, wo wir ins Stocken geraten waren. Loslassen öffnet uns dafür, dort zu empfangen und Erfüllung zu finden, wo unsere Anhaftung und die mit ihr verbundene Phantasievorstellung unserer Fähigkeit, das zu bekommen, was wir wollen, im Weg gestanden haben.

Wenn wir einen Menschen loslassen, dem wir verhaftet waren, dann lassen wir vorgetäuschte Verbundenheit los. Verbundenheit bringt Erfüllung, kein Leiden. Wenn wir die Anhaftung loslassen, wird die Verbundenheit gestärkt. Wenn wir die Anhaftung loslassen, wird sie befreit, und wir gewinnen unsere Attraktivität zurück. Wenn wir eine langjährige Beziehung oder Situation loslassen, dann lassen wir naturgemäß zuerst die negativen Dinge los. Schließlich lassen wir auch das los, was an einer Beziehung oder Situation *gut* war, und das gibt uns die Möglichkeit, neu zu beginnen, es wieder neu in unserem Leben willkommen zu heißen. Wenn wir das, was an einer früheren Beziehung positiv war, nicht loslassen, kann es nicht erneut in unser Leben treten. Dies wird durch die heilsame Kraft des Loslassens geändert.

Die machtvolle Wirkung des Loslassens besteht darin, dass sie etwas Besseres als das, was war, in unser Leben treten lässt, sobald wir das, was war, losgelassen haben. Akzeptanz, Vergebung und der nächste Schritt sind Formen des Loslassens, die uns zum nächsten Schritt in unserem Leben voranbringen können.

Wende heute ein wenig Zeit dafür auf, Verluste und Anhaftungen loszulassen. Verstricke dich dabei jedoch nicht in eine Depression. Lasse das Gute *und* das Schlechte los. Erlaube den neuen Schritten, sich zu zeigen, weil sie weitaus besser sein werden als das, was war.

18

Verleugnung

Verleugnung kann eine verheerende Wirkung auf dein Geschäft, deine berufliche Laufbahn und deine Beziehung haben. Sie kann zu Niederlage und Herzensbruch führen. Verleugnung macht dich zum naiven Schaf unter Wölfen. Sie ist nicht gleichbedeutend mit Unschuld. Verleugnung ist eine Abwehrstrategie, die genau das herbeiführt, was sie verhindern sollte. Dies kann zu zerschlagenen Träumen führen, die dafür sorgen, dass wir uns vom Erfolg, von unserer beruflichen Karriere, von uns selbst und vom Leben entfernen. Verleugnung achtet nicht auf Zeichen und Hinweise, sondern führt uns ganz unbekümmert auf unserem eigenen Weg voran und ignoriert alle Anzeichen dafür, dass wir einen kostspieligen Rückschlag erleiden könnten.

Was wir dissoziieren, das verleugnen wir und tun zumindest uns selbst gegenüber so, als sei es gar nicht da. Das bedeutet, dass wir uns selbst verleugnen, weil wir den HIMMEL und den reinen Geist, der unsere wahre Wesensnatur ist, dissoziiert haben. Wir haben einen großen Anteil unseres Bewusstseins zurückzugewinnen – alles, wovon wir uns abgeschnitten haben. Was verloren war, kann jetzt jedoch gefunden und erneuert werden, wenn wir erkennen, wie wichtig es ist, und die Bereitschaft aufbringen, es zu tun. Was wir dissoziiert und verleugnet haben, können wir nun wieder integrieren und unserem Bewusstsein auf diese Weise ein höheres Maß an Ganzheit anstelle weiterer Spaltungen bringen.

Häufige Formen der Verleugnung sind:

1. **Äußere Probleme halten uns auf.**
   Die Ursachen des Problems, das uns aufhält, sind in Wahrheit unsere Angst und unser gespaltenes Bewusstsein sowie Gefühle der Unzulänglichkeit und der Unwürdigkeit, wenn es darum geht, das zu bekommen, was wir haben wollen.

2. **Außereheliche Affären sind harmlos.**

Außereheliche Affären gehören in Wirklichkeit zu den besten Waffen, die unser Ego hat, um uns durch Selbstsabotage von den höheren Ebenen der Liebe und des Erfolges fernzuhalten.

3. **Konkurrenz ist meiner beruflichen Laufbahn zuträglich.**

Konkurrenz basiert in Wirklichkeit auf Angst und Mangel, und sie ist ein Trick, den unser Ego benutzt, um seine eigene Macht zu vergrößern. Konkurrenz verwechselt Gewinnen mit Erfolg. Gewinnen und Verlieren sind zwei Seiten ein und desselben Spiels. Die Gewinner müssen für die Verlierer bezahlen, und wenn eine Seite gewinnt und die andere verliert, musst du verlieren, damit das Spiel weitergehen kann. Konkurrenz verbirgt in Wirklichkeit eine Angst vor Erfolg. Sie vermeidet den nächsten Schritt, während sie versucht, einen anderen Menschen zu besiegen. Konkurrenz ist in Beziehungen die Dynamik, die Kämpfe und Leblosigkeit herbeiführt.

4. **Harte Arbeit ist notwendig, um erfolgreich zu sein.**

Harte Arbeit ist wichtig, wenn wir am Anfang unseres Lebens stehen oder ein neues Projekt in Angriff nehmen, weist später jedoch darauf hin, dass etwas nicht funktioniert.

5. **Wenn du etwas gibst, verlierst du es.**

Wenn du etwas gibst, wird der Glaube an Fülle in Wirklichkeit sowohl bei dir selbst als auch bei dem Menschen gestärkt, dem gegeben wird. Das lässt auf ganz natürliche Weise größere Fülle entstehen.

6. **Man muss seine Interessen schützen und danach trachten, die Nummer eins zu sein.**

Das wahre Ziel, das wir erreichen müssen, um glücklich zu sein, besteht in wechselseitiger Abhängigkeit, Gegenseitigkeit und der Zusammenarbeit, die ein noch höheres Maß an Erfolg ebenso mit sich bringt wie Mühelosigkeit, Nähe, Fluss und die Chance für alle Menschen, im Leben erfolgreich zu sein und voranzukommen.

7. **Aufopferung ist notwendig, um deine Ziele zu erreichen.**

Aufopferung ist in Wirklichkeit eine Falle, die auf Unwürdigkeit aufgebaut ist. Sie ist eine Form von Konkurrenz, Überlegenheit und letztlich ein Angriff auf andere Menschen und dich selbst. Aufopferung lässt nicht zu, dass du empfängst. Aufopferung setzt deine Selbstachtung herab und führt dadurch zum Burnout. Alles, was durch Aufopferung erreicht wird, kann auch ohne sie erreicht werden.

8. **Die Geschäftswelt braucht kein Herz.**

Dein Herz ist das, was dich empfangen lässt. Es ist deine weibliche Seite. Ohne dein Herz bist du in Aufopferung gefangen und das, was du erreicht hast, bringt dir weder Vergnügen noch eine Belohnung ein. Dein Herz bringt dich ins Gleichgewicht. Es bringt dich über jedes Dilemma hinaus zu neuem Fluss und zur Partnerschaft voran. Dein Herz gibt dir Energie. Es befreit dich aus der Leblosigkeit und erlaubt dir, dich uneingeschränkt zu geben. Dieses Prinzip ermöglicht es dir, erfolgreich zu sein und ein glückliches Leben zu leben. Dein Herz bringt dir Freude und erlaubt dir, die Belohnung für deine Arbeit zu empfangen.

Verleugnung führt dich unbekümmert in die Falle und lässt nicht zu, dass du das Problem erkennst, damit es gelöst werden kann. Entscheide dich dafür, dir von deinem schöpferischen Geist zeigen zu lassen, was du vor dir selbst verborgen hast, damit dein höheres Bewusstsein es für dich klären und so ein höheres Maß an Erfolg ermöglichen kann.

19

Aufmerksamkeit erlangen
und anerkannt werden

Wenn Menschen sich darüber beklagen, dass sie nicht als der anerkannt werden, der sie sind, oder für das, was sie tun, dann versuchen sie, Aufmerksamkeit zu erlangen. Selbst wenn sie für das, was sie erreicht haben, Anerkennung verdienen, ist der Mangel an Anerkennung ein Spiegelbild ihres eigenen gespaltenen Bewusstseins. Ein Teil von ihnen will Aufmerksamkeit und Anerkennung, während ein anderer Teil unabhängig sein will. Diese verborgene Seite ihres Bewusstseins zieht es vor, nicht verbunden zu sein, aber neue Verbundenheit würde ganz von selbst entstehen, wenn ihnen Anerkennung zuteilwürde. Die bewusste Seite will Aufmerksamkeit, aber Aufmerksamkeit kann uns niemals Verbundenheit und deshalb auch keine Befriedigung bringen. Unser Bedürfnis, Aufmerksamkeit zu bekommen, bleibt bestehen, aber das Maß an Aufmerksamkeit, das uns zuteilwird, ist nie groß genug. Unser gespaltenes Bewusstsein hindert uns daran, jemals genug zu bekommen.

Wenn wir ins Stadium der Meisterschaft oder der Vision eintreten, erlangen wir dagegen Befriedigung durch das, was wir geben, und Anerkennung wird uns auf ganz natürliche Weise zuteil durch die Position der Führungsstärke, die wir dann einnehmen. Führungsstärke gibt und empfängt Anerkennung auf ganz natürliche Weise, und dies bringt alle Menschen in einem stärkeren Fluss voran. Die Anerkennung, die wir geben, können auch wir selbst genießen, denn wir haben einen Anteil daran. Das weiß jeder, der einem anderen Menschen schon einmal Anerkennung entgegengebracht hat. Jede Führungspersönlichkeit erkennt außerdem, dass es nicht darum geht, Anerkennung zu erlangen. Anerkennung ist eine Zugabe, wenn gute Arbeit geleistet wurde, und nur darum geht es. Die Aufmerksamkeit ist dann nicht auf dich als Führungspersönlichkeit und auch nicht auf Mitglieder des Teams gerichtet. Sie ist darauf gerichtet, die Aufgabe zu erledigen.

Mit der Vision verhält es sich ähnlich. Neben ihr ist alles andere zweitrangig. Alle Energie ist darauf konzentriert, die Vision zuerst zu empfangen und dann zu teilen, weil sie einen positiven Weg voran darstellt. Dies bringt dem Visionär alle Anerkennung ein, nach der es ihn verlangt. Es geht nicht um ihn. Es geht um die Vision.

Der Grund dafür, dass wir uns ständig mit unserem Bedürfnis nach Anerkennung herumschlagen, liegt darin, dass es meist weniger stark ist als unser Bedürfnis, uns zu verstecken oder unabhängig zu sein. Unser Bewusstsein ist mit Sicherheit gespalten, wenn wir Aufmerksamkeit erlangen wollen, denn immer dann, wenn unser Bewusstsein nicht gespalten ist oder wir uns einer Sache von ganzem Herzen hingeben, empfangen wir sie mühelos und ganz von selbst.

Wir können unser gespaltenes Bewusstsein integrieren. Wir können uns voll und ganz hingeben. Wir können begreifen, dass die Anerkennung, nach der wir suchen, in Wirklichkeit das ist, was zu geben wir aufgefordert sind, und das wird uns Befriedigung bringen. Wir können auch in Bereichen der Führungsstärke und der Vision vortreten. Meisterschaft birgt Anerkennung auf ganz natürliche Weise in sich, weil wir als Meister das Zentrum sind, zu dem alle zurückkehren, um sich erneuern zu lassen. Wir sind der Brunnen, zu dem alle kommen, um Wasser zu schöpfen. Wir sind die Quelle aller. Wir selbst erkennen jedoch, dass die Aufmerksamkeit in Wahrheit auf die QUELLE gerichtet sein sollte, von der wir erneuert werden.

Die abschließende Übung besteht darin, dich zu fragen, wo der Ursprung deines Musters mangelnder Anerkennung liegt.

Wie alt warst du?

Wer war bei dir?

Was hast du gebraucht?

Was ist geschehen?

Wenn die Antworten auf diese Fragen dir nicht spontan in den Sinn kommen, versuchst du vermutlich, dich zu erinnern oder darüber nachzudenken. Hier kann jedoch nur deine Intuition funktionieren.

Kehre in die Zeit unmittelbar vor dem betreffenden Ereignis zu der Wegkreuzung zurück, an der du vor der Entscheidung gestanden hast, den Weg deines Egos oder den Weg deines höheren Bewusstseins einzuschlagen. Es ist offensichtlich, dass du dich für den Weg deines Egos entschieden hast. Was hat das Ego dir angeboten, wenn du seinen Weg gehst? Das, was es dir angeboten hat, hat dein Bewusstsein gespalten und in dir ein Bedürfnis geweckt, das nie hinreichend erfüllt werden konnte, um dir Befriedigung zu bringen.

Du kannst stattdessen die Lebensaufgabe annehmen, die du zu diesem Zeitpunkt abgelehnt hast und die dir ganz von selbst Erfüllung bringen würde. Du kannst auch die Gabe der Anerkennung mit allen Menschen teilen, die an der betreffenden Situation beteiligt waren.

Worin hat sie bestanden?

Der HIMMEL hält ebenfalls gnadenvolle Gaben bereit, die zu deiner Lebensaufgabe gehören. Dies heilt auch persönliche Muster aus Selbstmitleid und Schmerz, in denen du gefangen warst, und gibt dir stattdessen ein inneres Selbstvertrauen, das dich auf ganz natürliche Weise erfüllt.

20

Wer besitzt überhaupt die Macht?

Viele Menschen haben eine falsche Vorstellung davon, was Macht bedeutet. Wir glauben, sie sei gleichbedeutend mit Beherrschung oder Kontrolle. Wir glauben, sie sei gleichbedeutend damit, unseren Willen durchzusetzen oder Recht zu haben. Alle diese Dinge, von der Beherrschung bis zum Rechthaben, sind jedoch lediglich Symptome und Verhaltensweisen der Angst, die am Werk ist. Macht ist dagegen gleichbedeutend mit Herrschaft. Macht erweist sich darin, dass wir andere Menschen ermächtigen. Macht erschafft beiderseitige Macht.

Bei Workshops, die Fülle und Erfolg zum Thema hatten, habe ich festgestellt, dass sehr viele Menschen diese Gaben unterbewusst von sich fortstoßen, weil sie sich davor fürchten, auf eine neue Ebene der Macht zu gelangen. Ich habe herausgefunden, dass wir unserem Wesen nach Licht, Liebe und grenzenlos sind. GOTT als INBEGRIFF DER MACHT hat uns als machtvoll geschaffen. Unsere geistige Wesensnatur ist jedoch überlagert von unzähligen Selbstkonzepten, die Schichten aus Schmerz, Versagen und Dissoziation beherbergen und die ihrerseits überdeckt sind mit begrenzenden Glaubenssystemen darüber, wer wir sind. Was wir von uns selbst glauben, ist das, was wir in unseren Augen sind. Wer wir wirklich sind, haben wir dagegen aus Angst vor uns selbst verborgen. Wir sind vor unserer Macht davongelaufen und haben uns in Konkurrenz, Machtkampf oder ähnliche Dinge gestürzt, die keine echte Macht besitzen. Diese Dinge sind die Attribute des Egos und nicht des grenzenlosen reinen Geistes, der unsere wahre Wesensnatur ist.

Die meisten Menschen, mit denen ich bei Gesprächen über Macht auf eine tiefe Ebene gelange, geben zu, dass ihre Angst vor Macht die Angst davor ist, dass sie diese Macht missbrauchen könnten. Sie missbrauchen ihre Macht jedoch ohnehin, indem sie dafür sorgen, dass sie schwach und machtlos bleiben.

Ein Kurs in Wundern stellt fest, dass alle Macht von GOTT ist. Wir brauchen uns keine Sorgen darüber zu machen, dass wir unsere Macht missbrauchen könnten, wenn wir unser höheres Bewusstsein darum bitten, sie in seine Obhut zu nehmen, und wenn wir erkennen, dass es im Grunde genommen nicht unsere Macht ist, sondern dass sie uns von unserem SCHÖPFER anvertraut wurde. Macht fließt uns natürlich zu. Sie ist der Wesenskern dessen, wer wir sind. Wir besitzen dieses Wissen nur dort nicht, wo wir in Glaubenssätze der Schwäche investiert haben. Das Ego will, dass wir uns schwach fühlen, damit wir auf es angewiesen sind.

Wir können uns die Frage stellen, was unsere Investition in Schwäche uns zu tun erlaubt oder welche Ausrede sie uns liefert, etwas nicht tun zu müssen. Wenn wir die Antworten erhalten und ihnen auf den Grund gehen, treffen wir vielleicht eine andere Entscheidung. Der einzige Grund, aus dem viele der falschen Entscheidungen, die wir treffen, Bestand haben können, besteht darin, dass wir sie im Unterbewusstsein vor uns selbst verbergen, was einzig und allein dem Ego dient.

Es ist an der Zeit, uns unserem wahren Wesen als reiner Geist zu verpflichten. Es ist an der Zeit, zu erkennen, dass wir sind, wie GOTT uns schuf. Unsere wahre Natur ist liebevoll und machtvoll und mit der ALLMACHT verbunden, die GOTT ist. Wir besitzen alle Macht, die wir brauchen, um unsere Lektionen zu lernen, unseren Herausforderungen zu begegnen und alles zu erreichen, was unsere Seele in Form unserer Lebensaufgabe für uns vorgesehen hat.

Macht bringt Frieden und erinnert uns daran, dass wir von der MACHT des HIMMELS umgeben sind. Die MACHT des HIMMELS wartet darauf, dass wir die Türen öffnen und die Mauern einreißen, die Angst, Schuld und Trennung errichtet haben.

Bist du bereit, alle Macht anzunehmen, die du brauchst, um den Menschen zu helfen, die du liebst?

Bist du bereit, den der Macht innewohnenden Reichtum anzunehmen, weil er die Wahrheit ist?

Erlaubst du der MACHT des HIMMELS, deine Schwäche zu überschreiten, damit du den Erfolg und die Liebe verwirklichen kannst, die von Ganzheit herrühren?

Bist du bereit, dich deiner Macht zu verpflichten und dein Leben auf diese Weise mit der Mühelosigkeit, der Authentizität und der Verbundenheit zu erfüllen, die wahre Macht mit sich bringt?

Bist du bereit, andere Menschen um des HIMMELS willen zu ermächtigen?

Bist du bereit zu erkennen, dass Unschuld gleichbedeutend mit Macht ist, dass sie dein Wesenskern ist und dass beide Erfolg bringen?

Ein Kurs in Wundern spricht davon, dass unsere Schwäche die Stärke des HIM-MELS und unsere Stärke die Schwäche des HIMMELS ist. Wir wollen uns heute für eine andere Einstellung zur Macht entscheiden. Wir wollen unsere Macht in GOTTES Obhut geben, damit sie gesegnet, gereinigt und sowohl um Gnade als auch um Wunder bereichert werden kann.

21

Was Niederlagen im Leben bedeuten

Niederlagen und traumatische Ereignisse im Leben zeigen, dass wir einen Fehler gemacht haben. Statt den Weg unseres höheren Bewusstseins einzuschlagen und einen Aspekt unserer Lebensaufgabe oder unserer Bestimmung anzunehmen, haben wir uns dem Ego und seinen Einflüsterungen zugewandt. Leider hat das Ego nichts vorzuweisen, was uns helfen könnte. Dies gilt vor allem angesichts der Tatsache, dass wir uns von der höheren Ebene abgewandt haben, auf die wir hätten gelangen können, wenn wir unsere Lebensaufgabe, unsere Bestimmung und die damit verbundenen Gaben angenommen hätten.

Traumen, Niederlagen, Herzensbrüche und verlorene Verbundenheit weisen auf Fehler hin, die wir gemacht haben. Wir haben eine falsche Entscheidung getroffen. Wir haben dem Ego unseren Erfolg anvertraut, dabei aber einen Pakt mit dem Teufel – der eine alte Metapher für das Ego ist – geschlossen. Wir glaubten, das, was das Ego uns versprochen hat, könne uns glücklich machen. In Wirklichkeit hat es jedoch nur das Ego glücklich gemacht! Hinzu kommt, dass unser Ego seinen Teil der Vereinbarung niemals eingehalten hat.

Statt alle dunklen Dinge, die uns widerfahren sind, als etwas zu sehen, mit dem uns jemand geschadet hat, können wir sie als einen Fehler betrachten, den wir gemacht haben, um in Kleinheit und Trennung zu verharren. *Ein Kurs in Wundern* spricht davon, dass wir versuchen, Größe in Kleinheit zu finden. Dies ist ein falsches Glaubenssystem, das uns von uns selbst fortführt. Es führt uns von dem reinen Geist fort, als der wir geschaffen wurden. Wir entfernen uns sogar von unserem Seelenbewusstsein und von unserem Herzen und leben das Leben der Herde.

Wenn wir die Verantwortung für jedes dieser Traumen übernehmen, ist es leicht, unsere Fehler zu erkennen. Fehler haben den großen Vorteil, dass wir sie berichtigen können.

Wenn wir uns für einen Fehler geißeln, verstärken wir ihn lediglich und vergrößern dadurch die Macht unseres Egos. Das ist der Hauptgrund dafür, dass unser Ego sich in so hohem Maße unserer Schuld und unserem Selbstangriff verschrieben hat. Wenn wir unsere Fehler dagegen berichtigen, lernen wir endlich daraus. Wenn wir die Fehler der Vergangenheit berichtigen, ist die Wahrscheinlichkeit wesentlich geringer, dass wir sie wiederholen.

Unterziehe nun die Orte in deinem Leben einer Prüfung, an denen du besonders gelitten hast, und beginne dabei so früh wie möglich. Zeichne drei Spalten auf ein Blatt Papier. Notiere in der linken Spalte die drei Orte, an denen du besonders gelitten hast. Notiere in der mittleren Spalte, was das Ego dir dafür angeboten hat. Nutze dazu deine Intuition. Mögliche Antworten sind zum Beispiel: Unabhängigkeit, Kleinheit, Rache, eine Möglichkeit, dich zu verstecken, einen Vorwand, um deiner Lebensaufgabe und deiner Bestimmung aus dem Weg zu gehen. Notiere in der letzten Spalte schließlich, welchem machtvollen Aspekt deiner Lebensaufgabe und welchem meisterhaften Aspekt deiner Bestimmung du aus dem Weg gegangen bist. Notiere hier auch deine Seelengaben und die Gaben, die der HIMMEL dir angeboten hat. Du hast vielleicht nicht immer gleich eine umfassende Antwort auf die Frage nach deiner Lebensaufgabe und deiner Bestimmung, aber in jeder Situation wurden dir Seelengaben und Gaben des HIMMELS angeboten. Dir wurden göttliche Gaben angeboten, von denen du dich abgewandt hast.

Ort des Leidens	Angebot des Egos	Wovon du dich abgewandt hast
1.	1.	1.
2.	2.	2.
3.	3.	3.

Kehre in die Zeit unmittelbar vor jedem Ereignis zurück und entscheide dich für die Wahrheit deines höheren Bewusstseins. Die Ablenkung, die das Ereignis darstellen sollte, ist nun hinfällig und bedeutungslos. Das Ereignis muss also nicht geschehen. Da wir die Lektion, die wir lernen sollten, bereits gelernt haben, sind wir schon zur nächsten Stufe unseres Entwicklungsprozesses vorangelangt.

Tue es jetzt. Kehre zu jedem schmerzhaften Ereignis zurück und entscheide dich dafür, vorzutreten und deine Lebensaufgabe und deine Bestimmung zu erfüllen.

22

Wovon du dich zurückgezogen hast

B ei jedem negativen Ereignis in unserem Leben haben wir auf zwei Ebenen einen Fehler gemacht. Der erste Fehler besteht darin, dass wir uns dafür entschieden haben, es geschehen zu lassen, wie ein Blick in unser Unterbewusstsein zeigt. Der zweite Fehler besteht darin, dass wir uns zurückgezogen haben, um dem Schmerz zu entgehen, den das Ereignis erzeugt hat. Wir haben uns vom Leben und von uns selbst zurückgezogen. Wir haben uns von der Liebe und vom Erfolg zurückgezogen. Wir haben uns von der wahren Liebe zurückgezogen. Wir haben uns von der Fülle zurückgezogen. Wir haben uns vom Glück und vom HIMMEL zurückgezogen.

Unser Rückzug versetzt uns in eine Position der Aufopferung. Wir geben, können aber nicht empfangen. Wir arbeiten sehr hart, bekommen für unsere Anstrengung aber nicht die Belohnung und Anerkennung, die normalerweise damit einhergehen. Diese Dinge kommen nicht bei uns an, sondern warten an dem Ort auf uns, von dem wir uns zurückgezogen haben. Rückzug ist eine der drei Hauptformen von Ärger. Sein größter Nachteil ist jedoch, dass Rückzug zu Gefühlen der Leblosigkeit im Leben, im Beruf und in Beziehungen führt – und wir ernten, was wir säen.

Diese Situation lässt sich glücklicherweise jedoch mühelos bereinigen. Erstelle eine Liste aller negativen Ereignisse, die dir im Leben widerfahren sind. Frage dich dann, wie viele Schritte du dich jeweils vom Leben zurückgezogen hast. Bewahre die Liste auf, weil du sie auch in der nächsten Lektion brauchen wirst.

Hier sind einige Beispiele:
Meine schwierige Geburt: 40 Schritte
Die Geburt meines Geschwisters, als ich zwei Jahre alt war: 30 Schritte
Der Streit meiner Eltern, als ich drei Jahre alt war: 40 Schritte

Die Armut meiner Familie während meiner Kindheit: 50 Schritte
Der Alkoholismus meines Vaters: 20 Schritte
Mein Vater ist die ganze Nacht nicht nach Hause gekommen: 10 Schritte
Mein Vater hat meine Mutter geschlagen: 30 Schritte
Die Scheidung meiner Eltern: 80 Schritte
Mein erster Herzensbruch: 30 Schritte
Die Untreue meiner Freundin: 60 Schritte

Ergänze die Liste beliebig mit weiteren negativen Ereignissen, die dir widerfahren sind.

Die obigen Beispiele sind typische Antworten, die ich oft gehört habe. In manchen Fällen war der Rückzug sehr umfassend und hatte dementsprechend größere negative Auswirkungen. Andere Fälle waren weniger schwerwiegend, vor allem dann, wenn die Menschen bereits auf einem Weg der Heilung waren.

Du kannst zu jedem Ereignis zurückkehren, die Energie des Rückzugs fühlen und dich dafür entscheiden, sie loszulassen. Verbinde dich mit dem betreffenden Menschen von Licht zu Licht und tritt vor, während die alte Energie des Rückzugs losgelassen wird. Setze den Prozess des Loslassens dann Schritt für Schritt fort, bis du den Kontakt ganz wiederhergestellt hast. Kehre anschließend zu allen Ereignissen zurück, in denen du dich zurückgezogen hattest, wiederhole den Prozess und stelle den Kontakt zu den Menschen wieder her, die eine wichtige Rolle in deinem Leben spielen.

Mutter: Deine Mutter steht für die Mühelosigkeit, mit der du im Leben empfangen kannst. Wenn du eine Frau bist, steht deine Mutter für dein Ich-Gefühl. Wenn du ein Mann bist, steht sie für deine Beziehungen.
Vater: Dein Vater steht für Geld und Erfolg. Wenn du ein Mann bist, steht dein Vater für dein Ich-Gefühl. Wenn du eine Frau bist, steht er für deine Beziehungen.
Schwestern und Brüder: Deine Schwestern und Brüder stehen für deine Fähigkeit zu Partnerschaft und Zusammenarbeit.
Dein Partner: Dein Partner ist der wichtigste Mensch, wenn es um dein Glück geht.
Frühere Partner: Du befreist deine jetzige Beziehung von einer Last, wenn du dich mit deinen früheren Partnern verbindest.

Geschäftspartner: Die Beziehung zu deinen Geschäftspartnern gleicht einer Heirat, die Erfolg zum Ziel hat. Verpflichtung ist hier von entscheidender Bedeutung.

Frühere Geschäftspartner: Wenn du dich mit früheren Geschäftspartnern verbindest, kannst du jetzige Geschäfte müheloser und sorgenfreier in die Tat umsetzen.

Ein weiterer Bereich in unserem Leben, auf den wir wieder zugehen müssen, sind allgemeine Eigenschaften, die es zu verwirklichen gilt. Frage dich, wie viele Schritte du dich von den folgenden Bereichen oder Eigenschaften zurückgezogen hast.

Liebenswürdigkeit	Arbeit	Kreativität
Liebe	Erfolg	Spiritualität
Wahre Liebe	Geschäft	Freundschaft
Beziehungen	Begabtheit	Partnerschaft
Glück	Führerschaft	Schönheit / gutes Aussehen
Sex	Fluss	Deine Lebensaufgabe
Kommunikation	Geld	Deine Bestimmung
Geben	Empfangen	

Gehe nun auf jeden dieser Bereiche zu, um den Kontakt wiederherzustellen, damit du erfolgreich sein kannst.

23

Was du weggeworfen hast

In der vorherigen Lektion ging es darum, dass wir uns vom Leben zurückgezogen haben. Es gibt jedoch einen noch wichtigeren Bereich, den wir ebenfalls einer Prüfung unterziehen und heilen müssen. Das Ego will in größtmöglichem Umfang seine eigene Sicherheit gewährleisten. Nachdem du dich nun jedoch deinem Erfolg verpflichtet hast, wirst du feststellen, dass du mehr Macht besitzt, um das zu erreichen, was du willst – Macht, die das Ego bisher noch nicht mit einer seiner Fallen an sich gerissen hat. Eine der größten Fallen, die das Ego bei jedem negativen Ereignis aufstellt, besteht darin, dass es dich dazu bringt, einen Anteil deiner selbst wegzuwerfen, weil es sich dabei um den „schlechten" Anteil handelt, der dich zum Opfer gemacht hat. Wenn du dein Leben zu 95% weggeworfen hast, bleiben dir also selbst dann, wenn du 80% der Schritte, die du dich vom Leben zurückgezogen hattest, wieder auf das Leben zugehst, nur 5% deines Lebens, auf die du wieder zugehen kannst. Nachdem du den Kontakt wiederhergestellt hast, ist deshalb ein weiterer Schritt der Heilung notwendig, der darin besteht, dass du herausfindest, zu wie viel Prozent du den jeweiligen Bereich deines Lebens weggeworfen hast, und ihn wieder willkommen heißt.

Gehe durch die Punkte auf deiner Liste negativer Ereignisse, die du in der vorigen Lektion erstellt hast. Frage dich bei jedem Ereignis, zu wie viel Prozent du die Menschen weggeworfen hast, die eine wichtige Rolle in deinem Leben spielen. Dabei handelt es sich beispielsweise um deine Mutter, deinen Vater, dich selbst, frühere Partner, deinen jetzigen Partner oder Situationen, die mit deiner Arbeit zu tun haben. Dies ist äußerst wichtig, weil alles, was du weggeworfen hast, genau das ist, was deinem Erfolg jetzt im Weg steht.

Andere Menschen und äußere Situationen zeigen dir, was du auf unbewussten Ebenen über dich selbst denkst. Vielleicht bist du bereit, diese Menschen, Situationen und dich selbst in vollem Umfang wieder willkommen zu heißen.

Sorgenfreier Erfolg ist nur möglich, wenn alle diese Bereiche wieder bei hundert Prozent angekommen sind. Frage dich nun, zu wie viel Prozent du infolge der negativen Ereignisse, die dir im Leben widerfahren sind, die folgenden Dinge weggeworfen hast.

Liebenswürdigkeit	Arbeit	Kreativität
Liebe	Erfolg	Spiritualität
Wahre Liebe	Geschäft	Freundschaft
Beziehungen	Frühere Partner	Ehemalige Freunde
Glück	Begabtheit	Partnerschaft
Sex	Führerschaft	Schönheit / gutes Aussehen
Kommunikation	Fluss	Deine Lebensaufgabe
Geben	Geld	Deine Bestimmung
Empfangen	Gnade	

Heiße nun alle diese Bereiche in vollem Umfang wieder willkommen, weil sie das Wesen des Erfolges sind. Etwas zu verlieren heißt in Wirklichkeit, es wegzuwerfen. Wir haben es aus Gekränktheit, Trotz oder einem Wutanfall heraus getan, aber wir verletzen lediglich uns selbst und vergeben unsere Chance, glücklich und erfolgreich zu sein. Nun ist es an der Zeit, dich selbst, dein Leben und alle Aspekte deines Bewusstseins, die dir ein erfülltes Leben ermöglichen, wieder willkommen zu heißen.

24

Wer schreibt das Drehbuch
dieses Lebens?

Wenn GOTT das Drehbuch deines Lebens schreiben würde, wäre es glücklich, von Liebe erfüllt und vollkommen erfolgreich, weil GOTT das Prinzip von LIEBE, GLÜCK und ERFOLG ist. Gleiches bringt Gleiches hervor. Jesus drückt es so aus: „An ihren Früchten werdet ihr sie erkennen." Wenn du anderen Menschen die Schuld an deinem Leben gibst, sind innerer Groll, Enttäuschungen und Urteile die Folge, weil du glaubst, dass jemand anderer die Verantwortung für dich und für das trägt, was dir widerfahren ist. In dem Maße, in dem du dies tust, bringst du dich selbst in eine Position der Schwäche und der Machtlosigkeit hinein. In dem Maße, in dem du deiner Macht aus dem Weg gehst, gehst du auch dir selbst und deinem Erfolg aus dem Weg. Du breitest den Mantel der Verleugnung über dem aus, was dein Unterbewusstsein in sich birgt. In dem Maße, in dem du deine Beweggründe für die Entscheidungen, die zu diesem Verhalten geführt haben, vor dir selbst verbirgst, verbirgst du dich auch vor dem Leben und vor deinem wahren Selbst.

GOTT schreibt ganz gewiss keine Geschichte, die von Opferdenken und Schmerz handelt. Natürlich kannst du anderen Menschen die Schuld geben, aber was nützt es dir? Wenn du ehrlich zu dir bist, weißt du tief in dir, dass du selbst die Verantwortung für alle deine falschen Entscheidungen trägst. *Wir* haben in die verborgenen Dynamiken investiert, die Probleme und negative Gefühle erzeugt haben. Unser Unterbewusstsein offenbart, dass *wir* diese Entscheidungen getroffen haben. Wir schreiben das Drehbuch unseres Lebens, und wenn dein Leben nicht so ist, wie du es dir vorgestellt hast, dann ist es an der Zeit, dir Gedanken darüber zu machen, was du wirklich willst. Ist dies das Leben, das du wirklich willst, oder willst du lernen, wie du es in eine positive Richtung verändern kannst?

Dein Leben wird mit der Zeit zwar besser, wenn du die richtigen Entscheidungen triffst, aber wenn du in einem wirklich tiefen Jammertal bist, ist keine Evolution, sondern eine Revolution notwendig. Würdest *du* diese Revolution jedoch anführen, würdest du rasch ein Blutbad mit großen Verlusten anrichten. Warum gibst du die Autorenschaft über dein Leben nicht auf? Sie ist schließlich das, was dich in der Trennung festhält. Alle deine Probleme rühren daher, dass du dich auf die Seite der Getrenntheit gestellt hast. Wir tragen keine Dynamik in uns, die negativer ist und die wir tiefer verborgen haben als die Trennung. Macht deine Unabhängigkeit dich so glücklich, dass du dieses Muster unbedingt fortsetzen willst? Ist es nicht vielmehr an der Zeit, sie aufzugeben? Angesichts der Schwierigkeiten und der Verwirrung, in die wir uns mit unseren Problemen gebracht haben, brauchen wir tatsächlich den ursprünglichen AUTOR, um uns Liebe, Glück und Erfolg zurückzubringen. Ist es nicht das, was du wirklich willst?

Gib dein Leben an den SCHÖPFER zurück. Lasse zu, dass ER dein Lebensdrehbuch schreibt, damit es weder Schmerz noch Aufopferung oder andere selbstzerstörerische Fehler enthält.

Gehe eine Weile in die Stille und reinige deinen Geist von allem Schutt, damit du die Anweisungen vernehmen kannst, die dir helfen, in deiner Entwicklung einen großen Sprung voran zu tun. Harte Arbeit, ein Mangel an Fülle, Angriff und Selbstangriff haben nichts mit GOTTES Plan, sondern einzig und allein mit dem Plan zu tun, den das Ego für dich hat. Ist es nicht an der Zeit, zur Abwechslung einmal innezuhalten und dein Leben vom HIMMEL lenken zu lassen? Wenn du erkennen könntest, worin das wirkliche Problem besteht, würde es dir noch viel schwerer fallen, es aus eigener Kraft zu lösen. Lasse zu, dass der HIMMEL dir hilft. Lasse zu, dass der HIMMEL eine Geschichte des Erfolges für dich schreibt. Sie wird deine Lebensaufgabe und deine Bestimmung einschließen. Sie wird schön, wunderbar und von goldenem Glanz erfüllt sein. Du könntest versuchen, es aus eigener Kraft zu schaffen, aber es könnte viele Leben lang dauern. Der HIMMEL hat nichts anderes im Sinn, als dich zu segnen. Lasse zu, dass ER dich segnet.

25

Heilung durch Fülle

Wenn wir nicht in größter Armut geboren wurden, haben sich uns wahrscheinlich viele Gelegenheiten geboten, vorzutreten und Fülle zu bringen. Menschen, die in eine arme Familie hineingeboren wurden, tragen sogar fast immer Gaben der Fülle und des Glücks in sich. Sie wurden mit der Lebensaufgabe geboren, Fülle zu bringen. Aus ihrer Angst heraus, anders als andere und ihrer Familie gegenüber treulos zu sein, haben sie diese Gabe jedoch oft verborgen und vorgegeben, nicht anders als der Rest der Familie zu sein. Wir alle wollten so sein wie der Rest unserer Familie und haben uns deshalb mitunter enorm enge Grenzen auferlegt. Wir alle hatten Angst davor, unsere Größe zu zeigen oder unser Licht leuchten zu lassen, während die Menschen in unserem Umfeld arm waren oder gelitten haben. Die Angst, anders zu sein, hat uns im Endeffekt von unserer Fähigkeit abgeschnitten, die Situation durch unsere Gaben zu transformieren. Stattdessen haben wir vorgegeben, klein zu sein, und uns gleichermaßen in Kleinheit und hinter einer falschen Demut versteckt, wie unsere Familie und der Rest der Welt es getan haben. Wenn wir später zu Geld kommen, beansprucht das Ego diese Tatsache prompt für sich und versucht, das Geldverdienen zu einer Form der Besonderheit oder der Selbstverherrlichung zu machen, die beide dem Ego dienen und dazu beitragen, seine Macht zu vergrößern.

Nun ist die Zeit gekommen, alle diese Dinge zu ändern und unsere Urangst davor aufzugeben, die ganze Fülle des Lebens zu empfangen.

Frage dich, wenn du es wüsstest, ob es ein Teil deiner Lebensaufgabe war, deiner Familie und der Welt die Fülle zu bringen.

Wenn du wüsstest, wie alt du gewesen bist, als du dich von deiner Lebensaufgabe abgewandt hast, dann warst du vermutlich _____ alt.

Wenn du wüsstest, wer bei dir war, dann war es vermutlich _____ .

Wenn du wüsstest, was geschehen ist, weil du dich von deiner Lebensaufgabe abgewandt hast, dann war es vermutlich _____.

Wenn du wüsstest, was das Ego dir angeboten hat, um dich davon zu überzeugen, den Preis des Schmerzes zu zahlen und seinen Weg zu gehen, dann war es vermutlich _____.

Wenn du wüsstest, von welchem Aspekt deiner Lebensaufgabe du dich damals abgewandt hast, dann war es vermutlich _____?

Wenn du wüsstest, worin deine Seelengabe bestand, von der du dich damals abgewandt hast, dann war es vermutlich _____.

Wenn du wüsstest, worin die Gabe des HIMMELS bestand, die dir zum damaligen Zeitpunkt angeboten wurde, um deine Lebensaufgabe zu erheben, von der du dich aber abgewandt hast, dann war es vermutlich _____.

Wenn du wüsstest, welche Veränderung deine Lebensaufgabe und deine Gaben für die an der Situation beteiligten Menschen und für dein Leben bewirkt hätten, wenn du dich für sie und nicht für den Weg deines Egos entschieden hättest, dann war es vermutlich _____.

Du kannst eine neue Entscheidung treffen. Kehre in die Zeit unmittelbar vor dem Augenblick zurück, in dem das schmerzhafte Ereignis geschehen ist. Heiße nun deine Lebensaufgabe, deine Seelengabe und die Gabe des HIMMELS willkommen. Teile sie mit allen Menschen, die an der Situation beteiligt sind. Bringe deine Lebensaufgabe und diese Gaben dann durch dein gesamtes Leben mit zurück bis in die Gegenwart, und teile sie mit allen Menschen, die an der gegenwärtigen Situation beteiligt sind. Wie stellt die Situation sich nun für dich dar, und wie fühlt sie sich an?

Frage dich dann, wenn du es wüsstest, ob du dich vor, während oder nach deiner Geburt von deiner Bestimmung abgewandt hast.

Wenn es im Mutterleib war, frage dich, in welchem Monat es war und welches Ereignis dich dazu gebracht hat, diesen Aspekt deines goldenen Glanzes abzulehnen und stattdessen den Weg deines Egos zu gehen. Wenn es während oder nach deiner Geburt war, frage dich, wann es geschehen ist, wer bei dir war und warum du dich dafür entschieden hast, dich zu verstecken, statt dich zu diesem Aspekt deiner Bestimmung zu bekennen. Worin bestand die besondere Facette oder der besondere Strahl der GROSSEN STRAHLEN, der deine Bestimmung war? Was hat dich dazu gebracht, dich stattdessen für den Weg des Egos zu entscheiden?

Worin bestanden deine Seelengaben und die Gabe des HIMMELS, die du abgelehnt hast, um dich für den Weg des Egos zu entscheiden?

Stelle dir nun vor, dass du dich wieder in der damaligen Situation unmittelbar vor dem Augenblick befindest, an dem du dich von dir selbst abgewandt hast. Jetzt kannst du eine neue Entscheidung treffen. Bist du bereit, deine Gaben, deine Lebensaufgabe und deine Bestimmung anzunehmen und sie mit den Menschen zu teilen, die an der damaligen Situation beteiligt waren? Was verändert sich dadurch? Was verändert sich, wenn du nun den Weg deiner Gaben, deiner Lebensaufgabe und deiner Bestimmung gehst, statt dich von ihnen abzuwenden? Bringe alle diese Dinge durch dein gesamtes Leben mit zurück in die Gegenwart. Teile sie mit allen Menschen, denen du unterwegs begegnest. Welcher Mensch in deinem Leben braucht diese Gaben jetzt? Teile sie nun mit ihm.

26

Was wir benutzen, um uns Steine in den Weg zu legen

Jedes Problem zeugt von Angst vor dem nächsten Schritt. Je größer das Problem ist, umso größer ist auch das nächste Stadium, das zu erreichen wir aufgefordert sind. Wir glauben, nicht das Selbstvertrauen zu besitzen, das wir brauchen, um den nächsten Schritt zu gehen, aber *es erwartet uns, wenn wir den Schritt gehen.* Was wir brauchen, ist die Bereitschaft, diesen Schritt zu gehen. Wenn wir über ein ausreichend hohes Maß an Bereitschaft verfügen, das Problem zu durchschneiden, werden wir von ihm befreit. Wenn wir zum nächsten Schritt gelangen, existiert das Problem nicht mehr, oder es hat seine Bedeutung verloren.

Ein Problem zeigt einen Ort, an dem wir uns mit dem Ego identifiziert und uns ihm verschrieben haben. Dem Ego ist daran gelegen, uns abzulenken, aufzuhalten oder abzuschrecken, denn je mehr es unseren Fortschritt behindern kann, umso mehr ist seine eigene Existenz gesichert.

Nun ist es an der Zeit zu erkennen, dass wir alle unsere Probleme selbst erfunden haben. Das gilt sogar für Themen, die aus dem kollektiven Unbewussten kommen und deren Auswirkungen die ganze Welt betreffen. Sie könnten vermieden werden, wenn wir nicht bereit wären, uns aufhalten zu lassen. Der Himmel und auch die Wahrheit sind unsere Verbündeten, wenn wir uns dafür entscheiden, Probleme zu vermeiden und zu überschreiten, indem wir einfach den nächsten Schritt gehen. Sogar die Lektionen, die auf einer Seelenebene für uns geplant wurden, ehe wir in diese Welt gekommen sind, könnten wir mühelos statt auf schmerzhafte Weise lernen.

Wir wollen nun von ganzem Herzen willens und bereit sein, den nächsten Schritt zu gehen. Wir wollen uns von ganzem Herzen für das nächste Stadium entscheiden und uns ihm verpflichten.

Das nächste Kapitel wird ebenfalls seine Herausforderungen haben, aber es wird dennoch ein besseres Kapitel sein. Wir wollen uns verpflichten, mühelos und gnadenvoll Schritt für Schritt und Stadium für Stadium durch unser Leben zu gehen, bis wir unser *Sein* im SEIN erreicht haben, das GOTT ist.

27

Henrys Dilemma

Henry war der Inhaber einer kleinen, bisher erfolgreichen Firma, die nun mit den Folgen des wirtschaftlichen Abschwungs zu kämpfen hatte. Henry wusste einfach nicht, wie er etwas daran ändern sollte, und es kümmerte ihn auch nur bedingt. Er selbst und seine Angestellten bezogen bereits weniger als die Hälfte ihres normalen Gehalts, was für keinen von ihnen zum Leben reichte. Es sah so aus, als würde die Firma spätestens am Jahresende in Konkurs gehen müssen.

Henry hatte bereits an mehreren Workshops teilgenommen. Er war ein äußerst liebenswerter und humorvoller Mann. Dennoch war er geschickt darin, den Dingen aus dem Weg zu gehen, mit denen er sich nicht auseinandersetzen wollte. Seine Firma war ein Familienunternehmen, das Henry von seinem Vater geerbt hatte. Henrys Vater war immer sehr hart und streng zu ihm gewesen, sodass Henry seine Firma nie wirklich als sein Eigentum in Besitz genommen hatte.

Ich bat Henry, dies jetzt zu tun, weil alles andere seinem Erfolg im Weg stehen würde. Ich erklärte ihm, dass er sich seiner Firma voll und ganz verpflichten müsse, da sie sonst nicht erfolgreich sein konnte. Dies war eine seiner Seelenlektionen, und wenn er diese Lektion nicht lernte, würde die Firma ständig ein Mühlstein um seinen Hals sein. Sobald er sie wieder zum Erfolg geführt habe, böten sich ihm viele Optionen. Er könne sie beispielsweise verkaufen oder jemand anderem die Geschäftsführung übertragen. Ich erklärte Henry, dass seine Firma an mehr als nur an einem Tag in der Woche seiner Anwesenheit bedurfte. Ich sagte ihm, dass, wenn er sich ihr verpflichtete, seine Firma geschlossen hinter ihm stehen würde. Er könne alte Kunden zurück- und neue Kunden dazugewinnen, weil kaum jemand, dem ich begegnet war, höhere „Sympathiewerte" hatte als er.

Im Laufe des letzten Jahres war Henry mürrisch geworden, hatte seine Familie und seine Freunde immer wieder angegriffen und sich bisweilen bitterlich über die Situation beklagt, in der er sich befand. Ich bat Henry, als Nächstes seine liebenswerte Seite und seine jammernde Seite zu integrieren, weil die meisten seiner Freunde ihn aufgrund seiner falschen Geisteshaltung bereits aufgegeben hatten. Dies schien ihm ein gewisses Maß an Frieden zurückzugeben.

Die Zeit wurde knapp, und da ich Henry schon seit vielen Jahren kannte, sagte ich ihm, dass ich mich einfach in das einfühlen würde, was seinem Erfolg im Weg stand. Als ich mich in die Situation hineinversetzte, stellte ich fest, dass sie ein einziges Chaos war, ausgelöst durch die heillose Verstrickung in eine Familienverschwörung. Auf die Frage, wie viele dieser Familienverschwörungen er in sich trug, antwortete Henry: „Dreizehn." Als ich mich in ihn einfühlte, konnte ich spüren, dass Henry sowohl der Sündenbock der Familie als auch das Familienmaskottchen gewesen war. Sein Vater hatte das Bedürfnis gehabt, seine eigenen Versagensgefühle auf seinen Sohn zu projizieren, damit er selbst mit seiner Firma erfolgreich sein konnte. Die ganze Sache wurde durch eine ausgeprägte ödipale Verschwörung noch weiter verstärkt. Seine Mutter und seine Schwestern hatten den kleinen Henry abgöttisch geliebt, was seinen Vater zu der Überzeugung gebracht hatte, dass Henry ihn der Liebe beraubte, die ihm selbst von seiner Frau zustand. Der Hass seines Vaters auf Henry hatte somit seine Liebe zu ihm vergiftet. Alle Mitglieder der Familie trugen dafür die Verantwortung, und außerdem war es die natürliche Folge eines Ahnenmusters. Da sich dessen jedoch niemand bewusst gewesen war, wurde es einfach ausagiert. Weil die Familie und insbesondere sein Vater das Bedürfnis gehabt hatten, ihn zum Sündenbock zu machen, hatte Henry versagt, wenn er versagt hatte – und wenn er erfolgreich gewesen war, hatte er ebenfalls versagt. Das hatte schließlich dazu geführt, dass Henry bitter geworden und für seine Familie und seine Freunde nur sehr schwer zu ertragen gewesen war.

Ich führte Henry an den Ort zurück, an dem sowohl die Familienverschwörung als auch die ödipale Verschwörung ihren Ursprung hatten. Ich bat ihn, dort den goldenen Glanz seiner Bestimmung und die Macht seiner Lebensaufgabe anzunehmen, die darin bestand, Liebe, Heilung und Lachen zu bringen. Dann bat ich ihn, seine Seelengaben des Gleichgewichts und der Verpflichtung ebenso anzunehmen wie die Gaben des HIMMELS, die in Selbsteinbeziehung und Trost bestanden. Henry tat es, und er empfand ein ganz neues Mitgefühl gegenüber seinem Vater, als er erkannte, dass sein Vater weder Trost gefunden noch sich jemals selbst in sein Leben einbezogen hatte. Diesen Zustand hatte er an Henry weitergegeben. Nachdem Henry seine Gaben mit seinem Vater geteilt hatte, war er bereit, die dunkle Seite seines Familienerbes – Arroganz und die

Verschwörung der Angst, die sie nährte – im Austausch gegen die Mühelosigkeit der Transformation loszulassen.

Am Ende fühlte Henry sich erneuert und hatte zudem ein vollkommen neues Maß an Verständnis erlangt. Er hatte erkannt, dass die Feindseligkeit seines Vaters zu einem großen Teil daher rührte, dass er selbst sich mit der Liebe gebrüstet hatte, die er als das Maskottchen der Familie von seiner Mutter und seinen Schwestern empfangen hatte. Er konnte sich selbst und seinem Vater vergeben und die Verschwörungen loslassen. Er konnte seine Bestimmung annehmen, die darin bestand, ein Held und ein „Engel" der Veränderung zu sein.

Henry fühlte sich völlig anders, als er ging, und viele der Puzzleteile seines Lebens fügten sich zusammen, als ihm klar wurde, dass er in den Auseinandersetzungen seiner Eltern eine Schachfigur gewesen war. So war die Härte seines Vaters ihm gegenüber in Wirklichkeit immer ein Angriff auf seine Mutter gewesen.

Henry besaß nun das Selbstvertrauen, das er brauchte, um seine Firma zu neuem Leben zu erwecken. Und genau das tat er kurz darauf.

28

Celias Klagelied

Celia arbeitete als Event-Managerin in Los Angeles, war jedoch auf Menschen aus Asien, Nordamerika und Europa angewiesen, damit ihre größte jährliche Veranstaltung ein Erfolg wurde. Die Einnahmen aus dieser Veranstaltung hielten sie und ihre vielen kleineren Events fast das ganze restliche Jahr über Wasser.

Genau in der Zeit, in der sie eigentlich die meisten Anmeldungen zu verzeichnen gehabt hätte, brach in Mexiko die Schweinegrippe aus. Viele Menschen, vor allem aus Asien, hatten plötzlich enorm große Angst davor, nach Los Angeles zu kommen. Celia versuchte verzweifelt und mit großem Zeitaufwand, die von den Medien und von der natürlichen Neigung vieler Menschen zur Hysterie geschürten Ängste zu zerstreuen. Als letzten Ausweg rief sie mich an.

Da ich nur eine Dreiviertelstunde zur Verfügung hatte, zog ich Prozesskarten, um festzustellen, worin das Problem bestand. Celias Karten zeigten, dass sie von „dunklen Göttern" angegriffen wurde. Diese unbewusste Metapher wird vor allem im Buddhismus verwendet, um die dunkelsten Bereiche der Astralebene beziehungsweise des dunklen Unbewussten auf den tiefsten Ebenen des Bewusstseins zu beschreiben. Es war, wenn nicht eine der negativsten, so doch auf jeden Fall eine der dunkelsten Karten in meiner zweitausend Karten umfassenden Sammlung, die in einer moderneren Metapher für die am tiefsten verborgenen und negativsten Aspekte des kollektiven Egos steht. Dunkle Götter mischen sich üblicherweise nur dann in die Angelegenheiten einzelner Menschen ein, wenn sie der Dreh- und Angelpunkt kollektiver Ereignisse sind. Celia spielte ganz offensichtlich in dieser Liga. Die Anordnung der Karten zeigte, dass die Seelengabe, die Celia in dieser Situation besaß, darin bestand, dunkle Götter zu heilen. Die Tatsache, dass sie eine derart große Macht zur Erlösung besaß, sprach ebenfalls für eine Seele, die in ihrer Entwicklung bereits weit vorangeschritten war.

Celias Hauptproblem war die Schattenfigur des Schwindlers, und sie fand intuitiv heraus, dass sie auf zwei verschiedenen Bewusstseinsebenen vierzehn beziehungsweise zweiundzwanzig Schattenfiguren des Schwindlers in sich trug. Ich bat sie daraufhin, sich vorzustellen, dass alle diese Schattenfiguren vor ihr standen. Celia nahm sie als Kobolde wahr, die ihre Arbeit sabotierten. Ich bat sie, alle Schattenfiguren des Schwindlers zu einem einzigen großen Schwindlerkobold zu integrieren. Dann zeigte ich ihr, dass ihr Kobold nicht massiv, sondern eine dreidimensionale Projektion war, die das Ego benutzt, um Pforten der Initiation zu verbergen. Celia ging darauf zu, und als sie eintrat, sah sie einen langen Korridor, an dessen Seiten sich Türen befanden und an dessen Ende ein Licht leuchtete. Sie ging den Korridor entlang auf das Licht zu und bat alle interessierten Teilnehmer, gemeinsam mit ihr in das Licht einzutreten.

Im nächsten Schritt erklärte ich Celia, dass die dunklen Götter keinen Einfluss auf sie haben könnten, wenn sie nicht in Selbstangriff gefangen war. Celia berichtete, dass sie zahlreiche Verschwörungen des Selbstangriffs in sich trug. Auf die Frage, zu welchem Zweck sie diese Verschwörungen benutzte, erwiderte sie: „Um mich zu verstecken und nicht in Erscheinung zu treten."

Ich fragte sie, wie viele Ereignisse aus diesem Leben die Wurzeln bildeten, die das Muster ihres Selbstangriffs in Gang gesetzt hatten. Celia erwiderte: „Ein Ereignis, als ich siebzehn war, und ein Ereignis, als ich zwei war."

Sie fügte hinzu: „Und ein wichtiges Ereignis aus einem früheren Leben, bei dem ich mich geweigert habe, auf einer bestimmten Ebene die Führerschaft zu übernehmen, und einen hohen Preis dafür bezahlt habe."

Wir kehrten zuerst in das vergangene Leben zurück, um es zu heilen, und ich bat Celia, ihre Bestimmung und ihre Lebensaufgabe sowie ihre Seelengabe und die Gabe des HIMMELS anzunehmen. Anschließend wiederholten wir den Prozess mit den beiden Ereignissen in diesem Leben, die mit ihrer Einsamkeit an der High School im Alter von siebzehn und mit einer Auseinandersetzung ihrer Eltern im Alter von zwei Jahren zu tun hatten. Beide Vorfälle hatten persönliche Muster der Niederlage und des Schmerzes in Gang gesetzt. Als wir unsere Arbeit beendeten, hatte Celia ihre Muster durch Verstehen und Vergebung geklärt. So konnte sie nicht nur ihre Seelengabe annehmen, die in der Fähigkeit bestand, dunkle Götter zu heilen, sondern auch die Gabe des HIMMELS, die in der Heilung egogestörter Kommunikation bestand. Celia hatte das Gefühl, nun etwas erreichen zu können, wenn sie die Teilnehmer an der bevorstehenden Konferenz erneut per Telefon oder E-Mail kontaktierte. Am Ende der Sitzung hatte sie zu ihrer leichten, neckischen Art zurückgefunden und freute sich auf die nächste Marketingrunde und auf den Kontakt mit Menschen rund um den Globus.

29

Strebe nach dem Gold

U nsere Ziele ändern sich, während wir durch unser Leben gehen. Dabei steht zu hoffen, dass wir weise werden und nach dem streben, was wichtig ist. Wir wertschätzen die Dinge, nach denen wir streben, und streben nach den Dingen, die wir wertschätzen. Wir streben nach dem, wovon wir glauben, es könne uns vervollständigen, und wenn wir erfolgreich sind, gehen wir auf diesem Erfolgsweg weiter, während wir gleichzeitig nach höheren Zielen streben.

Ich habe im Laufe der Jahre festgestellt, dass zu viele Menschen nach kleinen Zielen streben. Das heißt nicht, dass es bescheidene oder wenig berauschende Ziele sind oder dass sie keine Herausforderung darstellen. Es heißt, dass es nicht die höchsten Ziele sind, die über viele Generationen hinweg ihre Spuren hinterlassen. Es ist sehr leicht, dich in den Einzelheiten und den Ablenkungen des Lebens zu verstecken und niemals wirklich leidenschaftlich zu leben, zu lieben oder dich selbst hinzugeben. Die einzige Sache, die noch aufregender ist als leidenschaftliches, kreatives Geben, ist der tiefe Frieden, der den Urgrund bildet, aus dem deine Freude entspringt. Wenn du stets nach dem Gold strebst, führt deine Leidenschaft dich zu immer höheren Zielen und zu immer größerer, bleibender Befriedigung mit dem, was du erreicht hast. Sie führt dich aufwärts. Je höher du aufsteigst, umso mehr sind deine Ziele auf Spiritualität und Liebe hin ausgerichtet. Schließlich gehst du über deine Lebensaufgabe in dieser Welt hinaus – über die heiligen Versprechen, die du im Hinblick auf den Beitrag gegeben hast, den du leisten wolltest. Du setzt dir Ziele, in denen es darum geht, zu den höheren Zuständen der Freude und Erkenntnis zu erwachen, die jenseits des Glaubens an die Dualität liegen. Du erkennst dich allmählich als Licht und Liebe und beginnst, dich damit zu identifizieren. Du bist die Liebe, die die Welt retten kann. Du bist überwältigendes, wunderbares Licht. Diese Lichtliebe, die du bist, ist dein größtes Versprechen und die beste Hilfe, die du der Welt zuteilwerden lassen kannst. Du wirst zu einem Quell der Wunder, weil du über diese Welt hinausblickst. Du wirst zur Brücke zwischen HIMMEL und Erde und strebst nicht länger nach dem, was einmal Ziele für dich waren. Nun kommen sie dir wie die Spiele eines Kindes vor. Du willst nur das, was der HIMMEL für dich will, und das ist besser als alles, was du jemals selbst für dich hättest planen können.

Es ist wichtig, nicht nur den Ort zu würdigen, an dem du dich befindest, sondern auch nach dem zu streben, was dir nun wie Gold erscheint. Sei außerdem bereit, Ziele loszulassen, sobald du ihnen entwachsen bist, damit du zu höheren Zielen vorangehen kannst.

Überlege, ob es ein Ziel in deinem Leben gibt, das du aufgeschoben hast und dem du aus dem Weg gegangen bist. Denke eine Weile über dein Leben nach, da es möglich ist, dass du die Vermeidung zu einer Lebensweise gemacht hast. In diesem Fall ist die Verleugnung zu deiner zweiten Natur geworden, und nur die rückhaltlose Verpflichtung gegenüber dir selbst kann dir dein Leben zurückbringen.

Frage dich auf einer Skala von 100%, zu wie viel Prozent du dein Herz besitzt. Das Maß, in dem du dein Herz besitzt, ist das Maß, in dem du nach dem Gold strebst. Alles andere ist Ablenkung, Sicherheitsdenken und die Angst vor deiner eigenen Größe. Dies ist der Ort, an dem du aufgerufen bist, dein Herz und deine Verpflichtung zum Leben zu erwecken und ihnen eine Bedeutung zu geben.

Strebe nach dem Gold.
Du bist das Liebeslicht der Welt.
Du bist hier, um die Welt durch den zu befreien, der du bist.

Meditiere eine Weile darüber. Wünsche dir anschließend einige tief empfundene Augenblicke lang nicht nur Gold, sondern das Gold, das darin liegt, dass du in deinem Leben alles gibst.

30

Die Karte, die dich
aus dem Gefängnis befreit

Die Ursache für jedes Problem, jede Niederlage und jeden zerschlagenen Traum liegt darin, dass wir nicht bereit sind, den nächsten leuchtenden Schritt auf unserem Erfolgsweg zu gehen. Diese Dynamik hat, wie ich später herausgefunden habe, auch der bekannte Psychiater Milton Erickson entdeckt.

Wenn du diesen Schritt, den du in der Vergangenheit aufgrund eines Fehlschlags oder einer Opfersituation vermieden hast, endlich gehen möchtest, musst du erkennen, wovor du Angst hattest, damit du es ändern kannst. Wenn du diese Abwehrstrategien aufgebaut hast, um das nächste wunderbare Kapitel in deinem Leben hinausschieben zu können, musst du erkennen, wovor du dich gefürchtet hast, damit du es transformieren kannst.

Erlaube dir im ersten Schritt, ein klares Bild dessen zu sehen, wogegen du dich gewehrt hast.

Wenn du dieses Bild vor Augen hast, frage dich, zu wie viel Prozent du angstvoll und ablehnend warst.

Frage dich dann, wen du als Ausrede benutzt hast, um dem Neuanfang in deinem Leben aus dem Weg gehen zu können. Es handelt sich dabei um jemanden, zu dem du in einer wichtigen Beziehung stehst. Dein eigentliches Geheimnis liegt aber darin, dass dein Groll in Wahrheit deine Schuld überdeckt, denn weder hast du dem betreffenden Menschen geholfen, wie du es auf einer Seelenebene versprochen hattest, noch bist du vorgetreten, um auf eine Weise zum nächsten Kapitel deines Lebens zu gelangen, die auch ihn befreit hätte, wie deine Seele es geplant hatte.

Heute ist ein Tag der Gnade und der Wunder. Das Problem, das dich quält, kann nun endlich geheilt werden. Der HIMMEL hat auf diesen Tag, diese Stunde und diesen Moment der Bereitschaft gewartet, um dich von diesen schweren Ketten zu befreien. Wenn du bereit bist, verbringe die nächsten fünf Minuten damit, die Gabe des HIMMELS zu empfangen, die mühelos die Seite zum nächsten Kapitel deines Lebens aufschlagen kann. Lasse zu, dass diese Gabe dich erfüllt. Stelle dir dann vor, dass diese wunderbare Energie in den Prozentsatz deiner selbst einströmt, der angstvoll und ablehnend war, sodass er wieder in dich hinein integriert wird und zu deiner Ganzheit beiträgt. Lasse diese Energie zum Schluss in den Menschen einströmen, den zu retten du versprochen hattest. Statt ihn zu verurteilen, kannst du ihn von den Fallen befreien, in denen er deine Hilfe und deinen Beistand brauchte.

Die Gnade des HIMMELS, die du heute empfängst, ist die Karte, die dich aus dem Gefängnis befreit, und du kannst sie mit anderen Menschen teilen, damit auch sie frei werden.

31

Mit dem Tao in Übereinstimmung gelangen

Es wurden Studien durchgeführt, bei denen es darum ging, im Fluss zu sein. Das Maß, in dem du im Fluss bist, entspricht dem Maß, in dem du erfolgreich bist. Fluss und Glück tragen praktisch die gleiche Energie in sich. Im Fluss zu sein heißt, mit dem Tao in Übereinstimmung zu gelangen, das sich angesichts der gegebenen Umstände stets auf die höchstmögliche Weise entfaltet. In Übereinstimmung mit dem Tao oder im Fluss zu sein heißt, jedes Bedürfnis nach Höhen und Tiefen, Rückschlägen und Niederlagen zu umgehen. Im Fluss zu sein heißt, das Gefühl zu haben, dass du deine besten Seiten zum Vorschein bringst.

Ich habe im Laufe der Jahre mit dem Fluss experimentiert. So habe ich vor zwölf Jahren während eines Aufenthalts in China einmal noch vor Beginn meines Workshops morgens früh Basketball gespielt. In der Nacht zuvor hatte ich beschlossen, mich auf das Spiel vorzubereiten, indem ich mich etwa zwanzig Sekunden lang darauf konzentrierte und manifestierte, während des Spiels im Fluss zu sein. Mit damals siebenundfünfzig war ich bei weitem der älteste Spieler auf dem Platz. Die anderen waren alle zwischen dreißig und vierzig, das heißt, mindestens siebzehn Jahre jünger als ich. Ich wog auch deutlich mehr als alle anderen Spieler auf dem Platz, aber ich fühlte mich trotzdem wie Michael Jordan. Meine Wurfquote lag bei über 75%, und ich traf den Korb aus allen möglichen Positionen. Ich war im Fluss. Ich war „in the zone", wie es so schön heißt. Ich war in einem Zustand, in dem alles fließt. Ich hatte meinen Verstand ausgeschaltet, und mein Spiel war vollkommen natürlich. Auch wenn ich im Laufe der Jahre so einige gute Spiele gemacht habe, war dieser Morgen in China außergewöhnlich. Ich habe niemals besser gespielt.

Ich habe bemerkt, dass ich im Fluss bin, während ich an meinen Büchern schreibe, Vorträge halte, Seminare leite, Einzelsitzungen durchführe, Sport mache, Witze erzähle oder mich dem Liebesspiel hingebe. Ich habe bemerkt, dass dieser Aspekt des Im-Fluss-Seins mit Unschuld und mit einem Gefühl für den eigenen Selbstwert oder die eigene Verdienstwürdigkeit zu tun hat. Dies sind wichtige Elemente, wenn es darum geht, den Fluss aufrechtzuerhalten.

Um wieder in den Fluss zu gelangen, wenn du es nicht bist, verpflichte dich der Ebenbürtigkeit mit den Menschen in deiner Umgebung. Sobald Ebenbürtigkeit entsteht, entsteht auch Fluss. Du kannst ihn manifestieren, dich ihm verpflichten, ihn visualisieren, ihn wertschätzen und ihn von ganzem Herzen wollen. Heiße ihn willkommen und erhebe Anspruch darauf. Um im Fluss zu sein, musst du dich im Zustand der Partnerschaft mit dir selbst und mit deiner Umgebung befinden.

Du kannst ihn abends vor dem Einschlafen und morgens vor dem Aufstehen für den kommenden Tag manifestieren. Tue es insbesondere dann, wenn du vor wichtigen Besprechungen oder Präsentationen stehst. Tue es auch für allgemeine Lebensbereiche wie Erfolg, Geld, Kreativität, Gesundheit oder Romantik. Experimentiere mit dem Fluss. Überlege, in welche Bereiche du Fluss hineinbringen könntest. Wie würde es sich auf deine Arbeit und deine Beziehungen auswirken?

Deine rückhaltlose Selbsthingabe an alle Menschen und Dinge hat ebenfalls die Macht, neuen Fluss entstehen zu lassen. Die letzte Möglichkeit, den Fluss zu verstärken, besteht darin, dass du mit dem Tao in Übereinstimmung gelangst. Das Tao ist der Fluss selbst. Stelle dir vor, dass du dein Denken aufgibst und dich von dem überreichen Fluss davontragen lässt, den der HIMMEL dir zugedacht hat. Sobald du in Übereinstimmung mit dem Tao gelangst, bist du mit deinem wahren Willen in Übereinstimmung gelangt. Der Glaube des Egos, es habe eine bessere Idee, ist das, was uns vom Weg abbringt. Aus diesem Grund ist nun die Zeit gekommen, dich dem Tao hinzugeben und von ihm zu empfangen.

Experimentiere in den nächsten drei Wochen in unterschiedlichen Kombinationen damit, Fluss zu erzeugen, um herauszufinden, welche Methode für dich funktioniert und welche Auswirkungen dies auf dein Leben hat.

32

Natürliche Berichtigung und Aufmerksamkeit für Details

Ich habe einen Freund, der, bevor er die Position eines Abteilungsleiters bei der Polizei übernahm, normalen Streifendienst versah. Eines Tages hörte ich, wie er einen alltäglichen Vorfall schilderte, der damit zu tun hatte, dass eine Gruppe von Leuten sich an einem bestimmten Ort getroffen hatte. Er beschrieb die Szene, um die es dabei ging, mehrere Stunden nach dem Vorfall, und ich staunte über die Fülle an Details, die seine Schilderung enthielt. Ich erkannte, dass er – auf eine sehr lässige Weise – ein äußerst aufmerksamer Beobachter war, und ich begriff, welche Gabe diese Fähigkeit in seinem Beruf darstellte.

Dieses Maß an Beobachtungsfähigkeit ist eine Gabe für jeden Menschen, der sie besitzt, ob als Vater, Mutter, Partner, Geschäftsmann oder Geschäftsfrau. Sie hat mir in vielen Sitzungen mit meinen Klienten schon hervorragende Dienste geleistet. Ich stellte mir über die Person, mit der ich gerade arbeitete, manchmal sogar Einzelheiten vor, die nicht sichtbar waren, die sich nicht in einer offenkundigen, manifesten Verhaltensweise äußerten. Ich hatte sie nur vor meinem geistigen Auge gesehen. Trotzdem wusste ich, dass mein tieferes Bewusstsein mir wichtige Hinweise gab, die ich für die Heilung des betreffenden Klienten brauchte. Es waren Details, mit deren Hilfe ich Dinge erkennen konnte, die anderenfalls verborgen geblieben wären, für ihren Transformationsprozess aber von entscheidender Bedeutung waren.

Unser Ego will, dass wir urteilen, wenn etwas nicht in Ordnung ist. Das kann zur Folge haben, dass wir gereizt, gestresst oder wütend und deshalb anfällig für Krankheit sind. Unsere Urteile und unser Wunsch nach Kontrolle gehen eine „unheilige Allianz" ein. Ein Urteil setzt unsere Beobachtungsgabe außer Kraft. Es zwingt unser Bewusstsein dazu, Dinge als richtig oder falsch zu betrachten.

Jedes Werturteil, das wir über einen Menschen oder über eine Sache fällen, fällen wir auch über uns selbst. Alles, was wir in einem anderen Menschen sehen, sehen und verstärken wir auch in uns selbst. Weder Angriff noch Selbstangriff tragen etwas zu unserer Beobachtungsgabe bei. Ein Urteil ist eine Form von blinder Selbstgerechtigkeit, die Schuld verbirgt, unsere Schuldgefühle in Wirklichkeit jedoch verstärkt. Urteile und schlechte Gefühle bilden einen Teufelskreis, der spiralförmig abwärts führt. Wir glauben, uns durch noch mehr Urteile und noch mehr Angriff von unseren schlechten Gefühlen befreien zu können, aber in Wirklichkeit werden sie dadurch nur weiter verstärkt.

Die Gabe der Aufmerksamkeit für Details ist eine scharfe Beobachtungsfähigkeit, die wahrnimmt, ohne zu urteilen. Es ist eine Gabe der Unterscheidungsfähigkeit, die nicht urteilt, sondern beobachtet und weiß, dass es einen besseren Weg gibt. Das hat zur Folge, dass wir danach streben, diesen besseren Weg zu sehen, und zulassen, dass eine natürliche Berichtigung stattfindet. Viele Menschen sehen nur das große Bild. Sie konzentrieren sich auf das große Bild und überlassen es anderen, sich um die Details zu kümmern. Sie erzeugen ein hohes Maß an Arbeit, die andere dann weiterverfolgen und erledigen müssen. Jemand, dessen Bewusstsein nicht zwischen dem großen Bild und der Aufmerksamkeit für Details gespalten ist, ist ein Visionär, denn er weiß, dass jedes Detail, sorgsam ausgeführt, das Ganze enthält. Mikrokosmos und Makrokosmos gleichen einander. Wenn das große Bild und die Aufmerksamkeit für Details zusammengebracht werden, entsteht Ganzheit, und der Geist wird geöffnet. Ein Chirurg sieht naturgemäß das große Bild, arbeitet aber auch äußerst präzise und verfügt über ein hohes Maß an Aufmerksamkeit für jedes Detail.

Wenn du eine Gabe in anderen Menschen erkennst und glaubst, sie sei es wert, dass du sie selbst besitzt, ist es einfach, sie zu erlangen. Neid ist dagegen das Werkzeug des Egos, mit dessen Hilfe es verhindern will, dass du die Gabe selbst entwickelst oder empfängst. Das Ego will, dass du dich ständig mit anderen Menschen vergleichst, damit du dich ihnen überlegen oder unterlegen fühlst. Dabei kümmert es das Ego aber nicht wirklich, was von beiden es ist. Es gedeiht, wenn du auf einer Seite des Teufelskreises aus Überlegenheit und Unterlegenheit gefangen bist.

Wenn du eine Gabe in einem anderen Menschen erkennst, sei ihm dankbar dafür, dass er die Gabe am Leben erhält. Du selbst hast irgendwann Angst vor ihr bekommen, sie abgespalten und dann verdrängt. Du trägst sie jedoch nach wie vor in dir, weil du sie außerhalb von dir anderenfalls nicht sehen oder wahrnehmen könntest. Du kannst die Gabe in deiner Vorstellung schon allein dadurch erfahren, dass du dieses Kapitel liest, und das wäre nicht möglich, wenn du dieses Verstehen nicht in dir tragen würdest. Die Dankbarkeit, die du einem Menschen dafür entgegenbringst, dass er die Gabe am Leben erhält, führt dazu, dass das Urteil und die Angst, die sie von dir abgespalten haben, zu schmelzen beginnen, was wiederum zur Folge hat, dass die Gabe wachsen kann. Nimm sie an. Wehre dich nicht länger dagegen. Vergib dir selbst dafür, dass du sie verurteilt und abgespalten hast. Verpflichte dich dieser Gabe. Sie bringt dich zum nächsten Schritt voran. Die Tatsache, dass du dir dieser Gabe nun bewusst wirst, bedeutet vermutlich, dass du bereit bist, sie einmal mehr von deiner Seele zu empfangen. Stelle dir vor, dass du die Tür in deinem Geist öffnest, um die Gabe zu empfangen. Lasse dich von dieser Gabe erfüllen. Lasse zu, dass sie ganz natürlich mit allen anderen Gaben integriert wird, die du besitzt. Der tief empfundene Wunsch, eine Gabe zu besitzen, bringt sie hervor. Wolle die Gabe, die du dir wünschst, also von ganzem Herzen.

Deine wertschätzende Aufmerksamkeit für Details macht sie also wünschenswert, und die Beherzigung der obigen Prinzipien bringt sie schneller zu dir. Jede Gabe, die du empfängst, schenkt dir ein höheres Maß an Fluss und deinem Leben ein höheres Maß an Mühelosigkeit. Das macht dein Leben auf ganz natürliche Weise erfolgreicher und ist ein weiterer Schritt hin zu dem Frieden und dem Selbstvertrauen, die von Ganzheit herrühren.

Wähle im Laufe der kommenden Woche jeden Tag eine andere Gabe und übe dich in Dankbarkeit, Akzeptanz, Selbstvergebung, Verpflichtung und darin, sie von ganzem Herzen zu wollen und zu empfangen, nicht nur aus deiner eigenen Seele heraus, sondern auch mit der Macht des HIMMELS. Denke daran, dass es in der Natur des HIMMELS liegt, dir alles zu geben. Empfange es also. Frage dich am Ende der Woche intuitiv, zu wie viel Prozent du jede der betreffenden Gaben nun besitzt. Entwickle jede Gabe weiter, die du noch nicht zu hundert Prozent besitzt. Sobald du alle sieben Gaben verwirklicht hast, wähle eine andere Gabe und arbeite jeden Tag daran, bis du feststellst, dass du sie auf ganz natürliche Weise mit anderen Menschen teilen kannst. Dann weißt du, dass du die betreffende Gabe wirklich besitzt.

33

Einheit des Geistes

„Dein gespaltener Geist hemmt die Ausdehnung des Himmelreichs, und seine Ausdehnung ist deine Freude."

Ein Kurs in Wundern, T-7.VI.12:4

Soweit ich dies als Ergebnis meiner Arbeit mit dem Unterbewusstsein und dem Unbewussten sagen kann, ist unser Bewusstsein viele zehntausend Mal gespalten. Jeder Anteil einer jeden Spaltung im Bewusstsein hat seine eigene Logik, seine eigenen Ziele und seine eigenen Glücksrezepte. Wir tragen unzählige Konflikte in uns. Da wir es aber nicht ertragen können, in einem Konflikt zu sein, unterdrücken und verdrängen wir fast alle Gefühle und Konflikte, damit wir imstande sind, unser Leben zu bewältigen. Hier ist Integration notwendig, denn Integration bringt ein neues Maß an Frieden, Ganzheit und Selbstvertrauen. Dies bringt wiederum ein höheres Maß an Mühelosigkeit, Erfolg und Freundschaft mit sich. Wo unser Bewusstsein gespalten ist, dort ist unser Leben von innerer und äußerer Konkurrenz geprägt. Das erzeugt nicht nur Stress, sondern verbirgt auch eine Angst vor Erfolg und Nähe, und unser Ego benutzt es, um uns aufzuhalten. Wenn es nach dem Ego geht, ist alles schwierig und festgefahren, denn das sorgt dafür, dass das Ego stark bleibt oder stärker wird.

Jedes Ziel, bei dem du nicht erfolgreich bist, weist dich auf einen Ort hin, an dem dein Bewusstsein gespalten ist. Möglicherweise hast du neben dem Ziel, dessen du dir bewusst bist, noch zahlreiche andere Ziele, die dir nicht bewusst sind. Wenn alle diese Ziele wieder miteinander integriert werden, stellen sich natürlicher Fluss, Mühelosigkeit und Erfolg ein.

Eine Möglichkeit, diese besonders selbstsabotierenden Ziele zu finden, besteht darin, dich zu fragen:

Im Hinblick auf das Ziel, das ich erreichen will und das in _____ besteht, will ich, dass _____ geschieht.

Wenn du dir diese Frage etwa drei Dutzend Mal hintereinander stellst und nicht in Verleugnung gefangen bist, wirst du viele unterschiedliche Ziele finden, die deinen Erfolg behindern. Wenn du eines Geistes bist, steht dein Erfolg unmittelbar bevor und kann mühelos erreicht werden.

Eine Integrationsübung besteht darin, dir einen heilenden Whirlpool vorzustellen, der mit schimmerndem Wasser gefüllt ist. Stelle dir vor, dass du in diesen Whirlpool sowohl dein vordergründiges Ziel hineinwirfst als auch alle verborgenen Ziele, die dem Erfolg und dem Glück, das du verdienst, im Weg stehen. Wenn du auf deine Frage keine weiteren Antworten mehr erhältst, stelle dir vor, dass alles, was sich nun im Whirlpool befindet, schmilzt, bis nur noch seine reine Energie übrigbleibt, der Macht und Ganzheit innewohnen. Steige dann selbst in den Pool und nimm die gesamte darin enthaltene Energie in dich auf.

Orte, an denen dein Erfolg nur langsam Fortschritte zu machen scheint oder an denen du in irgendeiner Form auf Widerstand triffst, stehen für unterbewusste Anteile deines Bewusstseins, die eigene Ziele verfolgen. Es sind Spaltungen in deinem Geist, die reif dafür sind, durch diese Übung geheilt zu werden.

Nur du selbst kannst dir etwas entziehen oder vorenthalten. Nur du selbst kannst deinen Fortschritt aufhalten. Integriere alle verborgenen Anteile deines Bewusstseins, um dich zu befreien und die Mühelosigkeit zurückzugewinnen, die Fluss mit sich bringt. Die neu gewonnene Ganzheit gibt dir Fluss, Mühelosigkeit und Selbstvertrauen, die dich gemeinsam auf eine neue Ebene des Erfolges voranbringen.

34

Deine Nische

Nimm dir ein wenig Zeit, um dein bisheriges Leben zu betrachten und darüber nachzudenken. Wie ist es verlaufen? Nimm dir anschließend ein wenig Zeit, um dein jetziges Leben zu betrachten und darüber nachzudenken. Wie viel Freiheit hast du? Wie viel Spaß? Wie viel Abenteuer? Gibt es in deinem Leben alle Dinge, die du darin haben möchtest? Was fehlt?

Wenn in deinem Leben etwas fehlt, fürchtest du dich davor, es zu besitzen, weil du glaubst, dadurch ein gewisses Maß an Sicherheit zu verlieren. Was du für Sicherheit hältst, ist jedoch ein Ort des Rückzugs, an dem du dich von dem abgetrennt hast, was du vordergründig willst. Ein ähnliches Muster ist vermutlich in deinem Leben am Werk. Du hast eine bestimmte Position eingenommen, und du begreifst nicht, dass das Ego dich eingehüllt hat. Du wertschätzt diese Umhüllung, auch wenn sie dich einengt, aus dem einfachen Grund, dass du selbst sie geschaffen hast. Das bedeutet, dass du deine Nische höher schätzt als Erfolg, Geld oder Liebe – selbst wenn du vorgibst, dass sie dir nicht gefällt. Was könnte den Wunsch in dir wecken, dich zu ändern? Würdest du dir erlauben, das zu sehen, was du vor dir selbst verborgen hast in der Nische, die das Ego mit deiner Hilfe für sich gebaut hat?

Wir wollen deinem Dilemma einmal intuitiv auf den Grund gehen.

Zu wie viel Prozent – auf einer Skala von 100% – lässt du das Leben in deine Nische hinein?

Zu wie viel Prozent lässt du die Freiheit in deine Nische hinein?

Die Liebe?

Geld?

Sex?

Das Glück?

Einen wahren Partner?

Zu wie viel Prozent lässt du die Gnade in deine Nische hinein?

Zu wie viel Prozent erlaubst du dir, eine Geschichte des goldenen Lebens zu leben?

Du kannst so hart arbeiten, wie du willst, ohne dass sich nach außen hin etwas ändert. Erst wenn du aus deiner Nische ausbrichst und dir mehr Raum zum Leben gibst, hast du auch mehr Raum zum Atmen und kannst auf natürliche Weise empfangen. Das Ego versucht ständig, dein Leben zu beenden, denn wenn es ihm gelungen ist, dich an einen Ort zu befördern, an dem du kaum noch atmen kannst, schlägt es dir den Tod als Ausweg aus der Falle vor. Dein Ego ist wahnsinnig, und das ist der Beweis. Es gefällt ihm nicht, wenn du glaubst, du könntest gut genug für es sein. Der Tod ist jedoch nicht die Antwort. Würdest du den Tod wählen, müsstest du dich in deinem nächsten Leben noch einmal genau demselben Thema stellen. Deshalb kannst du die Lektion ebenso gut jetzt lernen.

Stelle dir vor, dass du das Schwert der Wahrheit nimmst und es benutzt, um die Persönlichkeit zu durchschneiden, die dich gefangen hält. Stelle dir vor, dass du dann aus dieser lebensgroßen Hülle heraussteigst, in die du dich selbst hineinbegeben hast. Frage dich, in welchem Lebensbereich du nun mehr Raum hast, um dich auszudehnen, und wie viel mehr Raum du hast.

Du kannst dich dabei auf jeden beliebigen Bereich deines Lebens konzentrieren und das Schwert der Wahrheit benutzen, um alle Persönlichkeiten zu durchschneiden, die dich einengen.

Du kannst dir die Frage stellen, wie alt du warst, als die jeweiligen Persönlichkeiten entstanden sind, und was du als Ausrede benutzt hast, um jede dieser Persönlichkeiten aufzubauen und dich darin einzuschließen, um dich zu schützen. Du kannst dich auch fragen, in welchem Umfang du einen bestimmten Anteil deines Lebens zum damaligen Zeitpunkt verloren hast. Du kannst diese Fragen für jeden Bereich deines Lebens stellen, den du in deinem Streben nach dem Glück und danach, dein *Sein* zurückzugewinnen, für wichtig hältst.

Wir haben alle nicht erkannt, dass wir insgeheim im Einvernehmen mit dem Ego waren, als wir uns in unsere Nische zurückgezogen haben. Wenn du deine Flexibilität, deine Offenheit und deine Freude zurückgewinnen willst, ist Ausdehnung jedoch von entscheidender Bedeutung, und ebenso entscheidend ist, die Orte mit dem Schwert der Wahrheit zu durchschneiden, an denen du dich in ein begrenztes Leben eingesperrt hast. Nun ist es an der Zeit, ein neues Maß an Grenzenlosigkeit zu erschaffen, ohne dein gesamtes Leben einreißen zu müssen.

Dies ist eine Form der Erneuerung, die von innen heraus stattfindet, und sie gibt dir ein höheres Maß an Gleichgewicht zurück. Erforsche und konzentriere dich im Laufe der kommenden Woche auf die beiden Bereiche, die in besonderem Maße der Ausdehnung bedürfen, und nimm wahr, welche Auswirkung es hat, wenn du einen Teil der Hüllen aus Gummi, Plastikfolie oder Stahl wegschneidest, aus denen jede dieser Persönlichkeiten besteht.

Das Ego benutzt diese Materialien, um seine Persönlichkeiten zu erschaffen und uns darin einzuhüllen.

Folge in der zweiten Woche deinen Gefühlen und erforsche die Bereiche deines Lebens, zu denen du dich besonders stark hingezogen fühlst. Kontraktion ist eines der Hauptprobleme, die dem Erfolg in allen Lebensbereichen im Weg stehen. Du kannst nun daran arbeiten und die Macht zurückgewinnen, die es dir erlaubt, dich auszudehnen, lebendig und erfolgreich zu sein. Dein Leben und deine Lebensqualität hängen davon ab, dass du die Mauern durchschneidest, die das Ego benutzt hat, um dein Wachstum zu verhindern.

Dehne deine Nische aus, bis eine Villa des Erfolges daraus geworden ist. Wenn du Beengtheit wegschneidest, findet natürliche Ausdehnung in deinem Leben statt. Dein Ego fördert unaufhörlich alte innere Begrenzungen zutage oder führt äußere Ereignisse als Ausrede herbei, um eine weitere Persönlichkeit zu erschaffen, die dich zurückhält, aber das Ego unterstützt. Benutze heute das Schwert der Wahrheit, um nicht nur dich selbst, sondern auch deine Arbeit, deine Beziehungen und deine Lebenssituationen zu befreien.

35

Die zugrunde liegenden Gefühle

Einer der Hauptgründe dafür, dass wir nicht erfolgreich sind, besteht darin, dass wir die *Kompensation* als Abwehrstrategie benutzen. Wenn wir beispielsweise glauben, dass wir faul sind, dann kompensieren wir diese Überzeugung durch entgegengesetztes Handeln, in diesem Fall also durch harte Arbeit. Ungeachtet unseres Verhaltens glauben wir aber nach wie vor, dass wir faul sind, und alle Belohnung, die unsere harte Arbeit uns normalerweise einbringen würde, kommt nicht bei uns an. Stattdessen geht sie ausschließlich an die *Abwehrstrategie* der harten Arbeit, mit der wir beweisen wollen, dass wir nicht sind, was wir zu sein glauben. Eine *Kompensation* spürst du anhand der Tatsache auf, dass du keine Belohnung empfängst. Ich bin vielen Menschen begegnet, die so sehr davon überzeugt waren, gierig zu sein, dass sie Götzen – falsche Götter – der Gier im Unbewussten vergraben hatten und sich auf diese Weise selbst im Mangel festhielten.

Bei fast allen Menschen, die sich aufopfern, liegen Gefühle der Unwürdigkeit und der Wertlosigkeit unter der Aufopferung verborgen. Sie tun viele gute Dinge, die jedoch nichts fruchten, weil sie eine Kompensation sind.

Jede *Kompensation* verbirgt ein gespaltenes Bewusstsein. Nehmen wir als Beispiel die *Rolle des harten Arbeiters*, die Wertlosigkeit verbirgt, bei der es sich wiederum um eine Kompensation für Unschuld oder wahren Wert oder ein goldenes Leben handelt. Darunter können dunkle Nächte der Seele verborgen liegen, die ihrerseits ein höheres Maß an goldenem Glanz oder sogar das EINSSEIN verbergen.

Die Spaltungen im Bewusstsein verbergen entweder noch tiefere Spaltungen oder aber ein höheres Maß an Ganzheit. Die tieferen Spaltungen weichen irgendwann einem höheren Maß an Ganzheit, die wiederum der ursprünglichen Trennung vom EINSSEIN und von GOTT weicht.

Immer dann, wenn wir feststellen, dass wir etwas tun, ohne eine Belohnung dafür zu empfangen, können wir uns fragen, welche Gefühle darunter verborgen liegen. Wir können unser höheres Bewusstsein bitten, die Kompensation mit dem zu integrieren, was sich darunter verbirgt, bis sich schließlich neue Ganzheit einstellt. Unmittelbar nach einer Integration können sich jedoch auch stärkere negative Gefühle einstellen, oder es kann eine tiefere Spaltung zutage treten. Integriere sie mit der Integration, die gerade stattgefunden hat, und mit allem anderen, was diese Spaltung oder dieses schmerzhafte Gefühl verbirgt. Du kannst herausfinden, worin das zugrunde liegende Gefühl besteht, indem du dich zunächst fragst, ob es positiv oder negativ ist. Sobald du die Antwort hast, frage dich, worin das darunter liegende Gefühl besteht, und integriere es unabhängig davon, ob es positiv oder negativ ist, mit der Abwehrstrategie, die du benutzt hast, um es zu verbergen. Wenn du das, was du findest, immer wieder integrierst, gelangst du irgendwann an einen Ort, der von Frieden und Ganzheit durchdrungen ist. Es ist ein Rastplatz, an dem du auf der Reise zurück zum Einssein deine Unschuld erkennst. Dies ist tatsächlich ein müheloser Weg, um über die Rollen und Persönlichkeiten hinaus zu dem Schmerz zu gelangen, den sie zu verbergen versuchen, und von dort weiter zu der Freude, die jenseits des Egos liegt. Es sind Orte natürlichen Erfolges, die meist mühelos erreicht werden können, weil sie Aspekte des natürlichen Flusses sind.

36

Rückhaltlosigkeit

Ein Problem zeigt dir einen Ort, an dem du dich einer Sache nicht uneingeschränkt hingegeben hast. Rückhaltlosigkeit ist die Entscheidung, dich einem Menschen, einem Projekt oder dem Leben von ganzem Herzen hinzugeben. Dich rückhaltlos hinzugeben ist gleichbedeutend damit, dass du mit einem großen Sprung zum nächsten Schritt in deinem Leben vorangelangst.

Wenn ein Projekt oder dein Partner ins Schwimmen gerät oder – schlimmer noch – unterzugehen droht, ist es ganz besonders wichtig, dich rückhaltlos hinzugeben. Dabei kann es in äußerst seltenen Fällen passieren, dass der nächste Schritt dich in eine noch komplexere und tiefere Falle führt, aber das kommt kaum je einmal vor. In den meisten Fällen entwickelt die Situation sich sofort in eine positive Richtung. In seltenen Fällen kann es auch geschehen, dass die Situation kurzzeitig besser wird und sich dann sofort verschlimmert. Da du dich diesem Thema irgendwann ohnehin hättest stellen müssen, kann es nur zu deinem Vorteil sein, wenn du es jetzt zu einem Zeitpunkt tust, an dem sogar diese neue Ebene vorangebracht werden kann, indem du dich wieder rückhaltlos hingibst.

Deine Entscheidung, dich uneingeschränkt hinzugeben, ist eine Verpflichtung und bringt wie jede Verpflichtung ein neues Maß an Wahrheit, Authentizität, Mühelosigkeit und Partnerschaft mit. Rückhaltloses Geben erzeugt neuen Fluss. Wenn du dich einem Menschen oder einer Sache rückhaltlos hingibst, der oder die für dich nicht oder nicht länger wahr ist, lässt deine rückhaltlose Hingabe diese Tatsache glasklar zutage treten. Der betreffende Mensch verabschiedet sich von dir, das Projekt löst sich auf, oder der Auftrag geht zu Ende. Die gute Nachricht lautet, dass, wenn du dich einem Menschen oder einer Sache rückhaltlos hingibst, das Problem, das die Unwahrheit ist, sich auflöst und verschwindet, auch wenn dieser Prozess manchmal mit einem gewissen Maß an vorübergehendem Unbehagen verbunden sein kann. Dieser Schritt schafft jedoch Platz für etwas

Besseres, und paradoxerweise fühlst du dich dabei nicht schlecht. Du fühlst dich nicht schlecht, weil du alles gegeben hast. Du fühlst dich gut und bist bereit, dein Leben weiterzuleben! Wenn du Erfolg ohne Anhaftung oder bleibenden Erfolg willst, ist Rückhaltlosigkeit unabdingbar.

Wenn du die Entscheidung triffst, dich rückhaltlos zu geben, verbindest du dich mit dir selbst, einem anderen Menschen oder einem Projekt, und es entsteht ein neues Maß an Partnerschaft, das dich für ein höheres Maß an Erfolg öffnet. Rückhaltlosigkeit gehört zu den großen Erfolgsgeheimnissen. Du kannst kein Problem haben, keinen Groll hegen, keine Klage führen und nicht urteilen, wenn du dich hundertprozentig gibst. Alle diese Dinge und auch die Menschen in deiner Umgebung, die ein Problem haben, einen Groll hegen, eine Klage führen oder urteilen, bieten dir die Gelegenheit, dich ihnen auf eine Weise zu verpflichten, die euch beide voranbringt. Du kannst auf diese Weise den Menschen in deiner Umgebung helfen, die krank oder erfolglos sind. Beginne jedoch mit dem, was bei dir selbst vorgeht. Wenn du in einem Dilemma oder in Zweifel gefangen bist, verpflichte dich einfach der Wahrheit, dir selbst und dem nächsten Schritt, damit die Wahrheit sich mühelos einstellen und du selbst mühelos aus deiner paradoxen und scheinbar aussichtslosen Situation befreit werden kannst.

Lege die Rückhaltlosigkeit heute in deinen Warenkorb. Sie ist ein unabdingbares Element deines Erfolges. Immer dann, wenn du dich nicht frei fühlst oder wenn etwas nicht mühelos läuft, und immer dann, wenn du nicht im Fluss bist, gibt es jemanden oder etwas, dem du dich nicht rückhaltlos hingibst. Du kannst diesen Fehler mühelos berichtigen.

37

Verlieren, um zu gewinnen

Wenn du ein chronisches Problem hast, bei dem du auf der Verliererseite zu stehen scheinst, dann verlierst du, um zu gewinnen. Das mag verrückt klingen, aber das Ego ist nicht normal. Es glaubt, sein Erfolg bestünde darin, dass es seine Stärke ausbaut und sich selbst verteidigt. Dabei ist es ihm völlig gleichgültig, wie hoch der Preis ist, den wir dafür bezahlen. Es schränkt uns ein, um sich ein eigenes Spesenkonto einzurichten. Es plant unseren Tod und glaubt, es könne uns überleben. Es hat seine Hand im Spiel bei jeder Niederlage, jedem Trauma und jedem Fehlschlag, den wir erleiden, und labt sich an unserem Schmerz, unserem Mangel und unserem Schwelgen. Es will angreifen und macht uns glauben, wir könnten dem Angriff entkommen, indem wir andere Menschen angreifen.

Alle Rückschläge und Probleme sind mit einer Belohnung für das Ego verbunden. Das gilt ebenso, wenn wir verlieren. Verlieren ist eine Form von Aufopferung, und wie Aufopferung gibt es uns ein Gefühl moralischer Überlegenheit. Das Ego kassiert, wenn wir glauben, den Gewinnern und den Menschen, die es leicht haben, überlegen zu sein, wenn wir verlieren. Denke über dein Leben und über jeden Bereich deines Lebens nach, in dem du das Gefühl hast, eine Niederlage erlitten zu haben oder benutzt worden zu sein. Nehmen wir an, dass du ein derartiges Muster in dir trägst. Wenn du es wüsstest, wie alt warst du dann, als es entstanden ist? Wer war bei dir, und von wem hast du es übernommen? Was ist damals geschehen, dass du glaubtest, es sei sinnvoll, dich für ein solches Muster zu entscheiden? Was hat das Ego dir angeboten, wenn du seinen Weg gehst? Wie hat diese Entscheidung sich auf dein Leben ausgewirkt?

Willst du nun eine andere Entscheidung treffen? Du kannst dich dafür entscheiden, diese Muster loszulassen und dich von deinem eigenen schöpferischen Geist wieder neu vernetzen zu lassen, damit nur Erfolg wirklich Erfolg ist. Dazu brauchst du lediglich die Entscheidung zu treffen, dass es so sein soll. Dies ist ein sehr gutes Gegenmittel gegen chronische Probleme, und es fördert deinen wahren Wert und deine Bereitschaft, auf immer höheren Ebenen erfolgreich zu sein.

38

Du bist gut, gelangst
aber nicht voran

Frank war ein erfolgreicher und vermögender Geschäftsmann aus Vancouver.
Er war seit einigen Jahren geschieden. Nach seiner Scheidung hatte er einige
Liebschaften gehabt, aber keine davon hatte sich zu einer wirklich ernsthaften
Beziehung entwickelt. Er hatte das Gefühl, dass er zwar im Geschäftsleben erfolgreich sein konnte, dass es ihm aber nicht gelang, im Geschäftsleben und in
einer Beziehung gleichzeitig erfolgreich zu sein. Ich sprach mit ihm darüber, wie
es war, in der toten Zone gefangen zu sein, in der er nicht alles haben konnte
und nicht einmal das Maß an Erfolg hatte, das er tatsächlich verdiente. Dann
erklärte ich ihm, dass die tote Zone eine Kompensation für eine Zeit war, in der
er sich als vollkommener Versager gefühlt hatte. Es war eine Zeit, in der er einen
großen Herzensbruch erlitten hatte, und dieser Herzensbruch hatte ihn an einen
Ort zerschlagener Träume geführt.

Frank erinnerte sich sogleich an eine Zeit, in der er vier Jahre alt gewesen
war und in der seine Mutter vom Leben überfordert und sein Vater ständig auf
Geschäftsreisen gewesen war. Er und seine Stiefschwester hatten sich verloren
gefühlt. Frank erkannte, dass sein Vater den Verlust seiner ersten Frau und seines Sohnes aus dieser ersten Ehe kompensiert hatte, die beide gestorben waren,
und dass er so häufig fort gewesen war, weil er fürchtete, der Verlust könne ihn
überwältigen, wenn er seiner jetzigen Familie zu nahe kam.

Seit dieser Zeit war Frank immer wieder in die übliche Beziehungsfalle ge-
tappt, die in der Erwartung bestand, dass eine überwältigend schöne Frau in
sein Leben treten würde, um ihn vor sich selbst zu retten. Neben dieser Phantasievorstellung war es in Wirklichkeit aber auch immer so gewesen, dass jede
Frau, die ihm nahe kam, entweder seinen Schmerz oder aber seine Kompensation

und seine Dissoziation dieses Schmerzes zutage gefördert hatte. Er fürchtete sich vor dem Schmerz, und seine Abwehrstrategien stießen die Frauen ab. Nach einigen Monaten funktionierten seine Beziehungen ganz einfach nicht mehr. Frank hatte sich immer hilflos gefühlt, wenn es um seine Familie ging, und als Kompensation das tiefe Bedürfnis gehabt, anderen Menschen zu helfen. Seine inneren Gefühle waren tiefes Elend und Niedergeschlagenheit. Als wir der Sache auf den Grund gingen, fanden wir heraus, dass er sich von Gaben der Wahrheit und von seiner Lebensaufgabe und seiner Bestimmung abgewandt hatte, die beide darin bestanden, erfolgreich zu sein. Frank umarmte die Teilnehmer, die im Rollenspiel diese Gaben verkörperten, und teilte ihre Energie anschließend mit den Menschen, die für sein verlorenes Selbst und die Selbstanteile standen, die zerschlagene Träume erlitten hatten.

Nun war Frank in der Lage, seine Gaben der Wahrheit mit seiner Schwester und seiner Mutter, mit der verstorbenen Ehefrau und dem verstorbenen Sohn aus der ersten Ehe seines Vaters sowie schließlich auch mit seinem Vater selbst zu teilen. Am Ende der Übung waren sowohl bei Frank als auch bei den Rollenspielern viele Tränen geflossen. Frank berichtete, er fühle sich, als ob ein Damm gebrochen und sein Leben nun endlich wieder im Fluss sei. Er freute sich erwartungsvoll darauf, in höherem Maße erfolgreich zu sein und zugleich die wahre Liebe zu finden.

39

Die Macht der Unwiderstehlichkeit

Die Macht der Unwiderstehlichkeit liegt in ihrem Zauber, ihrer Liebenswürdigkeit und ihrem Charisma verborgen. Sie zieht alle Dinge zu sich hin, und das macht das Leben leicht. Wir müssen nicht hart arbeiten oder darum ringen, erfolgreich zu sein, sondern sind es, weil wir uns sowohl würdig als auch liebenswert fühlen. Unwiderstehlichkeit gehört zu den Dingen, die unseren Partner oder unsere Freunde aus dem allergrößten Schmerz befreien können, weil sie lieber mit uns zusammen sind in dem guten Gefühl, das von uns ausstrahlt, als in einer Höhle des Schmerzes und in sich selbst gefangen zu sein.

Unwiderstehlichkeit ist ein Prinzip der Führerschaft. Sie bringt Menschen dazu, sich zu öffnen, und macht sie kontaktfähig. Eine Führungspersönlichkeit ist ein visionärer Mensch, der in seiner Integrität unwiderstehlich ist. Das Ego versucht ständig, unsere Unwiderstehlichkeit zu sabotieren, indem es dafür sorgt, dass wir sie benutzen, um zu schwelgen. Dann hämmert es uns Schuldgefühle ein, weil es uns dazu bringen will, die Gabe wegzuwerfen, statt uns zu berichtigen und sie für die Wahrheit und das Wohl aller einzusetzen. Wenn dies geschehen ist, vergib dir selbst, gib deine Gabe in die Obhut des HIMMELS und deines höheren Bewusstseins und heiße sie dann wieder willkommen, um deinen Erfolg und den Erfolg anderer Menschen zu mehren.

Es hat im Leben fast aller Menschen irgendwann Zeiten gegeben, in denen sie die Gabe der Unwiderstehlichkeit weggeworfen und sich für nicht liebenswert erklärt haben. Dies ist meist sowohl in der Kindheit als auch im späteren Erwachsenenleben der Fall. Kehre in die Vergangenheit zurück und erkenne die Vorfälle in deinem Leben, in denen du deine Unwiderstehlichkeit verloren oder vielmehr weggeworfen hast. Es war schon schlimm genug, dass diese Ereignisse überhaupt geschehen sind, aber dass du genau die Gabe weggeworfen hast, die das Leben leicht und mühelos macht, ist ein Jammer und hat dein Leben deutlich schwieriger gemacht. Dies kannst du jetzt ändern und ein wesentlich höheres Maß an Fluss in deinem Leben zulassen. Du kannst auch zulassen, dass die Orte, an denen du deine Integrität verloren hattest, nun berichtigt werden, statt dich gegen das zu wehren, was dein eigenes Leben und das Leben der Menschen in deiner Umgebung in einem neuen, stärkeren Fluss voranbringt.

Frage dich bei jedem Ereignis, bei dem du deine Unwiderstehlichkeit verloren hast, wie viel Prozent deiner Unwiderstehlichkeit du verloren und wie viel Schuld du an ihrer Stelle aufgenommen hast. Unschuld ist unwiderstehlich. Schuld erzeugt dagegen Unwürdigkeit und den Wunsch, dich wegzuwerfen. Kehre zu jedem Ereignis zurück und heiße deine Unwiderstehlichkeit wieder willkommen, während du zugleich die Schuld über Bord wirfst. Der WILLE des HIMMELS für dich sind deine Gaben und nicht Schuld und Rückzug. Teile die Unwiderstehlichkeit in jeder Situation mit den Menschen, die daran beteiligt waren, sodass sie aus ihrem Schmerz befreit werden und wieder in den Fluss zurückgelangen. Lasse Gegenseitigkeit zu, statt dir mithilfe deiner Gaben einen Vorteil zu verschaffen und von anderen Menschen zu nehmen. Dann ist es viel leichter, anstelle der Anstrengung und des Hungerlohns, den du dir zugestanden hast, in deinem Leben das anzuziehen, was du wirklich verdienst.

Deine Unwiderstehlichkeit wirkt dem gespaltenen Bewusstsein entgegen, das den Teufelskreis aus Überlegenheit und Unterlegenheit erzeugt. Dieser Teufelskreis bringt jeden Fluss zum Stillstand und ruft sowohl in Beziehungen als auch im Geschäftsleben alle möglichen Probleme hervor. Unwiderstehlichkeit, die wahrheitsgemäß eingesetzt wird, teilst du mit anderen Menschen, und das hat Ebenbürtigkeit, Gegenseitigkeit und Partnerschaft zur Folge. Unwiderstehlichkeit fordert andere Menschen spielerisch auf, sich zu öffnen und über ihren Widerstand hinauszugehen, der Probleme und Trennung erzeugt. Unwiderstehlichkeit fordert andere Menschen spielerisch auf, sich in Liebe und Unschuld mit dir zu verbinden.

40

Leblosigkeit heilen

Es gibt eine Reihe von Möglichkeiten, die zahlreichen Ursachen von Leblosigkeit im Leben, im Beruf oder in Beziehungen zu heilen. Wenn wir uns im Stadium der toten Zone befinden, hat eine der Fallen, die in unserem Leben am Werk sind, mit der Verschwörung des *Selbermachers* zu tun. Sie gibt uns das Gefühl, alles aus eigener Kraft schaffen zu müssen. Darüber hinaus verbirgt sie Orte, an denen wir uns nicht einbeziehen. Dieser Glaubenssatz sorgt dafür, dass wir andauernd beschäftigt sind und nicht offen für eine Partnerschaft mit Arbeitskollegen, unserem Partner, unserer Familie und dem HIMMEL. Wenn wir auf diese Weise gefangen sind, delegieren wir weniger, als dass wir austeilen. Wir teilen Aufopferung aus, weil wir selbst in so hohem Maße in Aufopferung gefangen sind. Wir neigen dazu, alles zu einer Aufgabe zu machen, und denken ständig über die Pflichten nach, die wir als Nächstes zu erfüllen haben. Wir bemessen unser Leben nach unseren Aufgaben. Es dreht sich nur um die Liste der Dinge, die wir zu erledigen haben. Das sorgt dafür, dass wir uns auf ausgefahrenen Gleisen bewegen, die wir benutzen, um uns ein gewisses Maß an Sicherheit zu geben. Wir sind in einem Trott gefangen, der Freude und Kontakt im Weg steht, die in Wirklichkeit jederzeit für uns verfügbar sind und das, was wir tun, mit Mühelosigkeit erfüllen. Wir quetschen unser Leben zwischen unsere zahllosen Aufgaben. Unser Leben ist zur Arbeit geworden, selbst wenn wir gar keiner Arbeit nachgehen. Es geht in unserem Leben immer nur um das, was wir zu tun haben, statt darum, zu leben, zu lieben, zu lernen oder uns mit anderen Menschen zu verbinden. Verschwörungen des *Machers* und der harten Arbeit sind außerdem eine Kompensation, um Schattenanteile unseres Bewusstseins zu verbergen, die in Form von Schattenüberzeugungen wie etwa Faulheit, Feigheit, Unfähigkeit oder Unvermögen zum Ausdruck kommen. Diese Kombination aus Schattenfiguren und ihren Kompensationen gibt uns ein Gefühl der Hilflosigkeit, wenn es darum geht, uns um bestimmte Aspekte unseres Lebens zu kümmern.

Wenn wir in diesem Aspekt der toten Zone gefangen sind, haben wir häufig das Gefühl, nicht entschleunigen zu können. Wir arbeiten hart. Wir vermitteln den *Anschein*, als ob wir hart für unseren Erfolg arbeiten würden, aber es stellt sich nicht wirklich eine Veränderung ein.

Ein Weg der Heilung besteht darin, zunächst die Verschwörung des *Selbermachers* und anschließend die Schattenfiguren der Faulheit, der Feigheit, der Unfähigkeit und des Unvermögens mit unserem höheren Bewusstsein zu integrieren.

Außerdem können wir uns folgende Fragen stellen:

> Wenn ich wüsste, wie alt ich war, als dieser Aspekt der toten Zone angefangen hat, dann war es vermutlich im Alter von _____.
> Wenn ich wüsste, wer daran beteiligt war, dann war es vermutlich
>
> _____.
>
> Wenn ich wüsste, was damals geschehen ist, dann war es vermutlich
>
> _____.

Dies ist der Ort, an dem wir die Verbundenheit zerstört und zusammen mit den Rollen des Opfers und der Unabhängigkeit auch die Rolle der Aufopferung übernommen haben. Dies ist der Ort, an dem wir uns auf die Seite der Getrenntheit gestellt und die Verbundenheit zerstört haben, die unser Leben mühelos gemacht und im Fluss gehalten hat.

Wir haben uns von einer Seelengabe, von einer Gabe des HIMMELS, von unserer Lebensaufgabe und von unserer Bestimmung abgewandt. Nun können wir in diese Zeit zurückkehren, unsere Gabe öffnen, die Gabe empfangen, die der HIMMEL uns geben will, und sowohl unsere Lebensaufgabe als auch unsere Bestimmung annehmen. Wir können die Leblosigkeit sowohl mit unserem „spaltenden" Anteil als auch unserem gespaltenen Anteil integrieren.

Sobald der Prozess abgeschlossen ist, gelangen wir auf neue Ebenen des Friedens, den wir mit den Menschen in unserem Umfeld teilen können.

Immer wenn wir uns zu irgendeinem Zeitpunkt unseres Lebens in der toten Zone befinden, gehen wir einer visionären Gabe aus dem Weg, die unser Leben mit einem neuen Maß an Energie, Spannung und Abenteuer erfüllen würde. Diese Gabe ist für die Menschen in unserer Umgebung enorm hilfreich und kann uns selbst ein hohes Maß an Erfüllung bringen.

Es kann eine visionäre, künstlerische oder übersinnliche Gabe sein. Wenn wir sie annehmen, ganz gleich, worin sie besteht, werden wir das Gefühl haben, in unserem Leben einen großen Sprung vorangelangt zu sein.

Bitte darum, dass du erkennen mögest, worin sie besteht. Denke über sie nach. Richte deinen Geist auf sie aus. Achte auf Zeichen in deinem Leben und deinen Träumen. Wenn du sie wirklich willst, wird sie dir gezeigt. Nimm sie an, wenn du sie findest. Sie wird dir ein völlig neues Lebensgefühl vermitteln.

41

Was deine Angst vor Unzulänglichkeit verbirgt

Angst vor Unzulänglichkeit verbirgt viele Dinge, die unserem Erfolg im Weg stehen. Unsere Angst vor Unzulänglichkeit hindert uns daran, in einer Beziehung oder in unserer beruflichen Laufbahn voranzukommen. Wir haben unterbewusst Angst davor, dass wir einer Situation nicht gewachsen sind oder für nicht gut genug befunden werden. Dies ist jedoch nur die oberflächliche Ebene. Auf einer tieferen Ebene fürchten wir uns davor, die Situation für uns berichtigen zu lassen. Wir sind *unwillig*, den nächsten Schritt zu gehen. Ein Teil von uns ist bedürftig, während ein anderer Teil unabhängig und unnahbar bleibt und den nächsten Schritt in Nähe und Erfolg nicht gehen will, weil dies unsere Verbundenheit wiederherstellen würde. Wir würden dadurch zwar unsere Bedürftigkeit und unsere Unzulänglichkeit, aber auch unsere Unabhängigkeit und den Teil von uns verlieren, der seinen eigenen Weg gehen will. Unsere Angst, die Kontrolle zu verlieren, geht also Hand in Hand mit Rebellion.

Es ist an der Zeit, einmal darüber nachzudenken, was uns zurückhält, und unsere mangelnde Bereitschaft berichtigen zu lassen, denn unsere Weigerung, den nächsten Schritt zu gehen, hält uns in der Aufopferung gefangen. Der nächste Schritt gibt uns das Selbstvertrauen, das wir für den nächsten Schritt brauchen. Es erwartet uns, wenn wir ankommen.

Der HIMMEL berichtigt alle Dinge für uns, wenn wir bereit sind, uns partnerschaftlich zu verbinden und unser Bewusstsein zur Berichtigung in SEINE Obhut zu geben. Unsere eigene Bereitschaft bringt Fluss und Erfolg in unser Bestreben hinein, wenn wir uns mit den Menschen in unserer Umgebung und mit dem HIMMEL partnerschaftlich verbinden oder wenn wir die Art von Bereitschaft besitzen, die unsere Angst durchschneidet und uns voranbringt.

42

Schattenfiguren transformieren

Schattenfiguren sind verhasste Selbstkonzepte, die wir verurteilt, abgespalten und nach außen projiziert haben. Alles, was wir in unserem Umfeld verurteilt haben, rührt von dem her, was wir an uns selbst verurteilt haben, aber nach wie vor in uns tragen. Es sind Persönlichkeiten, die wir hassen und durch Selbstangriff, mangelnden Selbstwert und Probleme bestrafen.

So steht jede Form von Festgefahrenheit, Starrsinn, mangelnder Flexibilität oder mangelnder Bereitschaft zu äußeren Veränderungen für einen Anteil von uns, den wir verurteilt und abgespalten haben. Das hat zur Folge, dass unser Bemühen, das äußere Problem zu lösen, erfolglos bleibt.

Eine Schattenfigur kann uns daran hindern, Ziele zu setzen und zu manifestieren. Sie kann unsere Fähigkeit außer Kraft setzen, die Dinge zu erschaffen und zu haben, die wir uns wünschen. Sie blockiert den schöpferischen Prozess, etwas von ganzem Herzen zu wollen und Anspruch darauf zu erheben, weil es uns von Natur aus zusteht – nicht weil wir arrogant sind, sondern weil es das ist, was GOTT uns geben will und was wir wirklich wollen.

Jede unsichtbare Wand oder Decke in unserem Leben ist ein sicheres Anzeichen dafür, dass wir eine Schattenfigur in uns tragen. Eine Schattenfigur in uns zu tragen ist so, als würden wir versuchen, mit dem Auto einen Treibanker hinter uns her zu ziehen, der größer ist als das Auto selbst.

Schattenfiguren kompensieren wir meist durch ein Verhalten, das der jeweiligen Situation angemessen ist. Diese Abwehrstrategie lässt unser Verhalten nach außen hin akzeptabel erscheinen, erzeugt aber ein gespaltenes Bewusstsein und verhindert, dass wir empfangen können.

Eine Möglichkeit, Schattenfiguren aufzuspüren, besteht darin, die Tageszeitung zu lesen. Alles, was wir für verurteilungswürdig oder angriffswürdig halten, ist unsere eigene Schattenfigur, die wir in uns tragen. Wir können unseren äußeren

Schattenfiguren vergeben oder sie integrieren, indem wir sie in unser höheres Bewusstsein bringen und sie zu Ganzheit und positiver Energie zurückführen. Wir können sie unserem höheren Bewusstsein übergeben, damit es sie auf eine Weise auflöst, die neuen Fluss entstehen und uns wieder neu empfangen lässt, sodass wir ein höheres Maß an Nähe und Erfolg erlangen. Halte täglich Ausschau nach Menschen und Situationen, die du verurteilst. Frage dich, wie viele ähnliche Selbstkonzepte du in dir trägst. Bringe sie zum Schmelzen, bis nur ihr Licht und ihre Energie übrig sind, die du dann wieder in dein Herz, deinen Geist und deinen Körper hinein willkommen heißen kannst.

43

Was dein Verlangen,
es selbst zu tun, verbirgt

Viele Menschen haben das zwanghafte Bedürfnis, alles selbst zu tun. Das bedeutet, dass wir ständig beschäftigt sind. Die Ursache dafür liegt häufig in einer Zeit, in der wir glaubten, uns auf andere Menschen nicht verlassen zu können. Heute erst habe ich mit einem jungen Mann gearbeitet, dessen Eltern ihn bei seinen Großeltern zurückgelassen hatten, als sie sich auf die Suche nach medizinischer Hilfe für seinen behinderten Bruder begaben. Weil er noch sehr jung war, hatte er damals geglaubt, sie wollten sich einfach vergnügen – wochenlang und ohne ihn. Als ich ihn in diese Zeit zurückführte, erkannte er, dass er selbst die Verbundenheit zwischen sich und seinen Eltern zerstört hatte, weil er das, was geschehen war, falsch verstanden hatte.

Er erkannte, dass wir prinzipiell andere Menschen dessen beschuldigen, was wir selbst getan haben. Daraufhin konnte er seinen Eltern mühelos vergeben, und der Akt der Vergebung befreite ihn von dem Schmerz und der heimlichen Schuld dafür, dass er sie verlassen hatte. Die Tatsache, dass er seine Eltern verlassen hatte, hatte Gefühle der Verlassenheit in ihm erzeugt, die er verdrängte, sodass sie ihm erst mit Anfang dreißig bewusst wurden. Seine verdrängten Emotionen hatten zunächst dafür gesorgt, dass er in Beziehungen sehr besitzergreifend war, und ihn anschließend unabhängig gemacht. Diese Unabhängigkeit kam besonders stark bei seiner Arbeit zum Ausdruck, bei der er sich dazu getrieben fühlte, alles selbst zu erledigen.

Neben seinem Kindheitstrauma, das wir mühelos auflösen konnten, kompensierte er eine Verschwörung der Schwäche. Weil er sich verlassen fühlte, glaubte er, wertlos zu sein. Er hatte das Gefühl, keine Macht zu besitzen, sodass er glaubte, seine einzige Möglichkeit, zu überleben, bestünde darin, das Gefühl der

Schwäche zu kompensieren, das sein irrtümliches Trauma in ihm hervorgerufen hatte.

Das Bedürfnis, alles selbst zu tun, ist ineffizient und ineffektiv, und es verhindert, dass wir empfangen können, *weil es eine Kompensation ist.* Wir können es zugunsten von Partnerschaft und neuer Verbundenheit loslassen, die ökonomisch und effizient sind und uns empfangen lassen. Partnerschaft bringt Erfolg und erneuerte Verbundenheit, die unser Selbstwertgefühl stärkt.

Frage dich, zu wie viel Prozent du glaubst, alles selbst tun zu müssen.

Wie alt warst du, als deine Verschwörung der Schwäche entstanden ist? Was ist damals geschehen, und wer war bei dir? Was hast du den an der Situation beteiligten Menschen vorgeworfen? Wenn du die Dinge, derer du sie anklagst, nicht selbst getan hättest, könntest du dich nicht schlecht fühlen, ganz gleich, ob andere Menschen sie getan haben oder nicht. Vergib ihnen und dir selbst. Stelle eure Verbundenheit wieder her, indem du dein inneres Licht mit ihrem Licht verbindest. Lasse die Verschwörung der Schwäche nun los und entscheide dich für die Partnerschaft. Das Ego macht sich deine Verschwörungen der Schwäche zunutze. Es tut so, als sei es dein bester Freund, baut in Wirklichkeit aber Abwehrmechanismen auf, statt dir die wahre Stärke zu geben, die dir helfen könnte. Lasse diese Abwehrmechanismen los. Gehe einen Moment in die Stille und bitte darum, das zu empfangen, was der HIMMEL dir an ihrer Stelle geben will. Du kannst sicher sein, dass das, was dir gegeben wird, sowohl anderen Menschen als auch dir selbst Erfolg bringt.

44

Dem HIMMEL erlauben,
der HIMMEL zu sein

Wir messen eigenständigem Handeln zu viel Bedeutung bei. Natürlich müssen wir lernen, bestimmte Dinge aus eigener Kraft zu schaffen, aber dahinter steht ein Lernziel, das wir erreichen müssen, weil wir anderenfalls nicht zu echtem Erfolg oder zur wahren Partnerschaft gelangen können. Wenn wir die dissoziierte Unabhängigkeit überwunden haben, ist unsere Beziehung über die Stadien des Machtkampfs und der Leblosigkeit hinausgelangt, und wir sind im Stadium der Partnerschaft angekommen. Wenn es uns nicht gelingt, die dissoziierte Unabhängigkeit zu überwinden, können wir dagegen weder unser Erfolgs- noch unser Lebenspotenzial verwirklichen.

Wenn wir unabhängig sind, mag der HIMMEL zwar in unseren Gedanken sein, aber in Wirklichkeit tun wir dennoch fast alles selbst. Das Maß, in dem wir zur Partnerschaft gelangen, entspricht dem Maß, in dem wir erfolgreich sein können, weil wir in diesem Maß auch empfangen können. Wenn wir uns partnerschaftlich mit anderen Menschen verbinden, gehen wir zugleich eine Partnerschaft mit dem HIMMEL ein und gelangen zur wechselseitigen Abhängigkeit voran. In dem Maß, in dem wir uns in der wechselseitigen Abhängigkeit weiterentwickeln, wächst unsere Fähigkeit zu empfangen exponentiell an. Wir lassen den HIMMEL in immer stärkerem Maße in unser Leben hinein und können in immer stärkerem Maße die Gnade empfangen, die GOTTES LIEBE zu uns ist. Dies ist die praktische Anwendung unseres geistigen Erbes: die Gesetze von Zeit und Raum mit Hilfe von Wundern zu überschreiten. Damit helfen wir sowohl uns als auch der Erde. Es folgt jedoch noch ein weiteres Entwicklungsstadium, das sich an seinem Gipfelpunkt sowohl zu einer Geschichte des goldenen Lebens als auch zu einer Geschichte des HIMMELS auf Erden emporschwingt.

Der nächste Schritt besteht darin, dass wir mit dem HIMMEL in Übereinstimmung gelangen. Hier erkennen wir, dass es zwischen dem WILLEN GOTTES und unserem eigenen wahren Willen keinen Unterschied gibt. Wenn wir dem HIMMEL erlauben, der HIMMEL zu sein, erlauben wir uns selbst, ein Kind des HIMMELS zu sein, und wir lassen zu, dass wir umfassend geliebt und umsorgt werden. Unsere Lebensgeschichte schreitet zu einer HIMMLISCHEN Geschichte und schließlich zu immer höheren Stufen des ERWACHENS voran. Wir geben auch die letzten und am tiefsten verborgenen Ebenen des Rebellen und der falschen Geisteshaltung auf. Wir geben unsere heimliche Ablehnung des Lebens auf und sagen ja zu allen guten Dingen.

Wir erlauben GOTT, GOTT zu sein, und geben die Vorstellung des Egos, GOTT zu sein, auf. Wir geben die Versuche des Egos auf, beweisen zu wollen, dass es stärker ist als GOTT, indem es dafür sorgt, dass wir sterben, ohne dass GOTT es verhindern kann. Sobald unser Pakt mit dem Ego losgelassen und unser Vertrag mit dem Tod aufgelöst wurde, heißen wir GOTT willkommen, in DESSEN WESENS-NATUR es liegt, uns alles zu geben, indem wir empfangen, was ER gibt. Wenn wir in so hohem Maße empfangen, können wir die Fülle, die wir empfangen haben, in ebenso hohem Maße geben und mit anderen Menschen teilen. Wenn wir sie teilen, werden sowohl unsere Freude als auch unsere Fülle gemehrt. Diese Form des Gebens und Empfangens ist ein wunderbarer Akt der Liebe und der Selbstliebe.

Es gibt eine ganz einfache Möglichkeit, den Unterschied zwischen Spiritualität und Religiosität zu erkennen. Spiritualität birgt Glück und Unschuld in sich. Sie zeigt sich darin, dass wir immer umfassender lieben und immer weniger urteilen. Sie zeigt sich darin, dass wir für andere Menschen und für den HIMMEL verfügbar sind.

Wir könnten viel Zeit sparen, wenn wir dem HIMMEL erlauben würden, der HIMMEL zu sein. ER will sogar in diesem Augenblick unseren Weg voran ebnen, während er uns gleichzeitig alle guten Dinge gibt. Wir könnten aufhören, uns selbst im Weg zu stehen, und dem Ego die Gefolgschaft kündigen, das uns trennen und besonders machen will, statt die Ebenbürtigkeit zuzulassen, die Partnerschaft ermöglicht.

Heute können wir Erfolg auf die denkbar müheloseste Weise erlangen, indem wir zulassen, dass der HIMMEL ihn uns in immer höherem Maße schenkt. Wir können uns verpflichten, jeden Wutanfall und jeden Autoritätskonflikt aufzuspüren, den wir in uns tragen, und ihn loszulassen. Wir können GOTT stattdessen erlauben, GOTT zu sein, und uns selbst können wir erlauben, SEIN geliebtes Kind zu sein. Wir haben einen reichen VATER, und wir können unseren Platz einnehmen und erkennen, dass unser Nachname ebenfalls GOTT lautet. Wir können zulassen, dass unser liebender VATER uns umsorgt, indem ER uns auf den Weg der ERNEUERUNG führt. Unermessliche und immer mächtigere und reichere Gaben erwarten uns, wenn wir uns dafür entscheiden.

45

Chronische Probleme
und uralte Gaben

Wir haben chronische Probleme bereits aus verschiedenen Blickwinkeln betrachtet, aber dieser Ansatz ist besonders einfach. Dein chronisches Problem verbirgt eine uralte Gabe, der meist eine große Macht innewohnt. Wenn du bereit bist, dein Licht leuchten zu lassen, statt in die Falle zu tappen, kannst du einfach intuitiv herausfinden, worin die Gabe besteht, und deinen Geist öffnen, um ihre Energie in die gegenwärtige Situation hineinzubringen. Wenn du nicht wissen willst, worin sie besteht, weil sie dir zu große Angst einjagt, bitte sie einfach, sich in dir selbst und in der Situation einzufinden. Heiße sie von ganzem Herzen willkommen. Auf einer bestimmten Ebene weißt du, worin die Gabe besteht, weil es dir sonst nicht gelungen wäre, sie so gut zu verstecken. Bei einer chronischen Situation befreit sie dich manchmal nur von einer Schicht deines Problems, aber weil endlich Bewegung in die Situation kommt, kannst du darauf hoffen, dass eine tiefgreifende Veränderung eintritt. Außerdem kannst du einfach um die nächste Gabe bitten, um die Situation zu bereinigen.

Chronische Probleme verbergen fast immer uralte und äußerst mächtige Gaben. Zum jetzigen Zeitpunkt kommen Gaben zur Erde herab, wie es sie seit vielen tausend Jahren nicht gegeben hat. Wenn du sie wieder willkommen heißt, hilfst du nicht nur dir selbst, sondern der ganzen Welt. Öffne die Gaben. Bitte sie von ganzem Herzen darum, zu dir zu kommen. Sie sind nicht nur ein Teil deines eigenen Geistes, denn auch der HIMMEL bietet dir diese Gaben an, die das Gegenmittel für deine chronischen Probleme sind.

Viele Menschen haben versprochen, diese Gaben zum jetzigen Zeitpunkt auf die Erde zu bringen, um ihr zu helfen, sich mühelos in ein neues Stadium hinein zu gebären. Nun ist die Zeit gekommen, und die Gaben sind der Weg. Deine

Gaben ebnen den Weg, um mühelose Veränderung bei dir selbst und eine mühelose Geburt für die Erde zu ermöglichen. Alle diese Gaben sind Teil deiner Lebensaufgabe und des großen Glücks, das Teil deiner Bestimmung ist.

Wiederverbindung

Ich habe festgestellt, dass viele Menschen sich von ihrem Körper und von ihrer Sexualität abgetrennt haben. Noch mehr Menschen haben sich von ihrem Herzen und fast alle haben sich von ihrer Spiritualität abgeschnitten.

Nietzsche hat seine Worte, GOTT sei tot, nicht wörtlich gemeint. Er wollte damit vielmehr zum Ausdruck bringen, dass mit dem Aufstieg der bürgerlichen Mittelschicht die Menschen so lebten, als ob GOTT tot sei. Der Schriftsteller John Burdett spricht vom „Kontinuum des Materialismus", das zur spirituellen Zerstörung führt. Spiritualität kann auf einer bestimmten Ebene ganz einfach bedeuten, dass du ungeachtet der Umstände mit Gnade gesegnet bist.

Es gibt eine ganz einfache Übung, um dich wieder neu zu verbinden. Je häufiger du sie durchführst, umso wirksamer ist sie, und sie dauert nur wenige Minuten. Stelle dir ganz einfach einen Lichtstrahl vor, der Liebe ist und der dein Herz wieder mit deinem Körper verbindet, um so die Selbstliebe zu deinem Körper zu vergrößern. Wie fühlt sich das an?

Verbinde dieses Liebeslicht dann mit deinen Genitalien und lasse Liebe in deine Sexualorgane, deine Sexualität und den Sex selbst als Instrument der Liebe einströmen. Lasse die Vergangenheit los. Wenn du die Vergangenheit in diesem Bereich vollkommen loslässt, wird dein ganzer Körper zu dem, was Norman O. Brown den „Liebeskörper" nannte, und du gewinnst deine ursprüngliche Feinfühligkeit, Sinnlichkeit und Sexualität zurück.

Verbinde dann dein Herz mit deinem Kopf. Bringe sie in Übereinstimmung, statt dafür zu sorgen, dass dein Kopf und dein Herz unterschiedliche Richtungen einschlagen. Wenn dein Kopf und dein Herz in unterschiedliche Richtungen gehen, bist du entweder dissoziiert oder sehr häufig emotional verstimmt. Beides hat negative Auswirkungen auf deinen Erfolg. Beides hat negative Auswirkungen auf deine Fähigkeit, zu empfangen und das zu genießen, was du empfangen hast.

Verbinde zum Schluss deinen Kopf mit den Chakras oder Energiezentren, die sich oberhalb deines Kopfes befinden. Wenn es dir lieber ist, kannst du dir stattdessen auch vorstellen, dass du dich mit dem HIMMEL verbindest. Nimm wahr, wie das Liebeslicht sich von deinem Kopf aus mit den spirituellen Chakras verbindet, dich für die Segnungen, die Gaben und die Gnade öffnet und dir hilft, dich daran zu erinnern, WER stets neben dir geht. Du bist nicht allein.

Je häufiger du diese ganz einfache Übung praktizierst, umso mehr gelangst du in Übereinstimmung, sodass alles in deinem Leben natürlicher, leichter und müheloser wird. So soll es sein.

Grundmuster

Grundmuster entstehen mit einem Trauma, das grundlegende Selbstkonzepte erzeugt. Diese Selbstkonzepte ordnen sich so an, dass unser Geist in eine bestimmte Richtung – in diesem Fall in Richtung der Trennung – strömt. Der Weg der Trennung ist auf Schmerz, Aufopferung und dissoziierter Unabhängigkeit aufgebaut. Er mag Freiheit versprechen, kann bestenfalls jedoch Kontrolle liefern sowie die Möglichkeit, deinen eigenen Weg zu gehen, und die Unabhängigkeit, die verhindert, dass du empfangen kannst. Es gibt noch andere Angebote des Egos, die dir manchmal einen kurzfristigen Gewinn einbringen mögen, dich langfristig jedoch immer in eine Falle locken. Die Belohnungen sind für das Ego gedacht, und je mehr wir uns auf seine Seite stellen, umso mehr verlieren wir aus den Augen, wer wir wirklich sind.

Jedes Problem zeugt von einem Ort, an dem wir ein Muster aufgebaut haben. Es kann ein kleines oder ein großes Muster sein. Es kann der Zweig oder der Ast des Baums sein. Es kann aber auch der Stamm sein: ein Grundmuster. Eine Möglichkeit, zur Wurzel des Musters zu gelangen, besteht darin, zu dem ursprünglichen Trauma zurückzukehren, die Selbstkonzepte aufzuspüren, die zu Kernpersönlichkeiten geworden sind, und sie aufzulösen. Statt dich von einem Muster in die Falle locken zu lassen, nimmst du also eine Kurskorrektur vor.

Rufe dir zu diesem Zweck nun also ein Problem ins Gedächtnis, mit dem du es aktuell zu tun hast.

Frage dich, wenn du es wüsstest, wie alt du dann warst, als es entstanden ist.

Frage dich, wer anwesend war und was die Ursache dafür war, dass das Problem entstanden ist.

Frage dich dann, welche Kernpersönlichkeiten zu dieser Zeit entstanden sind oder verstärkt wurden.

Führe diese Kernpersönlichkeiten auf:

1. _____ 4. _____ 7. _____
2. _____ 5. _____ 8. _____
3. _____ 6. _____ 9. _____

Denke daran, dass das Problem neben anderen grundlegenden Selbstkonzepten immer auch Kernpersönlichkeiten des bedürftigen Opfers, des sich aufopfernden Märtyrers und des unabhängigen Rebellen erzeugt hat.

Ich möchte dies an einem Beispiel verdeutlichen. Ich habe kürzlich mit jemandem gearbeitet, der als kleines Kind geschlagen wurde. Viele seiner Selbstkonzepte sind in dieser Zeit entstanden.

1. Opfer
2. Unabhängigkeit
3. Aufopferung
4. Zorn
5. Fettkloß
6. Starrsinn
7. Selbstsucht
8. Mein Wille
9. Das Selbst, das von einer übermächtigen Kraft geschlagen wird
10. Beschützer-Märtyrer
11. Böses Kind
12. Gutes Kind
13. Todesversuchung
14. Falsche Geisteshaltung
15. Harte Arbeit

Diese Kernpersönlichkeiten hatten sein ganzes Leben bestimmt und behindert. Er war der Geschäftsführer einer mittelgroßen Firma. Er hatte ein großes Gewichtsproblem sowie einige übergroße Probleme, die ihn niederdrückten, mit denen er sich aber gut arrangiert hatte.

Er fand heraus, dass sein Gewichtsproblem in Wirklichkeit damit zu tun hatte, dass er seine Emotionen und insbesondere seine Wut unterdrückte. Wenn er seine Gefühle hinunterschluckte oder sich selbst verleugnete, um die anstehenden Aufgaben erledigen zu können, schoss sein Gewicht in die Höhe. Seine Glaubenssätze, er sei selbstsüchtig, starrsinnig, schlecht und habe eine negative

Einstellung, kompensierte er in Form von Nettigkeit, Aufopferung, harter Arbeit und dadurch, dass er die Rolle des Beschützers spielte.

Er war schon häufig zu Beratungssitzungen gewesen, in denen es darum gegangen war, dass sein Vater – der symbolisch für Geld und Erfolg stand – ihn geschlagen hatte. Obwohl er zuzeiten Einnahmen von mehreren Millionen Dollar hatte, verlor er einen großen Teil des Geldes wieder durch unerwartet hohe Ausgaben, Betrug oder ähnliche Vorkommnisse. Als wir diese Übung durchführten, erkannte er, dass er endlich auf eine neue Ebene der Heilung gelangt war.

Ich führte ihn zuerst in sein Unterbewusstsein und dann in sein Seelenbewusstsein oder Unbewusstes zurück, um ihm zu zeigen, welche Verstrickungen und Auswirkungen seine Kernpersönlichkeiten in seinem Leben verursacht hatten. Das ließ ihn erkennen, weshalb er in letzter Zeit kaum Fortschritte gemacht hatte. Er erkannte, weshalb er, obwohl er eine gute Beziehung führte, in letzter Zeit keinen freudvollen Durchbruch mehr hatte erzielen können, wie er sie im Laufe der Jahre mit seiner Frau immer wieder erlebt hatte.

Im ersten Schritt des Heilungsprozesses führte ich ihn ins Unterbewusstsein und bat ihn, das Licht seines reinen Geistes mit meinem Licht und dem Licht des HIMMELS zu verbinden. Dann brachten wir die Ränder und Begrenzungen aller Persönlichkeiten zum Schmelzen, die im Unterbewusstsein in einer Konstellation von Kernpersönlichkeiten miteinander verstrickt waren. Anschließend sanken wir hinab auf die unbewusste Ebene und brachten dort mithilfe unseres verbundenen Lichts alle Kernpersönlichkeiten zum Schmelzen, die diese Ebene bevölkerten.

Am Ende der Sitzung war mein Klient von tiefem Frieden erfüllt und vermochte einen sehnsuchtsvollen, andersweltlichen Duft zu erahnen, der ihn an das „Paradies" erinnerte. Er schien auf eine neue Ebene des Erfolges gelangt zu sein. Seine Probleme erschienen ihm nun wie bloße Herausforderungen, und er hatte das Gefühl, die alte Situation ändern zu können, weil sein Selbstvertrauen hoch war und er sich wesentlich besser fühlte.

48

Nach dem Gold streben

Erfolg dient einzig dem Zweck, uns glücklich zu machen. Ohne Liebe und Freude ist Erfolg mehr oder minder bedeutungslos. Wenn wir auf direktem Weg nach dem Glück streben, haben wir das Gefühl, erfolgreich zu sein. Dann ziehen wir Erfolg noch stärker an. Wie können wir aber glücklich sein angesichts des Zustandes, in dem sich die Welt, die Geschäftswelt und unser eigenes Leben befinden? Es gibt einen Weg. Er stellt zuerst den Frieden wieder her, und dann bringt er Freude.

Es gibt eine Übung, die ich zu diesem Zweck gelernt habe und die mir immer eine sehr große Hilfe gewesen ist. Ehe ich näher darauf eingehe, wollen wir jedoch die Bühne bereiten.

Es scheint so, als gäbe es viele Wege, eine Situation zu betrachten. In Wirklichkeit gibt es jedoch nur zwei: den Weg des HIMMELS oder den Weg des Egos. Der Blickwinkel des HIMMELS stimmt mit deinem höheren Bewusstsein überein. Es ist ein Blickwinkel, der zuerst Frieden und dann Freude bringt. Der HIMMEL zeigt uns einen Weg, auf dem alles so ist, wie es sein soll. Alles entfaltet sich auf die höchstmögliche Weise. Wenn wir eine Situation aus dem Blickwinkel des HIMMELS betrachten, erkennen wir, dass niemanden eine Schuld trifft, nicht einmal uns. Es gibt keine Urteile. Wir brauchen nicht verletzt zu sein. Es gibt keine Bürden, die wir schultern müssen, und wir brauchen vor niemandem fortzulaufen. Es herrschen Verstehen, Mitgefühl und Güte. Manchmal wird uns gezeigt, wie wir helfen können, um für alle an einer Situation beteiligten Menschen etwas zu verändern. Wir urteilen nicht mehr länger, und damit fällt das Leiden fort. Wir besitzen immer noch die Fähigkeit zur Unterscheidung, aber sie ist nicht mehr von den blinden Flecken geprägt, die von Schuld herrühren.

Das Ego will dagegen seine Macht vergrößern. Es ist von Angriff und Selbstangriff erfüllt, und es ist gleichbedeutend mit dem Verlangen nach Trennung.

Es will entweder überlegen oder, wenn das nicht möglich ist, unterlegen, aber niemals ebenbürtig sein. Ebenbürtigkeit hat ausschließlich mit Fluss, Mühelosigkeit und dem Erfolg zu tun, den wir genießen können.

In jeder Situation, die nicht von Frieden oder von Freude erfüllt ist, kannst du den HIMMEL darum bitten, über die Situation selbst oder einen daran beteiligten Menschen zu entscheiden. Lasse zu, dass jede Betrachtungsweise sich entfalten kann, bis sich erst Frieden und dann Freude einstellen. Damit strebst du nach dem Gold, dem höchsten Ziel. Dann werden der Erfolg, das Maß an Fülle, das deine Freude vervollständigt, und alle anderen Dinge dir viel rascher und viel müheloser geschenkt, weil das höchste Ziel bereits verwirklicht wurde.

Das Ego betrachtet Dinge aus vielen unterschiedlichen Blickwinkeln, aber nicht aus dem Blickwinkel des Glücks. Wenn wir unter der Oberhoheit des Egos über einen anderen Menschen urteilen, verstärken wir lediglich unsere eigene Aufopferung und Schuld.

Als ich anfing, den HIMMEL für mich entscheiden zu lassen, stellte ich fest, dass ich mich zunächst mit aktuellen Situationen und Menschen befasste, die ich verurteilt hatte. Je mehr diese Situationen sich von der höheren Warte des HIMMELS aus zu entwirren begannen, umso mehr kehrte ich zu Situationen und Menschen in der Vergangenheit zurück. Dies geschah entweder ganz spontan oder weil sie an der Wurzel gegenwärtiger Problemmuster lagen. Unter dem Blick des HIMMELS entfalteten diese alten Situationen sich mehr und mehr und befreiten mich von der alten Verschmelzung, Aufopferung und Schwere, die ich in dieser Zeit in mich aufgenommen hatte. Ein zunehmend höheres Maß an Licht ging von der Vergangenheit aus, während ich Situationen von einem viel höheren Blickwinkel aus betrachtete, zu dem mein Ego keinen Zugang hatte. Allmählich erkannte ich, dass ich erfolgreich war und dass alles meiner Ausbildung zum Heiler und Friedensstifter diente.

Je mehr ich mich darin übte, den HIMMEL über meine Sichtweise entscheiden zu lassen, umso leichter fühlte ich mich selbst und umso einfühlsamer konnte ich auf die Situationen eingehen, in denen ich mich befand.

Du entscheidest darüber, ob du diese Übung für dich nutzen willst oder nicht. Du entscheidest darüber, wie groß der Erfolg ist, den sie dir bringt. Du entdeckst das Gold in deinem Leben, wenn du die Welt durch die Augen des HIMMELS betrachtest. Um es zu einem natürlichen Teil deines Lebens zu machen, praktiziere diese Übung alle fünfzehn Minuten, bis du von Freude erfüllt bist. Überprüfe nach fünfzehn Minuten, ob du noch immer von Freude erfüllt bist oder ob du die Übung wiederholen musst. Führe sie alle fünfzehn Minuten durch, bis du es als natürlich empfindest, glücklich zu sein. Nachdem dir dies gelungen ist, wiederhole die Übung alle dreißig Minuten. Wenn es dir gelungen ist, dreißig Minuten lang glücklich zu sein, dehne die Zeitspanne auf eine Stunde aus. Wenn du diese Zeitspanne gemeistert hast, führe die Übung immer dann durch, wenn du dich in einer Situation befindest, die nicht glücklich ist. Auf diese Weise können alle Menschen gewinnen.

49

Der Lehrplan, den deine Seele für dich aufgestellt hat

Ich arbeitete mit einer *PoV*-Trainerin, die in einer schwierigen Situation gefangen war. Sie empfand es als natürlich, sich auf dem Gebiet der Heilung zu bewegen, weil die Arbeit mit anderen Menschen sie immer daran erinnerte, was Erfolg brachte und was nicht. Das half ihr, selbst Heilung zu erlangen.

Sie war eine Meisterin der Klage! Ich bat sie schließlich, einmal eine Minute lang aus dem Blickwinkel des HIMMELS der Frage nachzugehen, warum sie ein solches Leben für sich selbst geplant hatte. Es dauerte nicht lange, bis sie, statt sich über ihre Familie zu beklagen, erkannte, wie groß ihre Angst war und wie groß das Maß an Verletzung, das die Mitglieder ihrer Familie in sich trugen. Das weckte ihr Verstehen, ihr Mitgefühl und ihre Vergebung. Ich bat sie, die Übung fortzusetzen, da sie noch nicht vollkommen im Frieden war. Schon bald erkannte sie, dass sie sich nahezu ihr gesamtes Leben lang versteckt hatte. Dies war zwar eine gute Erkenntnis, aber der Prozess war noch immer nicht abgeschlossen. Ich bat sie, den HIMMEL immer wieder darum zu bitten, dass ER über ihre Sicht auf ihr Leben entscheiden möge. Daraufhin erkannte sie, dass ihr Leben als Lehrplan angelegt war. Das gilt für alle Menschen. Unser Leben ist ein Studiengang, um bestimmte Lektionen zu lernen. Ich fragte sie, welchen Studiengang sie für sich selbst ausgewählt hatte. Es dauerte nicht lange, bis sie damit in Kontakt kam und in Tränen ausbrach. Sie sagte: „Es ist Zusammenarbeit. Ich bin eine erbärmliche Versagerin, weil ich mich fast mein ganzes Leben lang versteckt habe."

Ich erwiderte: „Wenn du dich erbärmlich fühlst, betrachtest du dich immer noch aus der Perspektive deines Egos. Bitte also den HIMMEL noch einmal darum, für dich zu entscheiden, worum es in deinem Leben geht."

Sie tat es und erkannte, dass sie Gaben der Zusammenarbeit und des Abenteuers in sich trug, die schon in jungen Jahren für sie verfügbar gewesen waren. Sie erkannte, wie ihr Ego sie sowohl von ihren Gaben als auch von ihren Lektionen abgelenkt hatte. Sie erkannte auch, dass die Gabe ihr gegeben worden war, damit sie die Lektionen, die der Lehrplan ihrer Seele vorsah, mühelos lernen konnte. Sie öffnete die Türen in ihrem Herzen, ihrem Geist und ihrer Seele, um sich von den Gaben der Zusammenarbeit und des Abenteuers erfüllen zu lassen. Sie war auf einer inneren Abenteuerreise gewesen und hatte ihr gesamtes Leben als Lehrplan gelebt. Sie erkannte, dass für ihr Leben zwar Lektionen in Zusammenarbeit vorgesehen waren, dass es aber auch in weit höherem Maße das *Abenteuer* in sich barg, das ihr wichtig war. Sie erkannte, dass sie schon bald sehr viel erfolgreicher mit anderen Menschen zusammenarbeiten würde, weil sie ihre Gabe der Zusammenarbeit angenommen hatte.

Betrachte dein Leben aus der Perspektive des HIMMELS. Welcher Lehrplan wurde für dich aufgestellt? Wenn du weißt, worin er besteht, halte Ausschau nach den Gaben, die dafür sorgen, dass du ihn mühelos bewältigst.

Denke daran, dass du, wenn du alles aus der Perspektive des HIMMELS betrachtest, am Ende Frieden und dann Freude siehst und erfährst. Wo es Freude gibt, dort leuchtet die Strahlkraft des Lichts aus dir heraus, das anderen Menschen hilft.

50

Gier und die tote Zone

Die unabhängige Ebene des Lebens ist von Dissoziation gekennzeichnet. Je größer unsere Unabhängigkeit ist, umso weniger können wir empfangen. Manchmal gelingt es uns, viel Geld und materielle Dinge anzuhäufen, aber es bringt uns keine Zufriedenheit, weil wir in dem Maße, in dem wir unabhängig sind, auch unser Herz und die Fähigkeit zur Freude verloren haben.

Wir sind dissoziiert und unabhängig, weil wir selbst uns dafür entschieden haben. Wir führen Probleme und Traumen herbei, damit sie uns einen Vorwand dafür liefern, unabhängig zu sein, weil wir glauben, dass wir dann frei und glücklich sind. Dies hat uns in unserer Kindheit in eine Opferrolle gezwungen und uns im späteren Leben zum Opfer oder zum Täter gemacht. Wir haben die falsche Wahl getroffen, statt die Verbundenheit zu bewahren, die Erfolg so mühelos macht. Wenn wir in die Falle der Trennung und der Unabhängigkeit tappen, kommen wir vom mühelosen Weg ab.

Die tote Zone ist das Stadium auf der unabhängigen Ebene, das wir erreichen, kurz ehe wir unsere Angst in ausreichendem Maße heilen, um uns wieder voll und ganz partnerschaftlich zu verbinden. Aber auch nachdem wir das Stadium der Partnerschaft erreicht haben, gibt es noch viele Dinge, die der Heilung bedürfen, während wir auf die abhängige und die unabhängige Ebene unseres Lebens zurückschauen. Sobald wir zur Partnerschaft gelangen, gewinnen wir unser Herz zurück, heilen unbewusste Themen und können wieder im Fluss sein.

In der toten Zone haben wir ein gewisses Maß an Geschicklichkeit erreicht, sodass wir größeren Erfolg darin haben, das zu bekommen, was wir wollen. Wir können Dinge, Beziehungen oder Erfahrungen anhäufen, haben aber trotzdem nie genug. Der Verlust der Verbundenheit in der Kindheit hat uns bedürftig gemacht, und von der Bedürftigkeit bis zur Gier ist es nicht weit. Wir spalten uns ab, um unabhängig sein zu können. Um zu empfangen und Zufriedenheit zu finden, müssten wir unsere Unabhängigkeit aufgeben, während wir die Verbundenheit zurückgewinnen, und die wechselseitige Abhängigkeit akzeptieren, die Erfolg und Nähe willkommen heißt.

In der toten Zone sind wir in emotionaler Leblosigkeit gefangen. An diesem Ort suchen wir häufig nach etwas außerhalb von uns, um diesem Zustand abzuhelfen. Wir wollen uns wieder lebendig fühlen, wollen uns selbst spüren und Freude fühlen, aber weil uns das nicht gelingt, glauben wir, dass Quantität die Lösung sein muss. Wir glauben, die einzige Alternative zu dieser Quantität sei Leblosigkeit, aber in Wirklichkeit haben wir noch eine andere Wahl. Sie besteht darin, unser Herz zurückzugewinnen und die Chance zu ergreifen, uns erneut rückhaltlos zu geben. Wenn wir immer wieder neu alles wagen, wird unser Leben, auch unsere Beziehung erneuert. Wir haben den Mut, den nächsten Schritt zu gehen, weil wir uns dafür entschieden haben, alles zu geben, was wir können. Wir haben uns dafür entschieden, ein Risiko einzugehen und zu fühlen. Unser Herz und unser rückhaltloses Geben sind das, was uns ein Gefühl der Lebendigkeit vermittelt. Sie ermöglichen uns, den Lohn für unsere Arbeit zu empfangen und Vergnügen zu empfinden, ohne in einer Konsumtretmühle gefangen zu sein.

Wenn wir kein Herz haben, kann es rasch geschehen, dass wir Gelüste verspüren. Unsere Selbsthingabe ist das, was unser Leben lebendig und lebenswert macht. Geben, nicht Bekommen, ist das, was unserem Leben eine Bedeutung gibt. Die Leblosigkeit, die Rollen innewohnt, und die Schuld der ödipalen Verschwörung fallen fort, auch die heimtückische Kompensation unserer Angst durch Konkurrenz, denn je mehr wir unser Herz zurückgewinnen, umso mehr finden wir die Liebe, die Offenheit und den Mut, eine Partnerschaft einzugehen.

Das hilft uns, erwachsen zu werden, sodass wir die Vorstellung aufgeben, es müsse immer nur um uns gehen. Verbundenheit und der Mut zu Nähe und Erfolg bringen uns aus unserer Gier heraus – der Gier nach Sex, Macht, Geld und Sicherheit. Stattdessen können wir empfangen und die Bedeutung finden, die von wahrer Liebe und wahrem Erfolg herrührt.

Erkenne, dass nicht Gier, sondern Partnerschaft das ist, was du willst, weil sie dir Liebe und mühelosen Erfolg bringt. Gier führt dazu, dass du ungeachtet dessen, wie viel du schon angehäuft hast, immer noch mehr willst. Erkenne, dass du in Wirklichkeit dein Herz zurückgewinnen willst, weil es dir Erfüllung bringt. Gewinne dein Herz zurück, denn anderenfalls bist du in der Anhäufung von Dingen gefangen, an denen du dich nicht wirklich erfreuen kannst und die du nicht wirklich willst.

51

Dich deiner Kunst hingeben

Stelle dir vor, heute wäre der letzte Tag deines Lebens. Frage dich dann: Was will ich in meinem Leben erreicht haben? Welchen Dingen will ich mich in meinem Leben hingegeben haben?

Um zu erreichen, was du dir vorgenommen hast, brauchst du ein gewisses Maß an Reinheit. Diese Reinheit ist die unverfälschte Selbsthingabe an das, was du erreichen willst. Es mag alle möglichen Dinge geben, die dich scheinbar daran hindern, dich deiner Kunst, deiner Wissenschaft oder deinem Leben hinzugeben. Zeit- und Geldmangel oder Ablenkungen mögen die Gründe sein, aber unter diesen Symptomen liegt immer Angst verborgen. Es ist schwierig, dich auf eine Mission zu begeben, vor allem dann, wenn du erst noch ein festes Fundament errichten musst. Du musst dich von deiner Kunst erst noch erheben und davontragen lassen. Ich nenne deine Mission eine Kunst, denn wenn du dich ihr leidenschaftlich hingegeben hast, wird sie zu einem schöpferischen Akt. Du näherst dich deiner Mission, ganz gleich, worin sie besteht, also auf eine schöpferische Weise.

Damit du zur Schau gelangen kannst, musst du dich ihr anbieten. Du musst dich ihr vollkommen hingeben. Nur dann wird sie zu deiner Leidenschaft, und nur dann wird die Schau dich erheben und davontragen. Du wirst für sie leben. Deine Verpflichtung hilft dir paradoxerweise, mehr Zeit zu gewinnen. Deine Hingabe an sie wird dich erfüllen. Wenn du dich ihr nicht vollkommen hingibst, kann sie sich dir nicht vollkommen hingeben, und dann kann es keine Schau geben. Wenn du dich rückhaltlos einbringst, wird sie sich dir anbieten. Wenn du nicht mit Leib und Seele bei der Sache bist, wirst du gewogen und für zu leicht befunden, und deine Mission ist nichts weiter als harte Arbeit oder Plackerei. Die Schau kann nicht empfangen. Sie kann keine Unterstützung erfahren, weil du dich ihr nicht vollkommen hingegeben hast. Du hast dich dem, was du liebst, nicht geweiht, sodass deine Liebe nicht erwidert wird. Wenn dies geschieht, lebst du ein Leben, in dem du deine Lebensaufgabe nicht gelebt hast. Wenn du deine Lebensaufgabe nicht gelebt hast, hast du nicht voll und ganz gelebt.

Deshalb musst du nun alle Ausreden loslassen und dich der Angst des Anfangs stellen. Wenn du etwas zu deiner Leidenschaft machen willst, dann musst du dich ihm leidenschaftlich hingeben. Du musst ihm die beste Sendezeit einräumen. Du musst ihm erlauben zu wachsen, und dies kann nur geschehen, wenn du Zeit darauf verwendest. Dann kann es sich mit dir verbinden. Irgendwann, wenn du es am wenigsten erwartest, kann es dich packen.

Wenn du dich ihm hingibst, gibt es sich dir hin. Dann willst du die Zeit finden, um mit ihm zusammen zu sein. Du findest die Zeit ungeachtet aller Geschäftigkeit und aller zeitlichen Einschränkungen, die du hast. Du fühlst dich schlecht, wenn du ohne es warst, aber sobald du zu ihm zurückkehrst, ist es da und wartet auf dich. Du lebst für es, und es lebt für dich. Es ist deine Leidenschaft. Es ist deine Kunst. Es benutzt dich, wenn du rein bist, und Kreativität strömt durch dich hindurch.

Das ist der Weg, der zur Schau führt. Es ist der Weg, der aus deiner Leidenschaft ein Kunstwerk macht. Du bist sein Schreiber. Du bist seine Dienerin. Es inspiriert dich, und es benutzt deine Inspiration, um sich selbst zu gebären. Dann gebierst du es für das Leben und für die Liebe. Es ist dein Kind. Du bist um seinetwillen glücklich, und dieser neue Weg erblüht durch dich.

Nur der Anfang scheint schwierig. Sobald du begonnen hast, nährt es sich von dir, und du nährst dich von ihm. Es trägt dich, und es gibt dir eine Bedeutung. Du erlangst Bekanntheit durch deine Kunst, und deine Kunst erlangt Bekanntheit durch dich. Die schöpferische Kraft wirkt durch dich und trägt dich davon. Wenn deine Beziehung zu ihr sich vertieft, bittest du sie darum, zu dir zu kommen, wann immer du kannst, und sie wird kommen. Sie wird zu einer Lebensart und zu einer neuen Denkweise, die Welt zu erfahren.

Es ist an der Zeit, Zeit auf deine Kunst zu verwenden und zur Hebamme deiner Kunst und deines Lebens zu werden. Sie ruft dich sogar jetzt. Du hörst ihren Ruf jedoch nur dann, wenn es dein Herzenswunsch ist.

52

Vollkommene Verantwortung
übernehmen

Der Film *What the Bleep Do We Know!?* stellt mit Verweis auf die Quanten-physik fest, dass alles Licht ist, bis wir entscheiden, was wir sehen wollen. Buddha sagte, alles sei leerer Raum, bis wir Bilder darauf träumten. *Ein Kurs in Wundern* stellt fest, dass die Wahrnehmung eine Wahl und keine Tatsache ist. Wenn wir uns zu der Macht bekennen können, die mit einer solchen Verantwor-tung einhergeht, dann können wir die Welt verändern. Wenn wir erkennen könn-ten, dass das, was in unserer Welt geschieht, die Folge unserer eigenen Gedanken ist und dass unsere Gedanken von Mustern aus der Vergangenheit herrühren, die wir nicht geklärt und aufgelöst haben, dann würden wir uns verpflichten, unser Denken zu verändern, um die Welt zu verändern. Unsere alten Traumen und schlechten Erfahrungen werden in der Gegenwart wiederholt. Die alten Traumen sind selbst eine Folge unserer Gedanken und einer Vergangenheit, die noch älter ist.

Um beim Ho'oponopono[1] ein Wunder der Transformation zu bewirken, musst du zuerst die Verantwortung für das übernehmen, was in der Welt geschieht. Verbinde dich anschließend mit der QUELLE, die LIEBE ist. Sprich dann eine aufrichtige Entschuldigung aus. *Es tut mir leid*, dass ich dich meiner alten Feh-ler beschuldigt und dich dazu gebracht habe, das auszuagieren, was ich von mir selbst geglaubt habe. *Bitte, vergib mir* dafür, dass ich auf dich projiziert habe, wofür ich selbst nicht die Verantwortung übernehmen konnte und was ich durch

---

1 Anm. d. Übersetzerin: Ho'oponopono ist ein traditionelles hawaiianisches Verfahren zur Aus-söhnung und Vergebung. Es wird im *Hawaiian Dictionary* als geistige Reinigung definiert, als Familienkonferenz, in der zwischenmenschliche Beziehungen durch Gebet, Aussprache, Schuld-dbekenntnis, Reue und gegenseitige Vergebung wiederhergestellt werden. (Quelle: Wikipedia)

Projektion verbergen wollte. *Ich danke dir.* Wie hätte ich diese Sache, die an mir genagt hat, aufspüren können, wenn du sie nicht für mich ausagiert hättest? Du hast mir geholfen, das aufzuspüren, was ich durch Verdrängung und unter Verleugnung vergraben hatte. *Ich liebe dich.* Es gibt nur ein LICHT, ein HÖHERES SELBST, und wir alle sind ein Teil davon.

Diese Worte können dein Leben transformieren. Sie können die Vergangenheit klären und die Gegenwart strahlend und erfolgreich machen.

Nimm dir nun ein wenig Zeit, um dich mit deinen aktuellen Themen zu befassen. Wiederhole die Worte der Heilung bei jedem Ereignis aus tiefstem Herzen.

Verbinde dich nun mit der QUELLE.

Es tut mir leid.
Bitte vergib mir.
Ich danke dir.
Ich liebe dich.

Wiederhole den Prozess immer dann, wenn du an dein Problem denkst. Kehre zu Situationen in der Vergangenheit zurück und befreie sie von jeder negativen Energie und jeder negativen Emotion. Du kannst alle negativen Muster klären und die Probleme in deinem Leben in Erfolge verwandeln. In *Ein Kurs in Wundern* heißt es, dass die Welt durch unseren Groll und unsere eitlen Wünsche erschaffen wird. Wir brauchen nur auf die Welt zu schauen, um zu sehen, was der Vergebung bedarf, und alle Vergebung ist Selbstvergebung. Die Welt, die wir sehen, und die Erfahrungen, die wir in ihr machen, sind Projektion. Dieses Wissen verleiht dir große Macht, wenn es darum geht, die Welt zu verändern, weil du das, was du wahrnimmst, in deinem Bewusstsein trägst, zu dem du Zugang hast.

53

Der einzige Ausweg
liegt in dir selbst

Carl Gustav Jung hat gesagt: „Wer nach außen schaut, der träumt; wer nach innen schaut, der erwacht." Es kann rasch geschehen, dass das Leben uns Stöße versetzt, die uns manchmal sogar aus uns selbst herausbefördern können. Das führt dazu, dass wir außerhalb von uns nach Glück, Liebe und Erfolg suchen. Wenn dies geschieht, wird das Leben schwerer, und wir entfernen uns noch weiter von uns selbst, was wiederum zur Folge hat, dass wir noch zwiespältiger werden, wenn es darum geht, glücklich zu sein. Je mehr wir außerhalb von uns suchen, umso schlimmer wird es. Außerhalb von uns zu suchen heißt, von dem abhängig zu werden, was in der Welt passiert, und zu leiden, wenn wir enttäuscht werden. Wenn dies geschieht, werden wir vom Ego regelrecht durch die Mangel gedreht.

Nun ist es an der Zeit, zu uns selbst zurückzukehren. Frage dich, wie viele Schritte du dich von dir selbst entfernt hast. Nehmen wir beispielshalber einmal an, dass es 86 Schritte sind. Bitte um die Hilfe des HIMMELS und gehe die ersten sechs Schritte nach vorne, zurück zu dir selbst. Wie fühlt sich das an? Wie stellt die Welt sich nun für dich dar? Nimm es einen Augenblick lang in dich auf. Gehe dann zehn weitere Schritte auf dem Weg zurück zu dir selbst. Wie fühlt es sich an? Wie stellt die Welt sich nun für dich dar?

Gehe weitere zehn Schritte auf dich selbst zu. Wie fühlt es sich an? Wie stellt dein Leben sich nun für dich dar?

Setze den Prozess fort, bis du wieder bei dir selbst angekommen bist. Du kannst die Schritte einzeln, kannst aber auch Zehner-, Hunderter- oder sogar Tausenderschritte gehen, wenn du dich in enorm hohem Maße von dir selbst entfremdet hast. Gehe bei jedem Schritt der Frage nach, wie du dich fühlst und wie dein

Leben sich nun für dich darstellt. Sobald du wieder bei dir selbst angekommen bist, bist du bereit, wirklich zu beginnen.

Gehe nun einen Schritt nach innen hin zu einem tieferen, ursprünglicheren Ort. Betrachte dein Leben. Wie stellt es sich für dich dar? Wie fühlt es sich an? Gehe einen weiteren Schritt nach innen. Wie stellt dein Leben sich nun für dich dar, und wie fühlt es sich an? Gehe weitere Schritte nach innen. Nimm wahr, was du nach jedem Schritt empfindest. Gehe immer weiter nach innen, bis die Probleme, die dich zurückgehalten haben, sich auflösen.

Die Schritte, die du nach innen gegangen bist, werden schon sehr bald zu deiner normalen, alltäglichen Mitte, aus der heraus du agierst. Schritte in einem unermesslich großen inneren Raum erwarten dich auf dem Weg, der zu größerer Liebe und größerem Erfolg führt.

54

Konkurrenz geht davon aus ...

Konkurrenz verbirgt unsere Angst vor dem nächsten Schritt. Wir versuchen, gegen einen anderen Menschen zu gewinnen, statt den Schritt zum Erfolg voranzugehen. Das hält uns auf, weil wir im Gewinnen und Verlieren gefangen sind. Konkurrenz nährt sich selbst und unser Ego. Sie ist darauf aus, etwas zu beweisen, und alles, was wir beweisen wollen, sind Dinge, an die wir selbst nicht voll und ganz glauben. Konkurrenz geht vor allem jedoch davon aus, dass wir auf uns selbst gestellt sind. Wenn wir in Konkurrenz gefangen sind, betrachten wir unseren Partner und unsere Kinder als Trophäen. Wir benutzen sie als Aushängeschilder dafür, wie gut wir sind, statt sie als Quelle der Liebe und des Glücks zu betrachten. Konkurrenz ist eine Form von dissoziierter Unabhängigkeit. Wir wollen das gewinnen, was wir ganz einfach dadurch hätten haben können, dass wir uns mit einem anderen Menschen partnerschaftlich verbinden.

Die dissoziierte Unabhängigkeit der Konkurrenz verhindert fast vollständig, dass wir empfangen. Konkurrenz ist nur Bekommen oder Nehmen in einer ausgeklügelteren Form, die zu Zurückweisung, Herzensbruch und dem Gefühl führt, dass das, was wir gewonnen haben, nicht genug ist. Das Ego will Dinge als Ersatz für das bekommen, was uns ganz natürlich zuteilwürde, wenn wir verbunden wären und empfangen könnten. Konkurrenz ist ein zivilisiertes Schlachtfeld. Hier will das Ego *seinen* Willen durchsetzen, weil es glaubt, ihn zu verdienen. Es will uns seine „Richtigkeit" verkaufen, die durch unseren Sieg unter Beweis gestellt wird.

Wir können leicht in dieser dissoziierten Unabhängigkeit steckenbleiben, die mit einer falschen Anziehungskraft ummantelt ist. Das schiebt das böse Erwachen dafür hinaus, dass die Bedeutung aus unserem Leben herausgesaugt wurde und unser Herz sich leblos anfühlt.

Liebe und Bedeutung können wir nur erfahren, wenn wir uns mit einem anderen Menschen verbinden. Zusammenarbeit und Gegenseitigkeit bringen Freundschaft und ziehen Synergie an. Wenn wir uns mit einem anderen Menschen verbinden, verbinden wir uns mit dem GÖTTLICHEN. Wenn wir die GÖTTLICHE PRÄSENZ anrufen, verbinden wir uns in gleichem Maße mit den Menschen in unserer Umgebung. Zusammenarbeit ist eine höhere, erfolgreichere und mühelosere Lebens- und Bewusstseinsebene.

Maximiere deine Synergie und deine Fähigkeit zu empfangen, indem du dich jeden Morgen und jeden Abend mit dem GÖTTLICHEN verbindest. Nimm wahr, dass du gehalten und geliebt wirst. Empfange vom GÖTTLICHEN. Liebe dich selbst und empfange Liebe von der GÖTTLICHEN PRÄSENZ. Öffne dich für Inspiration und Führung. Gib deinen Geist und alle Entscheidungen, die du treffen musst, in die Obhut der GÖTTLICHEN PRÄSENZ. Gehe in deinen Tag, aber bleibe verbunden. Dies wird dich daran erinnern, dass es im Leben einzig und allein um die Liebe geht. Du musst nicht gewinnen, um die ganze Fülle des Lebens haben zu können! Du kannst einfach empfangen, weil du das geliebte KIND des HIMMELS bist. Wenn du empfängst, kannst du den Menschen in deiner Umgebung geben und von ihnen empfangen. Dies mehrt dein Glück und deinen Erfolg auf eine mühelose Weise.

55

Deine Manifestationskraft verstärken

E s gibt eine einfache Möglichkeit, deine Manifestationskraft zu verstärken. Stelle dir zuerst vor, dass du dich mit der GÖTTLICHEN PRÄSENZ verbindest. Fühle, dass GOTT dich liebt. Lasse so viel Liebe in dich einströmen, wie du kannst. Nutze dann die Gelegenheit, dich selbst zu lieben. So erhöhst du das Maß an HIMMLISCHER LIEBE, das du aufnehmen kannst. Erwidere anschließend GOTTES LIEBE zu dir. Auch dadurch erhöhst du das Maß an GÖTTLICHER LIEBE, das du dir zu empfangen erlaubst.

Genieße die Erfahrung und nimm dann von diesem Ort aus mit allen Sinnen wahr, was deinem Willen zufolge geschehen soll.

GOTT gibt dir alles. Weil du mit der LIEBE des HIMMELS in Übereinstimmung bist, kannst du deine Fähigkeit, zu empfangen, auf ein Höchstmaß steigern.

Bleibe verbunden und nutze die Kraft deines Geistes, um dein Leben zu gestalten.

56

Die Heldenrolle und das Bedürfnis nach Dramatik

Wenn wir eine Heldenrolle spielen, dann kompensieren wir Versagen und Schuld dafür, dass wir unsere Familie nicht gerettet haben. Das gilt übrigens für uns alle, ebenso wie wir alle auch alle anderen Familienrollen in uns tragen: Aufopferung und Märtyrer, Sündenbock und Bösewicht, Schmeichler und Clown, verlorenes Kind und Waisenkind. Wir haben alle diese Rollen benutzt, um unsere Familie zu retten, und sie scheinen an dem Ort entstanden zu sein, an dem wir die Verbundenheit verloren haben. Wenn wir ein wenig tiefer ins Unterbewusstsein vordringen, zeigt sich allerdings, dass wir unsere Verbundenheit nicht verloren haben. Wir haben sie zerstört, um unseren eigenen Weg gehen zu können.

Das Maß, in dem wir unsere Verbundenheit zerstören und als Folge davon das Gefühl haben, Opfer zu sein, ist von vielen Dingen abhängig. Dazu können persönliche Seelenmuster und Ahnenmuster ebenso gehören wie Erziehung, Klasse, Kultur und die wirtschaftliche Situation. Sobald wir unsere Verbundenheit zerstören, haben wir das Gefühl, ein Opfer zu sein. Neben anderen Dingen können dann Bedürfnisse, Angst und Schuld entstehen. Das Ego erklärt uns, sich um unsere Schuld kümmern zu wollen, und schlägt vor, unser Bedürfnis nach Nähe durch Verschmelzung zu erfüllen. Verschmelzung ist ein Aspekt der Rolle der Aufopferung, der die Schuld verbergen und Verbundenheit nachahmen soll.

Familienrollen sind ein Versuch, die Familie zu retten, aber das Ego, das aus Schuld, Besonderheit, Trennung und Konkurrenz besteht, ist trotz unserer Bemühungen daran nicht wirklich interessiert. Die Brüche, die in der Familie auftreten, sind alle aus dem verborgenen Wunsch nach Unabhängigkeit entstanden. *Ein Kurs in Wundern* nennt dies die „geheime Geschichte" unter allen Problemen, die auftreten, und allen Traumen, die geschehen. Dieser Wunsch entspringt unserem Ego, das nur daran interessiert ist, *seine* Macht zu mehren und *seinen* Fortbestand zu sichern. Wenn wir an die Unabhängigkeit glauben, finden wir keine Freiheit. Wir erlangen Kontrolle und die Möglichkeit, unseren eigenen Weg zu gehen. Wenn wir unabhängig sind, schlüpft das Ego außerdem noch in andere Rollen, zu denen beispielsweise Aufopferung und die Opferrolle gehören. Wenn du eine dieser drei Rollen bei dir entdeckst, wirst du auch die beiden anderen finden, weil sie in einem Teufelskreis aneinander gekettet sind.

Alle Rollen sind Formen von Verschmelzung, die versuchen, die Bedürfnisse zu erfüllen, die durch den Verlust der Verbundenheit entstanden sind. Rollen sind Formen von Co-Abhängigkeit, die es so aussehen lassen, als würden wir helfen wollen, die in Wirklichkeit aber nur unsere eigene Angst schützen sollen. Wir fürchten uns insgeheim davor, dass derjenige, dem wir allem Anschein nach helfen wollen, auf den Weg der Besserung gelangt, den nächsten Schritt geht und uns zeigt, woran es bei uns selbst mangelt. Rollen vermitteln also den Anschein, dass sie helfen wollen, fürchten sich in Wirklichkeit aber vor Veränderung, Fortschritt und Nähe, weil diese Dinge den Verlust unserer Unabhängigkeit zur Folge hätten.

Die Heldenrolle ist von einem besonders positiven Glanz umgeben. Andere Rollen wie der Sündenbock und das Waisenkind tragen dagegen einen dunklen Glanz in sich. Die Heldenrolle erweckt den Anschein, dass sie die Rettung bringt. Angst, Widerstand und kompensierte Schuld sorgen jedoch dafür, dass sie wirkungslos bleibt. Die Stärke der Rolle erweckt oberflächlich den Anschein, dass die Dinge sich positiv entwickeln, aber sie besitzt keine Kernstärke und kann nicht empfangen. Die Heldenrolle braucht Dramatik, obwohl sie Dramen vordergründig heilen will. Wenn sie nichts mehr findet, was sie retten kann, führt sie unterbewusst neue Schwierigkeiten herbei, damit sie „der Held" sein kann, der das Opfer rettet. Da sie die Rüstung der Rolle jedoch niemals ablegt, kann es keine echte Verbindung geben. Stattdessen findet zwischen dem Helden und den Menschen, denen er vorgeblich hilft, Verschmelzung statt. Unter den Rollen des Helden und des Opfers liegen Angst vor Verbundenheit, Angst vor dem Verlust der Unabhängigkeit sowie die Angst vor Erfolg, Nähe, den eigenen Gaben und der eigenen Lebensaufgabe verborgen. Der wahre Held spielt keine Rolle. Wahre Helden geben sich rückhaltlos hin, um die Rettung zu bringen.

Frage dich:
Zu wie viel Prozent befindest du dich in der Rolle des Helden?
In der Rolle der Aufopferung?

In der Opferrolle?
In der Rolle des Bösewichts?
In der Rolle des Schmeichlers?
In der Rolle des verlorenen Kindes?
In der Rolle des Waisenkindes?

Bringe sie zum HANDELSPOSTEN DES HIMMELS und nimm wahr, was dir im Gegenzug für das gegeben wird, was dich heimlich zurückgehalten hat. Verpflichte dich dem Erfolg der Situation, in der du dich befindest. Wiederhole den Prozess, sooft du daran denkst. Gib dich uneingeschränkt hin. Es ist das, was dir Erfolg bringt. Es ist ein unbeschwerter Ersatz für deine Rollen, die große Anstrengung fordern und dich um das Empfangen betrügen. Sei der wahre Held.

57

Dich an das anpassen,
was nicht ist

Es hat einmal Versuche gegeben, bei denen zwei philippinische Kampffische in ein Aquarium gesetzt, aber durch eine Glaswand getrennt wurden. Anfangs stießen sie immer wieder dagegen, als sie versuchten, den jeweils anderen Fisch anzugreifen. Nach kurzer Zeit gaben sie jedoch auf, weil sie erkannten, dass es keinen Sinn machte. Selbst als die Glaswand entfernt wurde, versuchten sie nicht, die Grenze zu überschreiten und zur anderen Seite des Aquariums zu gelangen.

Menschen verhalten sich ähnlich. Die meisten Menschen geben auf und passen sich an, sobald ihre Bemühungen oft genug vereitelt wurden. Eine Anpassung ist jedoch eine Grenze, die wir uns selbst auferlegt haben. Wir haben uns an das angepasst, was nicht ist. Es steht außer Zweifel, dass es hier etwas gibt, das wir lernen müssen. Jede Situation ist eine Lernerfahrung. Wir sind in dieses Leben gekommen, um über Grenzen hinauszugehen, weil wir letztlich grenzenlose Lichtwesen sind. Das kann nicht geändert, aber es kann verschleiert werden, und genau dies ist geschehen. Die Grenzen sind die Verschleierung. Wir wurden als liebevoll und erfolgreich geschaffen. Der ERFOLG hat uns als Erfolg geschaffen. Die LIEBE hat uns als Liebe geschaffen. Nun sind wir aufgerufen, jede Grenze zu überschreiten und den Weg nach Hause zu finden. Die Orte, an denen wir aufgehalten wurden, sind die Orte, an denen wir uns an das, was nicht ist, an einen Phantomzustand angepasst haben. Unsere Lebensaufgabe besteht darin, den Weg zu finden, der hindurchführt, indem wir über unsere bisherigen Grenzen hinausdenken. Es heißt mit anderen Worten, dass wir die innere Arbeit tun, die notwendig ist, um das zu transformieren, was uns begrenzt.

Frage dich, welche Grenzen du hast. Frage dich, woran du dich angepasst hast. Nutze die Kraft der Verpflichtung dir selbst, deinem Partner, der Wahrheit und dem nächsten Schritt gegenüber, um darüber hinauszugehen. Sammle deine Willenskraft – die Kraft deines Geistes. Nimm wahr, dass der HIMMEL mit SEINEM Willen und SEINER Kraft hinter dir steht und dir helfen will, deinen Weg zurück zum grenzenlosen Zustand des REINEN GEISTES zu finden.

Eine weitere Übung, die ich immer als äußerst hilfreich empfunden habe, besteht darin, dir jede Begrenzung und jede Anpassung als ein Hindernis vorzustellen, das auf deinem Lebensweg liegt. Wie groß ist es? Woraus besteht es? Wie hoch ist es? Wie dick ist es?

Wie viel Prozent deiner Kraft glaubst du aufbringen zu können, um das Hindernis zu überwinden? Manchmal kannst du darum herumgehen oder darüber hinwegklettern. Manchmal musst du es durchbrechen. Nichts kann dir widerstehen, wenn du alles gibst und die Hilfe anderer Menschen und des HIMMELS in Anspruch nimmst.

Wenn du keine Kraft hast, bitte die Menschen, die dich lieben und die an dich glauben, darum, dir ihre Kraft zu leihen. Dein Durchbruch wird dich selbst und auch sie ermächtigen.

Wenn dir niemand in den Sinn kommt, den du um Hilfe bitten könntest, stelle dir vor, dass meine Kraft dir zur Verfügung steht. Du kannst den HIMMEL auch darum bitten, seine unbegrenzte Kraft mit deiner eigenen Kraft zu verbinden, um das Hindernis auf deinem Weg zu durchbrechen.

Nun ist es an der Zeit, ein neues Maß an Kraft zu erlangen, während du über jede Anpassung hinausgehst. Nimm eine Vorreiterrolle ein, wenn es darum geht, über deine Begrenzungen hinauszugelangen – darüber hinauszugelangen, dich an das anzupassen, was nicht ist.

58

Der Turm

Der *Turm* ist eine Tarotkarte, die bedeutet, dass deine Welt auseinander-
bricht. Das Bild auf der Karte zeigt einen einstürzenden Turm und die
Menschen, die sich darauf befunden haben. In einem Workshop, den ich kürzlich
in China geleitet habe, war eine der Fokuspersonen ein Mann, der so sehr in
der toten Zone seines Lebens, seiner Arbeit und seiner Beziehung gefangen war,
dass seine Welt auseinanderzubrechen drohte, wenn er sich nicht änderte. Das
Ausmaß seiner Aufopferung hatte die Grenze dessen erreicht, was er ertragen
konnte. Er war überarbeitet und vollkommen gestresst. Diese Phänomene hatte
ich bei Fach- und Führungskräften schon häufig gesehen. Wenn sie sich nicht
änderten – authentisch wurden, sich selbst einbezogen, ihre Rollen losließen und
lernten zu empfangen –, geschah meist etwas, das dafür sorgte, dass ihr Leben
aus den Fugen geriet. Manchmal war es eine Krankheit, manchmal aber auch
eine schwere Niederlage oder ein schwerer Verlust.

Ich arbeitete mit einer Gruppe von Führungskräften, die alle so gesetzt waren
und so hart arbeiteten, dass sie an einem Workshop teilnahmen, weil das ihre
Vorstellung davon war, Spaß zu haben und sich eine Pause zu gönnen. Sie waren wirklich extrem und forderten sich alles ab. Ich hatte ihnen bereits gesagt,
dass sie einen Durchbruch brauchten, weil sie das, was sie jetzt taten, so nicht
weitermachen konnten, dass sie von der Unabhängigkeit zur wechselseitigen
Abhängigkeit aufsteigen mussten, weil die tote Zone das letzte Stadium war, das
sie in der Unabhängigkeit erreichen konnten. Ihr Leben war aus dem Gleichgewicht geraten, weil ihre Arbeit wesentlich mehr Raum und Zeit beanspruchte
als Familie und Freizeit. Ihr Yang war viel stärker ausgeprägt als ihr Yin, und sie
mussten ihr Gleichgewicht zurückgewinnen. Sie brauchten ihre weibliche Seite,
um empfangen zu können. Jetzt sprach ich mit ihnen über die Möglichkeit, Spaß
im Leben und Spaß bei der Arbeit zu haben.

Spaß und Humor erfrischen nicht nur dich selbst, sondern das gesamte Team. Sie lassen ein höheres Maß an Fluss entstehen, und das hat zur Folge, dass das ganze Team effizienter und effektiver ist. Die Gruppe war sehr offen, bestand jedoch aus Menschen, die unbedingt Erfolg haben wollten, aber nicht wussten, wie sie ihn erreichen konnten. Also griffen sie auf harte Arbeit zurück. Ich erklärte ihnen, dass sie *die Absicht fassen* konnten, ihr Gleichgewicht zurückzugewinnen. Dass sie sich für die Selbsteinbeziehung entscheiden konnten. Dass sie Partnerschaft manifestieren konnten. Dass sie Anspruch auf ihre Authentizität erheben konnten. Dass sie sich der Mühelosigkeit verpflichten konnten. Dass sie sich aus tiefstem Herzen die Freiheit wünschen konnten. Ich erklärte ihnen, dass eine Auszeit sie verjüngen und in die Lage versetzen würde, noch zu arbeiten, wenn andere Teams sich lange erschöpft hatten. Ich erklärte ihnen, dass Spiel und Spaß für eine effektive Arbeitskultur unverzichtbar waren, die eine Kultur der Freundschaft am Arbeitsplatz ist.

Die tote Zone ist auf Rollen, Verschmelzung und Aufopferung aufgebaut, die Schuld, Versagen und Unwürdigkeit kompensieren. Sie verbirgt die Angst vor Partnerschaft und Erfolg. Wir können jedoch lernen, mit Hilfe von Spiel und Spaß wieder ins Gleichgewicht zu gelangen, denn diese Dinge bringen Unschuld und Gleichgewicht mit. Ich forderte die Gruppe auf, sich sowohl ihrer weiblichen, empfangenden Seite als auch dem Spaß in ihrem Leben zu verpflichten und dann den HIMMEL darum zu bitten, dass er ihnen zeigen möge, wie sie mit Spaß erfolgreich sein und ein Gleichgewicht zwischen Berufs- und Privatleben finden konnten. Im Verlauf des Workshops wurde ihr Selbstvertrauen größer, und sie gestatteten sich ein höheres Maß an Selbsteinbeziehung verbunden mit dem Erfolg, der damit einhergeht. Ihre Körperhaltung war nun weniger gebeugt, und ihr Auftreten war leichtfüßiger und entspannter.

Verpflichte dich dem Plan GOTTES
und lebe ein goldenes Leben

GOTTES Plan für uns sieht vor, dass wir glücklich sind. Alles andere waren *unsere* Ideen, und es waren schlechte Ideen noch dazu. Wir sind vom Weg abgekommen und haben angefangen, unsere eigenen Pläne zu schmieden. Unser Leben zeigt uns unseren Plan, aber selbst wenn unser Leben gut ist, könnten wir anstelle dieses guten Lebens ein Leben führen, das spektakulär ist. Wir tragen unzählige Selbstkonzepte in uns, und alle unsere Selbstkonzepte haben unterschiedliche Ziele. Konflikte, Verzögerungen und Unterbrechungen sind die Folge.

Wir leben in einer Welt der Träume und der Illusionen. Das klassische Prinzip der Traumarbeit basiert darauf, dass ein Traum von einem Verlangen nach Wunscherfüllung herrührt. Das gilt auch für den *Wachtraum* unseres Lebens. Wir tragen die Drehbücher unzähliger dunkler Geschichten in uns, die allesamt uns und den Menschen in unserer Umgebung das Leben schwergemacht haben. Wir waren in allen diesen Drehbüchern die Hauptfigur, die – manchmal allen Widerständen zum Trotz – alles aus eigener Kraft schaffen musste. Wir haben gelebt, als ob es keinen HIMMEL gäbe, und für diese Tatsache lediglich ein Lippenbekenntnis abgelegt.

Wenn wir gelebt hätten, als ob es einen HIMMEL gäbe, wäre unser Leben weniger sorgenvoll oder sorglos, sondern sorgenfrei verlaufen. Wir wären glücklich, und unser Leben wäre von einem goldenen Glanz erfüllt. Wir haben uns dazu gebracht, zu viele dunkle Geschichten auszuleben. Wir haben uns für unsere Drehbücher und für unsere Selbstkonzepte aufgeopfert. Der HIMMEL hat einen besseren Plan, der keine Mühsal und keine Not in sich birgt. ER will, dass wir glückliche Träume träumen, damit wir für IHN erwachen.

Wir wollen uns heute dem Plan des HIMMELS verpflichten. Wir wollen uns daran erinnern, WER neben uns geht. Wir wollen uns daran erinnern, dass wir das unschätzbar wertvolle Kind des HIMMELS selbst sind. Wir wollen uns daran erinnern, dass wir nur dann den Gesetzen der Welt unterliegen, wenn wir uns mit unserem Ego identifizieren. Wenn wir uns mit unserer Natur als KIND GOTTES identifizieren, können wir erkennen, dass wir keinen anderen als den Gesetzen GOTTES unterstehen.

Du bist nicht der,
der du zu sein glaubst

Die meisten Menschen haben ein Gefühl dafür, wer sie sind. Sie sehen sich gerne als „guten" Menschen. Tatsächlich haben aber nur die wenigsten Menschen ein Gefühl dafür, wer sie in Wirklichkeit sind. Wir leben in einer Alltagswelt, und nur Katastrophen größeren Ausmaßes gelingt es, in unseren aus Sportresultaten, Modetrends, der Schule unserer Kinder, offenen Rechnungen und unserem liebsten Freizeitspaß bestehenden Alltag vorzudringen. Jenseits aller Sorgen dieser Welt und unseres Wunsches, im Leben voranzukommen, liegt eine andere Welt.

Es ist die Welt der Leere, die Buddha und andere erleuchtete Meister entdeckten, indem sie sich ihrer selbst und der zahllosen Selbstkonzepte entledigten, die sie zu sein glaubten. Sie erreichten das Nicht-Selbst, und das hatte zur Folge, dass sie aufhörten, in die Zukunft zu rennen, weil sie in der Vergangenheit gefangen waren. Sie waren frei. Sie hatten das Hier und Jetzt sowie die Freude erreicht, die damit verbunden ist, im Hier zu sein. Jenseits dieser Welt liegt jedoch noch eine andere Welt, die vollkommen ist und die von der Ordnung der Ewigkeit gestaltet wird. Unsere Wahrnehmung dieser wirklichen Welt ist freudvoll und unbeschwert, und noch weniger Menschen gelangen zur Erkenntnis dieser Welt, in der die Wahrnehmung durch den HIMMEL vervollkommnet wird.

In dieser Welt sind wir in vollkommener Übereinstimmung mit dem WILLEN GOTTES. Das Tao fließt in uns und durch uns, und es ordnet die Welt, von der wir umgeben sind, neu. Hier besteht keine Notwendigkeit, für eine bestimmte Lebensweise zu arbeiten. Was du dir wünschst, wird dir gegeben. Die meisten Menschen wünschen sich jedoch ein ruhiges, einfaches Leben, weil die wahre Spannung sich in ihrem Inneren vollzieht. Das innere Licht und die innere Schönheit lassen alle äußeren Dinge glänzend und schön erscheinen.

Es ist leicht, sich im Traum zu verstricken. Im Traum sehen wir eine leidvolle Welt, die erfüllt ist von den Bedürfnissen, den Urteilen, dem Groll und der Schuld, durch die sie entstanden ist. Wir leben in einer Welt der Dualität und der Gegensätze, aber der Weg voran besteht in Integration, Heilung und darin, dass wir das Licht unseres reinen Geistes willkommen heißen. So wurden wir geschaffen, und es ist alles, was bleibt, wenn alle Illusionen fortgefallen sind. Ist es nicht an der Zeit, Kurs auf das zu nehmen, was einen bleibenden Wert besitzt? Die Sportmannschaften sind im nächsten Jahr zurück, und wie sie vor einigen Jahren abgeschnitten haben, ist ohnehin sehr rasch vergessen. Modetrends werden unmodern. Die Kinder werden erwachsen. Deine Arbeit und die offenen Rechnungen, die bezahlt werden wollen, bleiben dir erhalten, bis du in Rente gehst, und sogar noch darüber hinaus. Aber selbst wenn du es zu etwas bringst – bist du glücklich?

Glück ist der Maßstab, an dem du dein Leben messen kannst. Es bringt dich ins Hier und Jetzt. Die Liebe ist das, was dir Glück bringt, und nur darum geht es im Leben. Es geht nicht darum, die Macht deines Egos zu vergrößern oder es zu verteidigen. Es geht nicht darum, *Recht zu haben* oder dich deiner Schuld anzunehmen, indem du dich ihrer nicht wirklich annimmst. Steige aus dem Kreislauf aus. Du kannst jetzt glücklich sein. Gib die Vergangenheit mit ihrer Traurigkeit und ihrer Schuld auf. Sie existiert nicht. Gib die Zukunft mit ihrer Angst auf. Alles, was du hast, ist *jetzt*, und wenn du in diesem Moment wirklich hier bist, dann weißt du, dass alles in Ordnung ist.

Höre auf, dich um dein Leben zu betrügen. Verpflichte dich deiner Heilung immer wieder neu. Es ist sehr interessant, dass die frühe Wurzel des englischen Wortes „heal" (heilen) zugleich auch die Wurzel der Wörter „whole" (ganz) und „holy" (heilig) ist. Im ursprünglichen Sinn bedeutet sie, alle verlorenen Teile zu finden, zurückzubringen und wieder zusammenzufügen. Sie bedeutet, dass es keine Trennung, keine Dualität mehr gibt.

Wünsche dir von ganzem Herzen, die Wahrheit zu erkennen. Erkenne, dass Dualität und Trennung eine Erfindung sind. Lerne, dies wirklich zu erkennen, zu spüren und zu sehen. Erfülle dein heiliges Versprechen, anderen Menschen zu helfen. Horche nach innen. Lasse die Liebe des Himmels in dein Herz und in deinen Geist einströmen. Strebe nach dem, was du im Angesicht des Todes mit dir nehmen kannst. Deine Lebensweise kannst du nicht mitnehmen, aber deine Liebe, deine Bewusstheit und dein Glück kannst du mitnehmen.

61

Ich will zurücktreten

Ich will zurücktreten und den HIMMEL vorangehen lassen. Das Tao ist das Absolute, entfaltet sich aber auch in dieser Welt abhängig von den gegebenen Bedingungen in der höchstmöglichen Weise. Das Tao ist der HEILIGE GEIST. Es ist der Fluss des Lebens, der sich auf das LEBEN hin entfaltet. Wenn wir Augen haben, um zu sehen, zeigt es uns stets den Weg, der das höchste Maß an Entfaltung ermöglicht. Außerdem schenkt es uns Weisung in dem Maße, in dem wir offen für sie sind. Die STIMME FÜR DEN HIMMEL spricht so laut, wie wir sie zu hören bereit sind. Die lauten und zahllosen Stimmen des Egos versuchen ständig, sie zu übertönen. Dennoch ist sie es, die uns die müheloseste Entwicklung hin zu dem ermöglicht, was echter Erfolg ist. Sie ist ein Weg der Wahrheit, der zur WAHRHEIT führt.

Heute kannst du zurücktreten und den HIMMEL vorangehen lassen. Der Plan des HIMMELS birgt weder Misserfolge noch ein böses Erwachen. Der HIMMEL möchte, dass du ein „glücklicher Schüler" bist. Wenn du dich uneingeschränkt hingibst, kannst du die Lektionen, die ER für dich vorgesehen hat, sanft und mühelos lernen. Alles, wozu du dich aufgerufen fühlst, vollbringt der HIMMEL durch dich. Der Führung des HIMMELS zu folgen garantiert deine Erfüllung in einer Welt, die in belanglosen Dingen gefangen ist und das wertschätzt, was keinen bleibenden Wert besitzt. Es gibt einer bedeutungslosen Welt eine Bedeutung.

Der HIMMEL kennt dich und weiß, was dir gefällt und woran du Freude hast. ER missgönnt dir keines deiner Spielzeuge. ER weiß, dass du früher oder später gelangweilt sein und nach höheren Zielen streben wirst. Der HIMMEL will dich NACH HAUSE führen. ER benutzt das, woran dein Herz hängt, um dich zu deinem SELBST zurückzuführen. Der HIMMEL missgönnt dir kein Vergnügen. ER weiß, dass das Streben danach zu Schmerz führt, gönnt dir aber dennoch jedes Vergnügen, dem du nachgehen willst. Der HIMMEL möchte nur nicht, dass wir etwas zu einem Götzen machen oder ihm in so hohem Maße verhaftet sind, dass sein Verlust zu Schmerz oder zerschlagenen Träumen führt. Danach ist der Himmel die Grenze! Das heißt mit anderen Worten, dass der HIMMEL dir zeigen will, dass du grenzenlos bist und dass nur deine eigenen Gedanken dir Grenzen auferlegt haben.

Tritt also zurück und lasse heute den HIMMEL vorangehen. Genieße die Fahrt!

Worüber beklagst du dich?

Jeder hat etwas, worüber er sich beklagt. Wir beklagen uns über unseren Partner, unsere Eltern, unsere Kinder, frühere Partner, unsere Kollegen, unsere Familie, unseren Vorgesetzten, GOTT und so weiter und so fort. Klagen zeigen Orte, an denen wir uns in einem Konflikt befinden und emotional erstarrt sind. Dies hindert uns daran, im Beruf und in Beziehungen erfolgreich zu sein. Eine Klage zeigt uns einen Ort, an dem wir uns machtlos oder sogar als Opfer fühlen.

All das muss nicht sein. Wenn unsere Klagen mit Groll verbunden sind, verbergen sie Angst vor unseren Gaben, unserer Lebensaufgabe, unserer Bestimmung und vor der außergewöhnlichen Macht, die mit diesen Dingen einhergeht. Menschen geben gerne. Sie wollen nicht scheitern oder zu kurz kommen. Wenn sie etwas haben, das sie geben können, dann geben sie es. Wenn sie es nicht haben, sorgt ihre Unzulänglichkeit dafür, dass sie zu kurz kommen. Ich habe festgestellt, dass wir unter unseren Klagen, unserem Schmerz und unserem Groll ganz genau die Gaben in uns tragen, die wir von anderen Menschen bekommen wollten. Dies zu erkennen, die Gaben anzunehmen und sie mit den betreffenden Menschen energetisch zu teilen, klärt nicht nur die Situation, sondern erfüllt uns auf eine Weise, die uns das Gefühl gibt, vollständig zu sein. Der Mensch, mit dem wir unsere Gaben teilen, ist nicht länger unser Sündenbock, sondern jemand, dem wir helfen und der sich auf einer ganz neuen Ebene mit uns verbindet. Dies erzeugt ein hohes Maß an Selbstvertrauen in uns und hilft allen.

Der Schlüssel zu dieser Transformation liegt darin, dass wir helfen wollen, dass wir das Schwelgen und die Ausreden aufgeben, die unsere Klagen uns liefern, und dass wir erkennen, dass wir die Macht und die Gaben in uns tragen, um die Situation – und den Menschen, über den wir uns beklagt haben – grundlegend zu transformieren. Erkenne, dass *du* die Gaben besitzt, die du von einem anderen Menschen bekommen wolltest, so tief du sie auch verborgen haben magst.

Mache sie dir bewusst. Heiße sie willkommen. Lasse dich von ihnen erfüllen. Teile sie energetisch mit dem Menschen, über den du dich beklagt hast. Sie sind das, wonach du gesucht hast – der Ausweg aus einer chronischen Situation. Jedes Problem, das in einer Situation auftritt, kannst du lösen *durch das, was du gibst.*

Fehlende Teile

Ich habe im Laufe der Jahre festgestellt, dass wir Selbste oder Selbstanteile in uns tragen, die erstarrt sind. Das hat dazu geführt, dass die Verbindungsdrähte, die diese Selbste in unserem Herzen, in unserem Geist und in unserem Körper aufgebaut haben, durchtrennt wurden. Probleme und Hindernisse waren die Folge.

Frage dich nun, wie viele Selbste in jeder der nachfolgenden Kategorien betroffen sind. Bitte deine Engel darum, diese Selbste wieder in dich hinein zu integrieren, sodass du ein neues Maß an Ganzheit erlangst und die Drähte in deinem Herzen, deinem Geist und deinem Körper wieder neu verbunden werden. Stelle dir vor, dass diese Anteile von dir selbst, von deinen Engeln und von allen Menschen geliebt werden, denen du etwas bedeutest. Nimm wahr, wie sie wieder mit deinem höheren Bewusstsein verschmelzen und dir ein höheres Maß an Selbstvertrauen und Ganzheit geben.

Wie viele erstarrte Selbste trägst du in dir?
Wie haben sie sich auf dein Leben ausgewirkt?
Wie viele gefangene Selbste trägst du in dir?
Wie haben sie sich auf dein Leben ausgewirkt?
Wie viele Selbste wurden zu einem Leben harter Arbeit verurteilt?
Wie haben sie sich auf dein Leben ausgewirkt?
Wie viel Selbste sitzen in Einzelhaft?
Wie haben sie sich auf dein Leben ausgewirkt?
Wie viele Selbste sitzen in der Todeszelle?
Wie haben sie sich auf dein Leben ausgewirkt?
Wie viele Selbste sind „Dornröschen"?
Wie haben sie sich auf dein Leben ausgewirkt?

Wie viele Selbste sind Sklaven?
Wie haben sie sich auf dein Leben ausgewirkt?
Wie viele Selbste liegen im Krankenhaus?
Wie haben sie sich auf dein Leben ausgewirkt?
Wie viele Selbste sind durch Schock und Schmerz ins Koma gefallen?
Wie haben sie sich auf dein Leben ausgewirkt?
Wie viele Selbste sind ins Koma gefallen, weil sie ihre gesamte übersinnliche
Energie aufgebraucht haben, um andere Menschen zu retten?
Wie hat dies sich auf dein Leben ausgewirkt?
Wie viele Selbste sind in Depression gefangen?
Wie hat dies sich auf dein Leben ausgewirkt?
Wie viele Selbste sind selbstmordgefährdet?
Wie hat dies sich auf dein Leben ausgewirkt?
Wie viele verlorene Selbste trägst du in dir?
Wie hat dies sich auf dein Leben ausgewirkt?
Wie viele Selbste sitzen in der Todeszelle?
Wie hat dies sich auf dein Leben ausgewirkt?
Wie viele Selbste sind Opfer?
Wie hat dies sich auf dein Leben ausgewirkt?
Wie viele Selbste sind Märtyrer?
Wie hat dies sich auf dein Leben ausgewirkt?
Wie viele Selbste sind selbstzerstörerisch?
Wie hat dies sich auf dein Leben ausgewirkt?
Wie viele Selbste sind dissoziiert und unabhängig, so, als sei ihnen alles gleich-
gültig?
Wie hat dies sich auf dein Leben ausgewirkt?
Wie viele Selbste tragen „überbreite Ladungen" mit sich herum?
Wie hat dies sich auf dein Leben ausgewirkt?
Wie viele Selbste sind von Schuld erfüllt?
Wie hat dies sich auf dein Leben ausgewirkt?
Wie viele Selbste sind in Angst gefangen?
Wie hat dies sich auf dein Leben ausgewirkt?
Wie viele Selbste sind in Rache gefangen?
Wie hat dies sich auf dein Leben ausgewirkt?
Wie viele Selbste sind in Hass gefangen?
Wie hat dies sich auf dein Leben ausgewirkt?
Wie viele Selbste sind in Selbstangriff gefangen?

Wie hat dies sich auf dein Leben ausgewirkt?
Wie viele Selbste sind in Geschäftigkeit gefangen?
Wie hat dies sich auf dein Leben ausgewirkt?
Wie viele Selbste sind in einem Muster der Niederlage gefangen?
Wie hat dies sich auf dein Leben ausgewirkt?
Wie viele Selbste sind in Wertlosigkeit gefangen?
Wie hat dies sich auf dein Leben ausgewirkt?
Wie viele Selbste haben aufgegeben?
Wie hat dies sich auf dein Leben ausgewirkt?
Wie viele Selbste verbirgst du?
Wie hat dies sich auf dein Leben ausgewirkt?
Wie viele Selbste schreiben Drehbücher für dunkle Geschichten?
Wie hat dies sich auf dein Leben ausgewirkt?
Wie viele Selbste sind in Verschwörungen gefangen – Fallen, aus denen es keinen
Ausweg zu geben scheint?
Wie hat dies sich auf dein Leben ausgewirkt?
Wie viele Selbste sind in Negativität gefangen?
Wie hat dies sich auf dein Leben ausgewirkt?
Wie viele Selbste sind in einem Wutanfall gefangen?
Wie hat dies sich auf dein Leben ausgewirkt?
Wie viele Selbste sind besessen?
Wie hat dies sich auf dein Leben ausgewirkt?
Wie viele Selbste sind in einem Autoritätskonflikt gefangen?
Wie hat dies sich auf dein Leben ausgewirkt?

Wie fühlst du dich jetzt?

64

Erstarrt, wenn es um Erfolg geht

Wir sind in vielen Bereichen unseres Lebens erstarrt. Erstarrung bedeutet, dass wir aufhören, uns weiterzuentwickeln. Wir hören auf, zu lernen oder zu wachsen. Wir bleiben in einem bestimmten Alter stecken. Es kann sein, dass wir in anderen Bereichen unseres Lebens weiterhin erfolgreich sind, aber in diesem Bereich sind wir es nicht. Es gibt keinen Fortschritt, weil wir, wenn überhaupt, nur begrenzt geben und empfangen können. Das heißt bildlich gesprochen, dass wir einen Bremsanker hinter uns herziehen und gleichzeitig Vollgas geben, um voranzukommen. Dies ist in Wirklichkeit jedoch kein Zufall, sondern Absicht. Wir wollten das Tempo drosseln. Wir haben Angst bekommen. Wir sind vom Weg abgekommen. Wir haben aufgehört, uns weiterzuentwickeln, und wir haben Erfolg durch Aufopferung ersetzt.

Nun ist es an der Zeit, der Frage nachzugehen, wie viele Türen du vor dem Erfolg verschlossen hast. Du kannst diese Frage in allgemeiner Hinsicht stellen, dich aber auch auf einen bestimmten Bereich deines Lebens wie etwa Geld, Familie oder das Verlangen nach Wahrheit konzentrieren. Da *du* diese Türen verschlossen hast, kannst du sie durch deine Entscheidung auch wieder öffnen. Frage dich, wie viele Schritte du dich in Bezug auf deinen Erfolg in dem von dir gewählten Bereich deines Lebens von dir selbst entfernt hast. Rückzug erzeugt Illusionen und bewirkt, dass du dich in diesem Bereich aufopferst und selbstzerstörerisch handelst, um erfolgreich zu sein. Du bist diese Schritte rückwärts gegangen. Du kannst sie auch wieder nach vorne gehen, um von neuem in Kontakt mit deinem Erfolg zu kommen.

Frage dich als Nächstes, zu wie viel Prozent du dich selbst weggeworfen hast.

Heiße diesen Prozentsatz wieder willkommen.

Frage dich zum Schluss, wie oft du im Hinblick auf deinen Erfolg in allgemeiner Hinsicht erstarrt bist.

Frage dich, wie oft du im Hinblick auf deinen Erfolg in dem von dir gewählten Bereich deines Lebens erstarrt bist.

Frage dich nun, wie alt du jeweils warst, als dies geschehen ist. Kehre zu jedem dieser Orte zurück. Du hast dort jemanden oder etwas fälschlich beschuldigt, weil du dich davor gefürchtet hast, in diesem Bereich deines Lebens den nächsten Schritt zu gehen. Nun bist du jedoch bereit. Vergib der Person oder der Sache, die du ins Unrecht gesetzt hast. Vergib dir selbst. Vergib GOTT. Öffne deine eigenen Gaben und die Gaben des HIMMELS, die du damals zurückgewiesen hast. Nimm deine Lebensaufgabe an. Sie wird dir Kraft geben. Nimm die Bestimmung an, die du damals zurückgewiesen hast. Sie wird dir den Erfolg zurückbringen, den du verdienst. Sei bereit, diesen Prozess an jedem Ort zu wiederholen, an dem du erstarrt bist. Es ist an der Zeit, den nächsten Schritt zu gehen. Liebe dich an den Orten, an denen du erstarrt bist. Heiße die PRÄSENZ des HIMMELS willkommen, die du damals verleugnet hast, als du deiner Angst erlegen bist und eine Ausrede gebraucht hast, um dich aufzuhalten. Liebe dein jüngeres Selbst, bis es dein jetziges Alter erreicht hat und wieder mit dir verschmilzt, um dir ein neues Maß an Ganzheit und Erfolg zu schenken.

65

Das Ruder übergeben

Es kommt eine Zeit in unserem Leben, in der wir erkennen, dass wir von einer inneren Kraft erfüllt sind. Manche nennen sie das Tao, manche nennen sie den HEILIGEN GEIST oder GOTT, und manche nennen sie das Christus- oder das Buddha Bewusstsein. Diese Kraft ist der HIMMEL, und sie ist in uns. An diesem entscheidenden Wendepunkt erkennen wir, dass es eine KRAFT gibt, die weit größer und wahrhaftiger ist als unsere persönliche Kraft. Hier erkennen wir, dass es an der Zeit ist, unser Leben in die Obhut einer HÖHEREN MACHT zu legen. Wir übergeben das Ruder unseres Lebens dieser HÖHEREN MACHT und lassen zu, dass *sie* unser Leben lenkt. Wir können in einem Bereich unseres Lebens damit beginnen und uns im Laufe der Zeit dieser KRAFT in immer höherem Maße hingeben.

Ich erinnere mich an einen Wendepunkt in meinem Leben, der geschah, während ich einen eintägigen Workshop im englischen Devon gab. Während ich sprach, war mein Herz in Liebe aufgebrochen. Auf dem kurzen Weg zu meinem Aufenthaltsraum betete ich: „Ich will tun, was DU willst, das ich tun soll. Ich will gehen, wohin DU willst, dass ich gehen soll." Ich gab mein eigenes Leben auf und nahm stattdessen ein wahrhaftigeres, ein besseres und glücklicheres Leben an. Ich war tief berührt. Es war ein guter Schritt. In *Ein Kurs in Wundern* (H-4.I.2:2) heißt es diesbezüglich: „Wer würde denn versuchen, mit den winzigen Flügeln eines Spatzen zu fliegen, wenn die große Macht eines Adlers ihm gegeben ist?"

Je mehr unsere Macht und unser Bewusstsein wachsen, umso mehr lernen wir, dem HIMMEL das Ruder unseres Lebens zu überlassen. Je weiter wir vorangehen, umso mehr geben wir auch die kleinsten, weltlichsten Aspekte unseres Lebens in SEINE Obhut. Unser Ego tritt immer mehr zurück, und der HIMMEL und unsere geistige Wesensnatur, die grenzenlos ist, sind in stärkerem Maße präsent.

Je mehr wir unser Leben in die Obhut des HIMMELS geben, umso mehr wachsen unsere Gaben. Wir lehren stets durch unser Beispiel, aber unsere Hilfsbereitschaft und unser Glück machen uns zu einem Lehrer GOTTES und zu einem guten Beispiel für ein Leben, das von der Gnade gelenkt wird. Wir geben unsere verborgene Identität der Wertlosigkeit immer mehr auf. Wir geben unsere Anhaftungen an die Welt zugunsten wahrer Verbindung und der überschäumenden Liebe auf, die daher rührt, dass wir frei sind. Wir werden wieder wie ein Kind und erkennen einmal mehr, dass unser liebender Elternteil sich um alles kümmert und uns auf jedem Schritt des Weges führt, während er zugleich jeden wahren Schritt verstärkt.

66

Deine Wahrnehmung
ist ein Maßstab für das,
was du zu lernen hast

Die Dinge, die wir sehen und erleben, sind ein Maßstab für das, was wir zu lernen haben. Je mehr Schwierigkeiten und Probleme uns begegnen, umso mehr Dinge haben wir noch zu lernen. Wenn wir einen Blick in die verborgene Tiefe unseres Bewusstseins werfen könnten, würden wir erkennen, dass die Wahrnehmung eine Wahl ist. Sie rührt von unserem Wunsch her, die Dinge zu sehen und zu erleben, die wir wahrnehmen, weil sie den Absichten dienen, die wir vor uns selbst verbergen. Diese heimlichen Absichten können nur dann offenbar werden, wenn wir sie erkennen wollen. Wenn wir für unsere Wahrnehmung die Verantwortung übernehmen, übernehmen wir die Verantwortung für unser Leben, für unseren Geist und für den Spiegel unseres Geistes, der die Welt ist. Die Entscheidung, was wir sehen wollen, wird im Bruchteil von Sekunden getroffen und dann sofort verdrängt. Manchmal treffen wir diese Entscheidungen sogar unterbewusst, aber wenn wir die Verantwortung für sie übernehmen, können wir beginnen, bessere Entscheidungen zu treffen. Dann erkennen wir allmählich, was in uns noch der Heilung bedarf.

Jede Wahrnehmung, die uns ein negatives Bild zeigt, ist eine Projektion des Egos. Dieser Aspekt des Bewusstseins, der dem Prinzip folgt, dass dort „Müll" herauskommt, wo „Müll" hineingegeben wurde, rührt zum Teil von törichten Wünschen und zum Teil von unseren Urteilen her. Negative Dinge, die wir in unserer Welt sehen, sind gleichsam der nach außen projizierte „Müll" unseres Egos. Sie zeigen unsere Boshaftigkeit und die Schuld, die wir in uns tragen. Wir haben uns zu dem irrigen Glauben gebracht, dass das Problem außerhalb von uns liegt. Wir haben uns erst dann vom Ego und seinem Diktat abgetrennt, wenn wir auf die Welt und das, was sie uns zeigt, schauen und trotzdem an einen Ort des Friedens gelangen können. Wir sind über das verzweifelte Bedürfnis des Egos nach Trennung und Besonderheit hinausgegangen.

Wenn wir in Übereinstimmung mit unserem höheren Bewusstsein und mit dem HIMMEL sind, wird Frieden unser Ziel, verbunden mit dem Wunsch, Heilung zu erlangen, wo wir nicht im Frieden sind. Die erste Ebene des Friedens erfahren wir, wenn wir Zeuge der Negativität in unserer Umgebung sein und dennoch im Frieden bleiben können. Die zweite, tiefere Ebene des Friedens transformiert äußere Situationen und Umstände in Übereinstimmung mit dem tiefen Frieden, den wir erfahren. Das heißt einfach, dass wir uns für den Frieden anstelle unserer falschen Wahrnehmung entscheiden können. Wir können dem vergeben, was außerhalb von uns ist, während wir gleichzeitig uns selbst für das vergeben, was in uns ist und was diese Wahrnehmung hervorgebracht hat. Jede Negativität, die wir sehen, ist eine Fehlwahrnehmung, die uns zeigt, wo wir uns mit dem Ego identifiziert haben. Sie zeigt uns zudem tief verwurzelte Glaubenssätze, die unsere Selbstkonzepte sind. Wenn wir erkennen, was äußere Dinge uns über unsere eigenen Selbstkonzepte verraten, können wir diese Selbstkonzepte integrieren und so ein neues Maß an innerer Ganzheit erlangen. Wir können ein Selbstkonzept und die Erfahrung, die eine Folge dieses Selbstkonzeptes ist, jederzeit mit unserem höheren Bewusstsein verschmelzen, um zu größerer Ganzheit und zu einem höheren Maß an Selbstvertrauen zurückzugelangen.

Wenn wir äußere Negativität erfahren, können wir auch um die Lernerfahrung bitten, die wir noch nicht abgeschlossen haben. Die Lernerfahrung wartet stets auf unsere Bereitschaft. Auch die Führung wartet in unserem höheren Bewusstsein darauf, sich uns zu schenken und uns einen besseren Weg zu ermöglichen, wenn wir darum bitten.

Der größte Schritt in unserem Reifeprozess besteht darin, die Verantwortung für das zu übernehmen, was wir sehen. Dies gibt uns einen großen Teil der Macht zurück, die wir aufgegeben haben. Das Urteil, das wir über äußere Dinge fällen, zeigt das innere Urteil, das wir über uns selbst gefällt haben. Die äußere Negativität ist nur Teil der Strafe, die wir uns selbst auferlegen für die Schuld, die wir in uns tragen.

1. Übernimm die Verantwortung.
2. Vergib dir selbst und dem, was außerhalb von dir ist.

3. Integriere das, was du außerhalb von dir siehst, als ein Spiegelbild dessen, was du in dir trägst. Integriere beide und alle verbleibenden Emotionen mit deinem höheren Bewusstsein.
4. Entscheide dich für den Frieden und wertschätze ihn anstelle der Dinge, die du erfährst.

67

Erfolg durch Hingabe

Es kommt ein Punkt, an dem wir beginnen, Erfolg auf eine völlig neue Weise zu sehen. Wir erkennen, dass der Erfolg, den wir durch Aufopferung erreicht haben, kein echter Erfolg war. Der Preis war zu hoch. Wir haben uns dort angetrieben, wo ein Teil von uns emotional erstarrt war. Dieser gefangene Anteil in uns ist ein Ort, an dem wir uns unzulänglich gefühlt haben, und das hat dazu geführt, dass wir uns bestraft und uns sowohl körperlich als auch emotional erschöpft haben. Unsere emotionale Erstarrung ist ein Ort, an dem wir verletzt wurden, und wir haben diesen Ort der Ungerechtigkeit benutzt, um anderen Menschen und dem HIMMEL die Schuld daran zu geben. Wir haben beschlossen, von diesem Ort und aus unserer Unabhängigkeit heraus anzugreifen und die Mühelosigkeit und die Freiheit der Verbundenheit zu zerstören. An die Stelle unserer Verbindung mit anderen Menschen und dem HIMMEL haben wir unsere Selbstkonzepte gesetzt und dafür gesorgt, dass das Leben sich einzig und allein um *uns* dreht. Unsere Selbstkonzepte konnten niemals Befriedigung finden und haben uns angetrieben. Wir waren immerfort beschäftigt und sind der Leere aus dem Weg gegangen – aber ebenso dem Frieden. Wir haben den schweren Weg gewählt, um Dinge zu tun, statt sie durch Mühelosigkeit und Gnade zu erreichen.

Im Laufe unserer Entwicklung haben wir etwas über Erfolg durch Partnerschaft, Freundschaft und Zusammenarbeit gelernt. Wir sind gewachsen und haben gelernt, dass es höhere Ebenen des Erfolges gibt, die durch Führungsstärke, Hilfsbereitschaft und die Fähigkeit zur Verwirklichung unserer Gaben erreicht werden können. Wir haben uns in die Partnerschaft hinein entwickelt und etwas über Erfolg durch Empfangen, Vision und Kreativität gelernt. Zu guter Letzt haben wir gelernt, dass wir Erfolg durch Gnade, Bestimmung und unser *Sein* erreichen können.

Nun befinden wir uns an einem anderen Absprungspunkt. Hier geben wir unser Leben in die Obhut des HIMMELS. Wir legen die Führung unseres Lebens in die Hände des HIMMELS und erlauben IHM, die Richtung zu weisen und vorauszugehen. Nun warten wir darauf, dass wir geführt werden, und erkennen, wie oft wir abgelenkt und aufgehalten wurden, während wir unseren eigenen „guten Ideen" gefolgt sind und uns in sinnlosen Bestrebungen und leeren Kreuzzügen verstrickt haben. Nun wertschätzen wir unseren Frieden, und wir wissen, dass wir Erfolg durch Gnade und durch unser *Sein* erreichen können. Dies ist unsere Bestimmung. Es ist das, was wir verdient haben, während alle fehlenden Teile uns zurückgegeben werden und wir einmal mehr Selbstliebe, Fülle und die PRÄSENZ des HIMMELS erfahren. Wir haben Vertrauen, und wir sind geduldig, weil das Ergebnis sicher ist. Wir wissen, dass Emotionen, die hochkommen, uns einen Ort zeigen, an dem wir ein erstarrtes Selbst in uns tragen, das nach Liebe ruft. Wir brauchen eine Kurskorrektur, und der HIMMEL sorgt immer dafür, dass wir die Lektion mühelos lernen. Diese Lektion ist ein Wunder, das uns in unsere Mitte zurückbringt, den HIMMEL wieder an den zentralen Platz in unserem Leben rückt und uns erfolgreich sein lässt.

Es ist an der Zeit, dass wir unsere Eigenständigkeit aufgeben, damit unser Leben transformiert werden kann. GOTT ist nicht dazu bestimmt, unser Co-Pilot zu sein. ER ist dazu bestimmt, unser Pilot zu sein. ER weiß, was wir brauchen, und ER gibt uns ein viel besseres Leben, als wir es uns jemals vorstellen könnten.

68

Gib dir selbst

Das Maß, in dem wir erfolgreich sind, entspricht dem Maß, in dem wir uns die Erlaubnis geben, erfolgreich zu sein. GOTT, der große GEBER, gibt allen alles, sodass uns aller Erfolg gegeben wird, den wir uns überhaupt vorstellen können. Dabei haben wir nicht einmal das Maß an Erfolg, das wir vordergründig anstreben. Wir haben nur das Maß an Erfolg, das wir zu empfangen bereit sind – nur das Maß, das wir uns selbst zu geben bereit sind. Uns selbst etwas zu geben, ist eine Form von Selbstliebe, und jedes Problem zeigt, dass es uns an dieser Eigenschaft mangelt.

Rufe dir ein Problem ins Gedächtnis, mit dem du es aktuell zu tun hast. Frage dich, was du dir selbst nicht gibst. Entscheide dich dann mit der Hilfe des HIMMELS dafür, es dir selbst zu geben. Entscheide dich bewusst dafür, dich selbst zu lieben. Liebe dich selbst, indem du das empfängst, was der HIMMEL für dich bereithält. Du empfängst nicht, weil du dich auf einer bestimmten Ebene aufgrund einer bestimmten Sache schuldig fühlst. Worum geht es? Der HIMMEL sieht dich als vollkommen unschuldig und als vollkommen liebenswert. Du siehst dich selbst als schuldig. Wer, glaubst du, hat mit seiner Meinung über dich Recht – du oder GOTT?

Jedes Problem dient einem bestimmten Zweck. Wofür benutzt du dein Problem? Bringt es dir das, was du wirklich willst? Macht es dich glücklich? Ist es wahr? Willst du dich und dein Problem nicht lieber aus der Sicht des HIMMELS betrachten? Der HIMMEL betrachtet dich als vollkommen liebenswert. ER sieht, dass du deine Schuld nur träumst und versuchst, etwas aus dem Traum zu bekommen. Willst du nicht lieber vom HIMMEL empfangen, dir selbst geben und einen großen Schritt in deinem Entwicklungsprozess und deinem Streben nach der Wahrheit vorangehen?

Entscheide dich nun bewusst dafür, dich selbst zu lieben und dir selbst zu geben. Du kennst den besten Weg. Wiederhole diesen Prozess einen Monat lang jeden Tag. Verpflichte dich dir selbst. Verpflichte dich, den nächsten Schritt zu gehen. Verpflichte dich der Wahrheit. Verpflichte dich, zu empfangen und dich nicht länger so schlecht zu behandeln.

69

Die verschlossene Tür

Wir alle haben Türen zu bestimmten Bereichen unseres Lebens verschlossen. Das hindert uns daran, erfolgreich zu sein. Wir können jeden Bereich unseres Lebens einer Prüfung unterziehen und werden feststellen, dass wir Türen aus Zorn, Verletztheit oder einer Laune heraus verschlossen haben. Das hat zur Folge, dass wir in dem betreffenden Bereich in dem Maße nicht hundertprozentig erfolgreich sind, in dem wir uns von ihm ausgeschlossen haben.

Frage dich, wie viele Türen du vor dem Erfolg verschlossen hast und wie es sich auf dein Leben ausgewirkt hat. Gehe dann der Frage nach, welches die größte Tür ist, die du vor dem Erfolg verschlossen hast. Was ist zu diesem Zeitpunkt mit dir selbst und den Menschen in deiner Umgebung geschehen und hat dich dazu gebracht, die Tür zu schließen? Welche Auswirkung hatte es auf dein Leben, dass du die größte Tür vor dem Erfolg verschlossen hast? Der Mensch, der die scheinbare Ursache für das Problem war, das dich dazu gebracht hat, diese Tür zuzuschlagen, hat vermutlich vor einer ähnlichen verschlossenen Tür gestanden. Es war vermutlich jemand, dem du auf der Seelenebene versprochen hattest, dass du ihm helfen würdest, seine Tür zu öffnen, aber du hast ihn stattdessen als Ausrede benutzt, um deine eigene Tür zu schließen. Anstelle von Liebe hast du ein höheres Maß an Angst in die Welt gebracht.

Frage dich, wie viele Türen du vor dem Erfolg verschlossen hast. Gehe dann der Frage nach, wie alt du jeweils warst, als du sie geschlossen hast, und wie es sich auf dein Leben ausgewirkt hat. Kehre zu jeder dieser Türen zurück und öffne sie mit der Hilfe des HIMMELS. Stelle dir vor, was dies deinem Leben nun bringen wird. Kehre zum Schluss zu jeder dieser Situationen zurück und hilf dem oder den Menschen, den oder die du als Ausrede benutzt hast, um deine Tür zuzuschlagen. Hilf ihm oder ihnen, seine oder ihre inneren Türen zu öffnen. Damit erfüllst du dein heiliges Seelenversprechen, dem oder den betreffenden

Menschen zu helfen. Eine offene Tür ist ein offener Geist. Ein Teil des Grolls und der Unwissenheit, die du in dir eingeschlossen hattest, wird nun befreit, und daraus wird ein neues Maß an Erfolg wiedergeboren.

70

Ehrlichkeit bringt Erfolg

Das Maß unserer Ehrlichkeit entspricht dem Maß, in dem wir empfangen können. Wenn wir nicht ehrlich sind, was gleichbedeutend damit ist, nicht eins mit dem zu sein, was ist, dann täuschen wir uns selbst und andere Menschen. Dann benutzen wir unsere Unehrlichkeit, um etwas zu bekommen. Das kann beispielsweise Anerkennung, Geld, Sex oder Besitz sein. Wir fühlen uns dessen, was wir haben wollen, nicht würdig, und deshalb manipulieren wir, um es zu bekommen. Wir versuchen, unser Glück in äußeren Dingen zu finden, aber was von außen kommt, kann uns nicht tragen. Tatsächlich ist es ein Zeichen innerer Unehrlichkeit, weil wir versuchen, zu nehmen oder zu bekommen, statt zu geben und zu empfangen. Außerdem kehrt das, was wir tun, stets zu uns zurück. Unehrlichkeit und Manipulation kehren in Form von Schmerz und Herzensbruch zu uns zurück. Buddha hat es so ausgedrückt: „Karma heißt, dass du mit nichts davonkommst." Unehrlichkeit macht uns schuldig, sodass wir uns dafür bestrafen. Das Ausmaß unserer Unehrlichkeit entspricht dem Ausmaß unserer Selbsttäuschung. Das ist äußerst töricht, weil wir dadurch jeden Vorteil verlieren, den wir durch unseren Erfolg und unser Glück bereits erreicht haben.

Vollkommene Ehrlichkeit bringt uns die Erfahrung der Integrität und befähigt uns, wieder neu zu empfangen. Geschieht dies nicht, ist unser Bewusstsein gespalten, und es gilt, diese Spaltung durch Vergebung oder Integration zu heilen. Auf unserem Weg zurück zum EINSSEIN heilen wir unzählige Spaltungen. Dabei bringt uns die Verpflichtung zur Wahrheit in großen Sprüngen voran.

Ohne unsere Selbsttäuschung gäbe es weder Probleme noch Opfer. Wir haben ein Unterbewusstsein, um das, was vor sich geht, vor uns selbst verbergen zu können. Es ist eine Tatsache, dass wir andere Dinge wollen als die, die wir *bewusst* wollen – und bedauerlicherweise bekommen wir sie manchmal auch! Das Maß unserer Ehrlichkeit entspricht dem Maß, in dem wir empfangen, Glück haben und im Fluss sind. Ehrlichkeit zeigt, dass wir Vertrauen haben, die Wahrheit lieben und uns selbst treu sind. Vertrauen ist das Herz des Selbstvertrauens, und dies ist das Herz des Erfolges.

Das Maß, in dem es dunkle Geschichten oder „Bösewichte" in unserem Leben gibt, entspricht dem Maß, in dem wir auf einer unbewussten Ebene unehrlich sind. Es zeigt, wo unser Bewusstsein auf einer Seelenebene gespalten ist. Wo unser Bewusstsein gespalten ist, gibt es Schmerz, Verlust, Bedürfnis, Angst, Gefühle der Unzulänglichkeit, Widerstand und Schuld, um nur einige wenige Emotionen und Themen zu nennen. Wir verdrängen die Selbstanteile, die wir verurteilt haben, und projizieren sie nach außen in die Welt, die uns umgibt. Dann haben wir das Dreigespann der Rollen, aus denen alle anderen Rollen hervorgehen: das Opfer, die Unabhängigkeit und die Aufopferung. Rollen bedeuten, dass wir etwas tun, weil wir es tun „sollten", und nicht, weil wir es tun wollen oder uns dafür entschieden haben, es zu tun. Das Maß, in dem wir eine Rolle in uns tragen, entspricht dem Maß, in dem wir unehrlich sind.

Es bedeutet, dass wir die Verbundenheit in der Vergangenheit aus Unehrlichkeit zerstört und mit unserem Urteil jemand anderem die Schuld daran zugewiesen haben. Jede Form von Verletztheit ist ein Zeichen von Unehrlichkeit. Jede Auseinandersetzung mit einem anderen Menschen zeigt einen inneren Konflikt, in dem zwei unserer Selbste unterschiedliche Ziele haben. Das ist Unehrlichkeit! Wir benutzen andere Menschen, um unsere Angst vor dem nächsten Schritt zu verbergen. Gefühle von Leblosigkeit und Burnout zeigen, dass wir Rollen ausagiert haben, die meist in der Kindheit entstanden sind, um Orte zu verbergen, an denen wir unseren eigenen Weg gehen und unabhängig sein wollten. Wir haben diesen Weg unter dem Vorwand der Verletztheit eingeschlagen und unsere Eltern – aber natürlich nicht uns selbst – für das verantwortlich gemacht, was geschehen ist. Wenn negative Dinge uns widerfahren oder in unserer Umgebung geschehen, sind wir unehrlich, weil wir nicht eingestehen, dass *wir* die Entscheidung getroffen haben, die sie herbeigeführt hat.

Jedes negative Ereignis in unserem Leben geschieht mit unserem insgeheimen Einverständnis und ist eine Verschwörung, die uns zurückhalten soll. Fast alle Probleme dienen uns als Gelegenheit, unserer Größe und unserer Lebensaufgabe aus dem Weg zu gehen. Ehrlichkeit übernimmt die Verantwortung nicht nur für das, was uns selbst widerfährt, sondern auch für das, was allen Menschen und allen Dingen in unserem Umfeld widerfährt, weil es auf der tiefsten Ebene unser Film ist und die Welt unsere Selbstkonzepte ausagiert. Glaubenssätze über uns selbst werden nach außen projiziert und bilden die Akteure und die Handlung unseres Films. Es sind unsere Projektionen und unsere Entscheidungen, und wir sehen sie alle außerhalb von uns, damit wir uns unseres inneren Selbsturteils nicht bewusst werden. Wir sind unehrlich nicht nur in Bezug darauf, dass alles scheinbar außerhalb von uns stattfindet, sondern auch in Bezug darauf, dass alles uns zu einem bestimmten Zweck dient.

Je mehr wir an Ehrlichkeit gewinnen, umso mehr gewinnen wir an Bewusstheit. Je mehr wir an Bewusstheit gewinnen, umso mehr gewinnen wir an Wahrheit und an der Fähigkeit zu empfangen. Alle Prinzipien der Heilung helfen uns, stärker in den Fluss dessen zu gelangen, was ist. Wir erlangen ein höheres Maß an Integration, Ganzheit und Gleichklang. Es gibt ein höheres Maß an Schönheit und Harmonie. Es gibt ein höheres Maß an Authentizität, Erfolg und Selbstliebe. Ehrlichkeit erzeugt ein höheres Maß an Mühelosigkeit, Reibungslosigkeit und Fluss. Ehrlichkeit bewirkt, dass unser Widerstand und damit auch unser Schmerz immer mehr abnehmen. Ehrlichkeit ist selbstenthüllend, und zwar nicht nur – per definitionem – für unser Selbst, sondern für alle Menschen. Diese Transparenz übt auf unser Umfeld eine enorm große Anziehungskraft aus. Wir verpflichten uns immer mehr sowohl unserer eigenen Unschuld als auch der Unschuld aller Menschen. Wir verpflichten uns auch, die Fehler in unserem Geist zu berichtigen, die in dem offenbar werden, was in unserem Leben vor sich geht, indem wir der Welt helfen, die der Spiegel unseres Geistes ist.

Wie unsere Schlafträume ist unser Wachtraum eine Form von Wunscherfüllung. Weil wir unsere inneren Wünsche verleugnen, erleben wir sie in der Nacht in Form von Schlafträumen und am Tag in Form unseres Wachtraums. Wir haben das Gefühl, dass sie nicht akzeptabel für uns sind, und glauben deshalb, sie verstecken zu müssen. Das führt dazu, dass wir uns davor fürchten, Zugang zu unserem Bewusstsein und unseren Entscheidungen zu erlangen. Weil das Ego ebenfalls Schuld auf uns lädt, wagen wir es nicht, einen Blick unter die Oberfläche zu werfen. Dabei ist ehrliche Wahrnehmung das, was uns erkennen lässt, dass wir einen Fehler gemacht haben, und uns erlaubt, eine neue Entscheidung zu treffen. Wir können zulassen, dass unser höheres Bewusstsein die falschen Entscheidungen berichtigt, die wir getroffen haben, weil dies seine Aufgabe ist.

Wenn wir sie nicht einsetzen, um Heilung zu erlangen, bergen unsere Emotionen sowohl Angriff als auch Selbstangriff und Schuld in sich – insbesondere die Schuld, die sich unter unserem Urteil, unserer Schuldzuweisung und unserem Groll verbirgt. Schuld ist jedoch unehrlich. Wir benutzen sie, um unsere Angst vor Veränderung zu schützen. Wir benutzen sie, um unabhängig zu bleiben und gegen GOTT zu kämpfen. Sie verbirgt unsere Unschuld und unsere Verbindung mit ALLEM, WAS IST, die unsere grundlegende Erfahrung ist. Wir verbergen die Tatsache, dass wir kein Körper, sondern vielmehr reiner Geist sind. Wir verbergen die Tatsache, dass wir nicht schuldig, sondern unschuldig sind. Wir sind nicht von Hass und Angst erfüllt, und wenn doch, sollen sie lediglich verbergen, dass wir die Liebe selbst sind. Das ist es, worauf unsere Ehrlichkeit sich hin entwickelt. Das ist die Erkenntnis, zu der wir gelangen. Jeder Schritt in unserer Entwicklung ist ein Schritt voran in Ehrlichkeit und in der Liebe zur Wahrheit.

71

Der große Krieg zwischen Positiv und Negativ

D ieser Krieg zählt zu den grundlegenden Spaltungen in unserem Bewusstsein und fördert Konflikte und Dualität. Auf einer bestimmten Ebene rühren Positiv und Negativ von unseren Urteilen her, und Urteile verstärken Trennung und Schuld. Sie stärken die Zweiheit und nicht das EINSSEIN. Aus spiritueller Sicht könnten wir dem HIMMEL erlauben, für uns über alles zu urteilen. Dies würde uns die Fähigkeit zur Unterscheidung geben, und es würde den Angriff und die Angst auflösen, die von unserem Urteil herrühren. Der HIMMEL sieht Vergangenheit und Zukunft. Er sieht jeden Blickwinkel und verurteilt nicht. Freiheit ist das Gegenteil von Urteil und Verurteilung. Sie rührt von einer Strategie der Nichtschuld her, und der HIMMEL hat nicht nur ein Interesse daran, dass wir frei sind, sondern hat sich unserer Freiheit verschrieben.

Nachdem die Aspekte von Positiv und Negativ vom Urteil befreit wurden, besteht der nächste Schritt darin, den *Unterschied* zwischen Positiv und Negativ zu beseitigen. Man kann es mit dem positiven und dem negativen Pol einer Batterie vergleichen, die, wenn man sie als Einzelsystem betrachtet, Energie und Bewegung erzeugt. Dies ist der Aspekt von männlich und weiblich, von Yin und Yang. Yin und Yang erzeugen Energie und Bewegung. Dies ist das Tao des Lebens, das sich auf der Meisterschaftsebene in einem vollkommenen Gleichgewicht befindet. Das Tao – das Absolute – befindet sich jedoch jenseits der Zeit, sodass es sogar diese Ebene von Positiv und Negativ überschreitet. Es bewegt sich von der Form zur Formlosigkeit, von der Zeit zur Ewigkeit, von der Materie zum Geist und vom Körper zum reinen Geist hin. Selbst wenn du nicht der Auffassung bist, dass du es mit Themen auf der Ebene der Meisterschaft zu tun hast, können die folgenden Übungen dich in die richtige Richtung weisen und dir helfen, sehr viel Zeit zu sparen.

Stelle dir nun vor, dass du vor einem großen Schlachtfeld stehst. Die Armeen des Positiven haben rechts und die Armeen des Negativen links Aufstellung genommen. Auf wie vielen Ebenen läuft die Schlacht in deinem Bewusstsein ab, während dieser Krieg stattfindet? Gehe auf allen Ebenen, auf denen diese Spaltung existiert, zwischen den beiden Armeen entlang, bis du auf der anderen Seite angekommen bist. Gehe noch etwa zwanzig Schritte weiter, und dann drehe dich um und schaue zurück. Du wirst feststellen, dass die beiden Armeen sich zu einer Armee vereinigt haben. Die Spaltung hat einzig und allein dem Zweck gedient, dich auf der anderen Seite der Schlacht – fern vom Frieden deines Meisterschaftsbewusstseins – festzuhalten. Übergib nun alle deine Urteile dem HIMMEL, damit ER für dich urteilen kann. Dies bringt deinen Willen wieder mit dem HIMMEL in Übereinstimmung. Dein wahrer Wille war stets im Einklang mit dem HIMMEL, aber deine Probleme zeigen, wo du zu deinem wahren Willen und zum WILLEN des HIMMELS im Widerspruch gestanden hast. An diesen Orten warst du im Willen deines Egos gefangen.

Stelle dir nun vor, dass du vor der großen Dichotomie von Yin und Yang stehst. Wie viele Schichten reicht diese Spaltung in dein Bewusstsein hinab? Gehe auch hier auf allen Ebenen, auf denen diese Spaltung existiert, gleichzeitig zwischen den beiden Seiten der Dualität entlang, bis du auf der anderen Seite – und damit bei der Ganzheit – angekommen bist. Dies trägt dazu bei, dass Frieden und Nichtdualität entstehen, und es heilt einige der großen Spaltungen im Bewusstsein.

72

Weiter

Ganz gleich, in welchem Bereich unseres Lebens wir nach Erfolg streben, und ganz gleich, wie erfolgreich wir sind, ist immer noch ein höheres Maß an Erfolg möglich. Um in einem beliebigen Bereich wirklich erfolgreich zu sein, müssen wir also weitergehen, weil es immer noch mehr gibt, was wir lernen können, und immer noch mehr, was der Heilung bedarf. Wir müssen weitergehen, immer weiter.

In den Bereichen von Geld, Erfolg und Geschäft gibt es immer noch mehr, was wir erreichen können.

Auf dem Gebiet der Kunst und der Kreativität gibt es immer neue Grenzen zu entdecken.

Im Dienst an anderen Menschen und in unserer persönlichen Entwicklung gibt es auf dem Weg zu größerer Ganzheit immer noch mehr, was es zu heilen und zu lernen gilt. Wenn du dich an einem schlechten Ort befindest, gehe weiter. Wenn du dich an einem guten Ort befindest, gehe weiter. Du kannst lernen, ein besserer Partner zu sein – klüger und liebevoller. Du kannst zurücktreten, sodass der HIMMEL in höherem Maße präsent sein kann, während du den Schutt deiner Selbstkonzepte abwirfst, den du im Laufe der Jahrzehnte angehäuft hast.

In Beziehungen kannst du eine Himmelsleiter erreichen, die dich zum goldenen Leben führt. Wenn du noch weitergehst, erwartet dich das Erwachen, erwarten dich die höheren mystischen Zustände, erwartet dich GOTTVERWIRKLICHUNG.

Ganz gleich, wie gut oder wie schlecht die Dinge sind – gehe heute weiter, um frei zu sein!

73

Willst du den Himmel
oder die Hölle?

D ie Wahrnehmung ist eine Wahl. Sie rührt ebenso von unseren Wünschen
her wie unsere Träume, die eine Form von Wunscherfüllung sind, und wie
der Wachtraum, der unser Leben ist. Unser Bewusstsein liefert uns das, was wir
sehen wollen. Wir verbergen diese Entscheidung jedoch weitgehend im Unterbewusstsein und im Unbewussten, so wie wir uns vor unserer Macht fürchten
und auch sie verbergen. Wenn wir erkennen, dass die Welt uns nicht einfach
widerfährt, sondern dass wir uns für sie entschieden haben, dann erkennen wir,
dass wir den Himmel oder die Hölle wählen können. Diese Wahl treffen wir in
jedem Augenblick neu.

Wir wollen unsere inneren Konflikte als außerhalb von uns bei anderen Menschen oder in unserer Umgebung, aber nicht *in* uns sehen. Wir wollen so viel
Abstand wie nur möglich zwischen uns selbst und sie bringen. Trotzdem spiegeln
die Probleme, die wir außerhalb von uns sehen, einfach unsere inneren Probleme wider. Die großen Konflikte in der Welt sind ein Spiegel der tiefsten Ebenen
unseres Unbewussten. Alle Menschen, die diesen Bereich ihres Bewusstseins
heilen, leisten einen großen Beitrag zur Heilung der Welt.

Rufe dir ein Problem ins Gedächtnis, mit dem du es gegenwärtig zu tun hast.
Um mühelos Zugang zu deinem Unterbewusstsein zu erhalten, wollen wir einmal
so tun, als ob du dieses Problem gewollt hättest, obwohl wir natürlich wissen,
dass du es auf der bewussten Ebene nicht gewollt hast. Wie kommt das? Welchen
Zweck kann es für dich erfüllen, dieses Problem zu haben? Welche Belohnung
kann ein derartiges Problem dir bringen?

Wenn das, was verborgen war, voll und ganz ans Licht kommt, wirst du von
dem Problem befreit. Wenn du nicht voll und ganz befreit wirst, bedeutet das

lediglich, dass es noch ein verborgenes Element gibt, das der Heilung bedarf. Rufe dir nun ein großes globales Problem ins Gedächtnis. Betrachte es und stelle dir die Frage: „Will ich in dieser Situation den HIMMEL oder die Hölle?" Nimm dann wahr, ob dein Gefühl in Bezug auf die Situation sich geändert hat.

Triff noch einmal die Entscheidung: „Will ich in dieser Situation den HIMMEL oder die Hölle?" In seltenen Fällen kann es geschehen, dass anfangs kaum eine Veränderung eintritt. Vertraue ganz einfach dem Prozess und setze die Übung fort. „Will ich in dieser Situation den HIMMEL oder die Hölle?" Setze die Übung solange fort, bis die Situation sich in Schönheit entfaltet hat. Du kannst auch fortfahren, bis die Situation vollkommen von Licht erfüllt ist.

Du kannst diese Übung auch durchführen, um an einem deiner großen Probleme zu arbeiten. Fühle dich in das Problem ein. Betrachte es und frage dich dann: „Will ich in dieser Situation den HIMMEL oder die Hölle?"

Setze die Übung fort, bis die Situation sich grundlegend anders anfühlt.

74

Die Entscheidung
zur Veränderung

Wenn du dich dafür entscheidest, dich zu ändern und den nächsten Schritt zu gehen, entscheidest du dich dafür, erfolgreich zu sein. Erfolg heißt, über gegenwärtige Grenzen hinauszugehen, aber dies ist nur durch Veränderung möglich. Wenn du dich der Veränderung verpflichtest, verpflichtest du dich dem Erfolg. Wenn wir uns ändern, gehen wir über gegenwärtige Begrenzungen hinaus und entwickeln neue Gaben, neue Talente und ein höheres Maß an Fluss. Einige Mauern in unserem Bewusstsein fallen, und unser Geist wird in höherem Maße geeint. Zwei Spaltungen im Bewusstsein haben sich miteinander verbunden. Das hat zur Folge, dass unser Geist über ein höheres Maß an Macht und Intelligenz verfügt und wir in höherem Maße empfangen können. Wir sind in höherem Maße fähig, Antworten zu akzeptieren.

Es gibt kein Problem, das nicht Angst vor Veränderung birgt, sodass diese Angst geheilt wird, wenn wir uns der Veränderung verpflichten. Unsere Verpflichtung lässt zu, dass diese Veränderung – manchmal sehr rasch – geschehen kann. Wir sparen sehr viel Zeit, weil wir nicht nur einen Berg, sondern gleich die gesamte Bergkette überspringen. Wenn wir uns für die Veränderung entscheiden, gelangen wir noch stärker mit dem WILLEN GOTTES in Übereinstimmung, DER will, dass wir uns an uns selbst erinnern und grenzenlos sind. Unsere Verpflichtung zu fortwährender Veränderung ermöglicht uns eine rasche Entwicklung auf dem Weg, der uns zugewiesen ist, nämlich dem Weg hin zu einem immer höheren Maß an Wahrheit und Glück.

Mache die Verpflichtung zur Veränderung zu einem Bestandteil deines Arsenals an Erfolgsprinzipien. So kannst du immer dann, wenn du feststeckst oder in Langeweile gefangen bist, deine Macht der Entscheidung nutzen, um die Kraft deines Geistes voll und ganz der Veränderung zu widmen, sie anzunehmen und willkommen zu heißen. Sie wird nur begrenzt durch deine Fähigkeit, sie anzunehmen. Sei bereit, deine persönliche Entwicklung zu beschleunigen – entscheide dich für die Veränderung. Verpflichte dich der Veränderung.

75

Urteil durch dich

Stelle dir vor, dass du ein Leben lebst, das frei von Schmerzen, Problemen und Leiden ist. Klingt das mythisch? Nach einem archetypischen Leben? Tatsächlich kann es sich sehr rasch einstellen, wenn du jedes Urteil aufgibst. Ein Urteil ist ein Angriff, der von Selbstangriff herrührt. Die Dinge, die wir bei uns selbst als angriffswürdig betrachten, projizieren wir auf andere Menschen. Ein Urteil führt zu einer von Angriff erfüllten Welt, und damit zerstört es Sicherheit und Immunität. Ein Urteil ist von Konkurrenzdenken geprägt, und es ist ein Versuch, unsere Überlegenheit zu beweisen. Das Bedürfnis nach Überlegenheit und danach, uns von dem abzutrennen, was wir verurteilt haben, rührt von Gefühlen der Unterlegenheit und der Unwürdigkeit her. Nur der, der schuldig ist, urteilt. Wer unschuldig ist, erkennt nur die Hilferufe.

Ein Urteil geht davon aus, dass wir die Wahrheit kennen, aber Wahrheit und Urteil stehen im Gegensatz zueinander. Wir können im Hinblick auf das, was geschieht, weder die Vergangenheit noch die Zukunft kennen. Wir können nicht alle Schichten kennen, die zur gegenwärtigen Situation und zum gegenwärtigen Verhalten der daran beteiligten Menschen geführt haben. Wenn wir über einen Menschen urteilen, öffnen wir uns für ein Urteil über uns selbst. Wenn wir einen Menschen verurteilen, verurteilen wir uns selbst in noch höherem Maße. Ein Urteil ist gleichbedeutend damit, dass das Ego eine Mauer errichtet, und das kann uns nicht glücklich machen. Alles Leiden der Welt rührt daher, dass wir urteilen. Angriff erzeugt Angriff, Schuld und Angst. Ein Urteil lässt eine von harter Konkurrenz geprägte Welt entstehen. Alle negativen Dinge in der Welt sind von der Selbstbestrafung und von ihrer Projektion auf die Welt in Form von Bestrafung hervorgegangen.

Es gibt jedoch noch einen anderen Weg, der die Welt segnet. Er baut die Welt auf, indem er die Verurteilung und die Schuld aufhebt und die Wahrheit bringt.

Wenn wir unser Urteil aufgeben und zulassen, dass der HIMMEL für uns über alle Dinge urteilt, dann gelangen wir über die Dunkelheit hinaus zur Schau, und von dieser Schau kommt Heilung.

Erkenne also heute, dass du unmöglich urteilen kannst und dass dein Urteil ein Angriff nicht nur auf die Dinge und Menschen ist, die du verurteilt hast, sondern auch auf dich selbst und auf die Menschen, die du liebst. Es gibt einen besseren Weg. Er offenbart sich dir, wenn du die falsche Eigenständigkeit des Egos dem HIMMEL übergibst und IHN für dich über alle Dinge urteilen lässt. Darin liegen wahres Verstehen und wahre Weisheit.

Nur das Ego zweifelt

Wir haben in Wahrheit nur ein Bewusstsein – unser höheres Bewusstsein, das mit dem HEILIGEN GEIST verbunden ist, der auch als UNIVERSALE INSPIRATION bezeichnet wird. In unserer Erfahrung haben wir jedoch eine Form und leben in einer Welt der Formen, und darum haben wir ein Ego-Bewusstsein. Das Ego ist etwas, das wir selbst und anders als das geschaffen haben, was GOTT geschaffen hat. Es ist der Gedanke, dass wir in dieser Welt des Egos von unserem SCHÖPFER getrennt sind. Weil wir das Ego durch Trennung geschaffen haben, und weil Trennung stets Verlust, Angst, Gefühle der Unzulänglichkeit und Schuld gebiert, ist es nur das Ego, das zweifelt. Das Ego stellt in Frage, will aber die Wahrheit nicht erfahren, weil die Wahrheit die Trennung beendet. Dies führt zu Fragen, und unsere Fragen führen zum Zweifel. Unser Zweifel kommt stets zum Selbstzweifel zurück. Kann ich mit dieser Situation umgehen? Habe ich diese Situation verdient? Das Ego urteilt und verdammt durch sein Urteil.

Alle Fragen und alle Zweifel des Egos sollen uns von dem ablenken, was *Ein Kurs in Wundern* die eine Frage nennt, die von GOTTES STIMME kommt: „Bist du bereit, MIR zu helfen, die Welt zu erlösen?" Wenn du deine Zweifel aufgibst, kannst du das Vertrauen spüren, das der HIMMEL in dich hat. Wenn du diese Frage bejahst, werden dir Wunder gegeben, die dir helfen sollen, GOTTES Kinder zu erlösen, während du gleichzeitig allen Erfolg genießt, den du dir jemals wünschen kannst.

Bitte um die Antwort

Wenn du das Ruder deines Lebens an den HIMMEL übergeben hast, lernst du, dass der HIMMEL da ist, um dir den Rücken zu stärken, während du deinen Weg gehst. Wenn ein Problem deinem sich entfaltenden Frieden im Weg steht, betrachte es einfach und bitte um die Antwort. Der nächste Schritt besteht darin, dich zu entspannen und die Antwort zu akzeptieren, die du erhältst. Mit der Antwort wird dir zugleich alle Hilfe zuteil, die du dir nur wünschen kannst. Akzeptiere also alle Hilfe, die dir gewährt wird. Es gibt nicht ein Bedürfnis, das nicht erfüllt wird. Es gibt nicht einen Verlust, für den dir kein Trost und keine Geburt auf einer ganz neuen Ebene geschenkt werden.

Es ist wirklich ganz einfach. Du trittst zurück und erlaubst dem HIMMEL, dir den Weg zu zeigen. Der HIMMEL weist dir den Weg und führt dich – sowohl mit äußerer als auch mit innerer Hilfe – zu deinem Ziel hin. Je mehr du akzeptierst, umso mehr wächst deine Verbundenheit mit dem HIMMEL.

Das Ego hat viel Zeit und viel Mühe darauf verwendet, dich davon zu überzeugen, dass dein Wille sich von dem des HIMMELS unterscheidet. Deshalb *scheint* es so, als sei GOTT dein Feind, obwohl genau das Gegenteil wahr ist.

Ruhe nun entspannt in den Armen deines LIEBENDEN VATERS und empfange das, was du brauchst.

Wir sind, wonach wir suchen

Wir alle beginnen unser Leben mit dem Streben nach äußerem Glück und äußerem Beistand – der mütterlichen Brust, einer frischen Windel, im Arm gehalten zu werden. Irgendwann fangen wir jedoch an, alle diese Dinge zurückzuweisen und uns zu trennen. Wir erzählen Geschichten von Vernachlässigung und Schmerz. Aus dem Schmerz, der Trennung, unserem Groll und unserer Schuld bauen wir unsere Selbstkonzepte auf und erschaffen eine Identität. Die Vorstellung von Trennung hat sich verstärkt. Wir suchen außerhalb von uns nach Liebe, Erfolg und Geld. Wir erkennen nicht, dass die Tatsache, dass wir uns von unserer Verbundenheit abgespalten und angefangen haben, einem anderen Menschen die Schuld zu geben, unsere eigene Schuld dafür verbergen sollte, dass wir uns losgesagt und den Menschen, dem zu helfen wir aufgerufen waren, zum Sündenbock gemacht haben. Die Schuld erklärt uns, dass wir das, was wir wollen, nicht verdient haben. Die Angst, die ebenfalls zu diesem Zeitpunkt entstanden ist, sorgt dafür, dass wir uns vor dem, was wir wollen, fürchten. Sie macht uns glauben, dass wir etwas verlieren werden – beispielsweise die Unabhängigkeit, die wir durch unsere Lossagung gewonnen haben. Diese Unabhängigkeit ist jedoch keine echte Freiheit, sondern eine *Rolle*, die wir spielen. Sie ist das, woraus das Ego neben Angriff und Selbstangriff seine Kraft gewinnt. Sie ist das, was das Ego ausmacht. Wenn wir also danach streben, etwas außerhalb von uns zu bekommen, sind wir aufgrund der Spaltung, die durch den Verlust unserer Verbundenheit entstanden ist, in Zwiespältigkeit gefangen. Wir wollen es und wollen es gleichzeitig nicht. Wir fürchten uns vor dem, was wir wollen, weil das Ego uns davon überzeugt hat, dass wir einen Teil von uns verlieren werden. Dabei verlieren wir in Wirklichkeit einen Teil des Egos – eine Mauer, die uns vom Leben, von uns selbst und vom Empfangen trennt.

Wir haben unser Ego aufgebaut, und nun ist es an der Zeit, es wieder abzubauen. Dann erleben wir Freude und Partnerschaft und können erfolgreich empfangen. Als wir das, wonach wir gesucht haben, verurteilt haben, haben wir es in uns vergraben. Wir haben es schlecht gemacht, und deshalb jagt es uns Angst ein. Wir haben es verdrängt und dann nach außen projiziert. Wir glauben, es sei außerhalb von uns zu finden, und suchen unaufhörlich danach. Es ist jedoch nicht außerhalb von uns, sondern in uns zu finden. Je mehr wir dem, was wir wollen, vergeben, umso näher kommen wir ihm. Je mehr wir äußeren Dingen und Menschen vergeben, umso unschuldiger werden wir und umso mehr verlieren wir unsere Angst. Damit heißen wir das in uns willkommen, was scheinbar außerhalb von uns ist. Niemand außer uns kann uns etwas vorenthalten. Wir können diese Qualität willkommen heißen. Wir können dem Menschen vergeben, dem wir die Schuld an unserem Mangel gegeben haben, und wir können uns selbst für die ausgeklügelte Geschichte vergeben, die wir darüber erzählen, dass wir nicht das haben, was wir wollen. Wir sind hier, um alles zu haben, aber nur sehr wenige Menschen haben überhaupt etwas. Es ist, als würden wir in einer Villa leben und sie verlassen, um in einer äußeren Wüste nach Nahrung und Wasser zu suchen.

Vielen Menschen ist es peinlich, erfolgreich zu sein und viel zu haben, vor allem angesichts des Mangels, in dem andere Menschen leben, aber wie können wir den Weg hin zu Glück und Erfolg weisen, wenn wir im Mangel und in Bezug auf unseren eigenen Erfolg in einem Konflikt gefangen sind? Die Zwiespältigkeit, die mit dem Verlust unserer Verbundenheit und mit unserem gespaltenen Bewusstsein entstanden ist, sorgt dafür, dass wir uns den ganzen Tag schinden, um Erfolg zu haben – und ihn im Laufe der Nacht wieder zunichtemachen. Nun ist es an der Zeit, dass wir uns erlauben, alles zu haben. Es ist an der Zeit, dass wir uns dafür entscheiden, den Anteil unseres Bewusstseins, der erfolgreich sein will, mit dem Anteil zu integrieren, der sich davor fürchtet, erfolgreich zu sein. Es ist an der Zeit, dass wir die inneren Hindernisse aus dem Weg räumen und uns erlauben, in diesem Maße erfolgreich zu sein. Sobald du auf eine neue Ebene des Erfolges gelangt bist, wirst du feststellen, dass es letzten Endes gar keine große Sache war.

Ein negatives Selbstbild und die Verschwörung des Versteckens

Wenn wir die Verbundenheit verlieren, tritt eine paradoxe Situation ein. Zunächst scheint es so, als sei uns dieser Verlust *widerfahren*, und je mehr wir die Verbundenheit verlieren, umso negativer wird das Bild, das wir von uns selbst haben. Ein Blick in unser Unterbewusstsein lässt uns jedoch erkennen, dass der Verlust unserer Verbundenheit unsere Entscheidung war und dass wir uns dafür entschieden haben, diese Tatsache zu verbergen.

Wir hatten Angst davor, unsere heiligen Versprechen zu erfüllen. Wir fürchteten, sie seien ganz einfach zu groß. Wir hatten Angst davor, unser Licht in so hohem Maße leuchten zu lassen. Wir wollten die Aufmerksamkeit nicht. Nach dem Verlust unserer Verbundenheit haben wir diese Aufmerksamkeit jedoch gebraucht und versucht, sie in Form von Besonderheit zu bekommen. Hätten wir unser Versprechen hingegen erfüllt und unsere Gaben, unsere Lebensaufgabe und unsere Bestimmung eingesetzt, die wir mitgebracht hatten, um den Menschen in unserer Umgebung zu helfen, dann hätten wir unsere Verbundenheit nicht nur bewahrt, sondern auf eine neue Ebene geführt. Dann hätten wir alle Aufmerksamkeit, die wir bekommen wollten, und würden ebenso alle Aufmerksamkeit geben, die notwendig ist, um den Menschen in unserer Umgebung zu helfen.

Wir verbergen uns. Wir tun so, als seien wir völlig durchschnittlich und normal. Wir sind jedoch nicht normal. Wir sind außergewöhnlich. Wir sind erstaunlich. Wir sind Kinder GOTTES, unserer geistigen Wesensnatur nach unbegrenzt. Dennoch haben wir alle diese Selbstkonzepte aufgebaut, die sich zu einem negativen und begrenzten Selbstbild addieren. Wir glauben, uns selbst geschaffen zu haben. Wir glauben, besonders zu sein. Dafür haben wir das Gefühl unserer grenzenlosen geistigen Wesensnatur eingetauscht. Irgendwann werden wir erkennen, dass wir in Wirklichkeit niemand und nichts, sondern vielmehr ein Teil von allem sind. Wir haben uns in eine Form hinein geschaffen, aber wir sind formlos.

Alle Probleme und alle Herausforderungen, vor die wir gestellt werden, sollen uns anspornen. Der HIMMEL und unser höheres Bewusstsein wollen uns dazu bringen, eine Gabe anzunehmen, die wir in uns tragen und die das Problem lösen und uns immer mehr und immer größeren Erfolg bringen kann.

Es ist an der Zeit, dass wir unsere negativen Selbstbilder aufgeben. Sie alle sind Teil einer Verschwörung, mit deren Hilfe wir uns verstecken. Wir wollen nun durch unser Leben zurückkehren und jedes negative Ereignis betrachten, das wir benutzt haben, um uns selbst anzugreifen und klein zu bleiben. Der Schmerz, den wir erlitten haben, und unser Versagen, den Menschen zu helfen, denen wir Hilfe versprochen hatten, sind ein hoher Preis dafür, dass wir uns verstecken können. Nun ist es an der Zeit, uns sein zu lassen. Wir können zulassen, dass wir aufblühen wie ein Garten. Es gibt nichts zu tun. Wir können einfach aufhören, in die vielen Abwehrmechanismen zu investieren, die wir benutzt haben, um uns niederzudrücken. Wir können unsere Entwicklung in die Obhut des HIMMELS geben und die Veränderungen wahrnehmen, die stattfinden, wenn wir zu unserem ursprünglichen SELBST zurückkehren, das wir als reiner Geist sind. Auf diesem Weg können wir unseren Widerstand loslassen, unsere Selbstkonzepte mit ihrer Angst, ihrer Schuld und ihrer Trennung abwerfen und mit fortschreitender Entwicklung unsere Gaben in immer höherem Maße verwirklichen.

80

Jenseits der Eigenständigkeit

Wir setzen uns schon sehr früh im Leben das Ziel, eigenständig zu sein, damit wir uns nicht auf unsere Eltern verlassen müssen. Wenn wir diese Eigenständigkeit erreicht haben, gehen wir zum nächsten Stadium der wechselseitigen Abhängigkeit voran. Wenn wir abhängig sind und unsere Verbundenheit zerstören – woran wir natürlich anderen Menschen die Schuld geben –, entstehen viele Bedürfnisse, die dazu führen, dass wir zum Opfer werden. Wenn wir zum Opfer werden, ist es ganz natürlich, dass wir diesen Zustand irgendwann ablehnen und unabhängig werden. Unabhängigkeit heißt, dass wir unseren eigenen Weg gehen, unseren eigenen Kurs festlegen und uns niemandem oder nur wenigen Menschen verbunden fühlen. Auf abhängigere und bedürftigere Menschen kann dies eine große Anziehungskraft ausüben. Wenn wir dissoziiert und unabhängig sind, scheinen wir Menschen um uns zu scharen, die den Schmerz und die heimlichen Bedürfnisse widerspiegeln, die wir kompensiert haben, in unserem Unterbewusstsein aber nach wie vor in uns tragen.

Es ist ein sehr großer Schritt, in diesem Stadium die Kontrolle aufzugeben und Kurs auf die Ebenbürtigkeit zu nehmen, damit wir eine erfolgreiche Partnerschaft eingehen können. In diesem Stadium lernen wir, über unsere Eigenständigkeit hinauszugehen, ohne sie jedoch zu verlieren. Wir gelangen ganz einfach auf noch höhere Ebenen der Partnerschaft und zur Freundschaft voran. Wir gelangen zum Stadium der Vision, in dem unsere Kreativität uns erlaubt, zu einem Freund der Welt zu werden, während wir die heilige Mission unserer Seele erfüllen.

Vom Stadium der Führerschaft und der Vision steigen wir auf zum Stadium der Meisterschaft, in dem der HIMMEL und sein Einfluss für uns zum wichtigsten Bestandteil unseres Lebens werden. Nun sind wir selbst in so hohem Maße und unsere Beziehung in ausreichendem Maße zentriert, dass sich in unserem Umfeld eine Familie oder eine Gemeinschaft gebildet hat.

Der nächste Aufstieg, der tatsächlich im Stadium der Meisterschaft beginnt, tritt in den Vordergrund, wenn wir lernen, unsere Eigenständigkeit vollständig aufzugeben und auf den HIMMEL zu vertrauen. Wir leben aus der Gnade heraus und gewähren ihr Zutritt selbst in die kleinsten Bereiche unseres Lebens hinein. Irgendwann wird unser Leben vollkommen mühelos. Wir vertrauen darauf, dass unsere Stärke und Führung von GOTT kommen. Der Fluss der Gnade trägt uns durch jede Geburt und durch jede dunkle Nacht der Seele voran. Das Leben ist zu einem mühelosen und gnadenvollen Abenteuer geworden. Wir sind wieder wie die Kinder geworden. Jesus hat einmal gesagt, dass wir, wenn wir nicht wie die Kinder werden, nicht in das HIMMELREICH kommen können. Alles, was wir aufgebaut haben, lassen wir nun los. Die Identität, die wir geschaffen haben, um in der Welt zu funktionieren, geben wir nun um der viel größeren Macht und der Freude unserer geistigen Wesensnatur willen hin. Der HIMMEL wirkt durch uns und als wir. ER ist Teil von allem, was wir tun, und von allem, was wir sind. Nun ist die Reise vollendet. Der HIMMEL trägt uns, und wir können uns entspannen und im Frieden sein. Die Menschen, mit denen wir betraut sind, werden zu uns geführt, damit wir ihnen helfen, und darin finden wir Erfüllung. Lasse nun zu, dass du über die Eigenständigkeit hinaus aufsteigst. Ein wesentlich höheres Maß an Macht, Erfolg und Nähe erwartet dich.

81

Nicht deine Aufgabe

Ein Leben zu leben, in dem wir das Ruder an GOTT übergeben haben, heißt, dass wir das höchste Bewusstseinsstadium erreicht haben. Es bedeutet, dass wir uns darauf vorbereiten, über das Bewusstsein hinaus ins reine Gewahrsein voranzugehen, in dem es keine Dualität gibt. Hier ist das Leben in höchstem Maße erfolgreich, weil es frei ist von den Mauern des Egos, die uns entweder in der Welt oder in unserem Bewusstsein einschließen. Unsere Fähigkeit zu lieben, Freude zu empfinden und zu empfangen, ist Teil der Erfahrung, die damit einhergeht, dass wir in einer von Freundschaft erfüllten Welt leben. Solange wir diesen Zustand noch nicht erreicht haben, neigen wir jedoch dazu, Aufgaben anzunehmen, die nicht unsere Aufgaben sind. Wir investieren in Aufopferung und Ablenkung. Wir opfern uns auf, um beispielsweise Schuld zu verbergen, vor unserer Lebensaufgabe davonzulaufen oder uns vor uns selbst, vor Nähe und vor dem HIMMEL zu verstecken. Aufopferung ist das Gegenteil von Erfolg, denn sie lässt nicht zu, dass wir eine Belohnung für das empfangen, was wir tun. Aufopferung fordert, dass auch andere Menschen sich aufopfern, und sie investiert in einen Mangel an Ebenbürtigkeit und in Leblosigkeit. Aufopferung ist ein Abwehrmechanismus, der auf einem Urteil beruht, um unsere Angst vor Erfolg und Nähe zu verbergen. Außerdem erzeugt sie Angst und damit genau das, was sie ersetzen sollte. Aufopferung hat unsere Angst lediglich unterdrückt, wirklich gemacht und verstärkt. Angst und Erfolg sind ebenso Gegensätze wie Angst und Liebe. Angst lässt sowohl uns selbst als auch unsere Möglichkeiten schrumpfen. Angst zu haben heißt, dass wir versuchen, die Menschen in unserem Umfeld und das Leben selbst zu kontrollieren.

Angst entsteht also, weil wir Aufgaben übernehmen, die nicht unsere Aufgaben sind. Wenn wir kontrollieren und unseren eigenen Willen durchsetzen wollen, spielen wir eine Rolle, die das Gegenteil von Liebe und Verbindung ist. Liebe und

Verbindung würden uns erlauben, eine Belohnung zu empfangen. Das bedeutet, dass unser Ego das Sagen hat und unser Leben bestimmt. Obwohl Unabhängigkeit eine Abwehrstrategie gegen Aufopferung zu sein scheint, ist sie tatsächlich Teil eines Dreigespanns aus Rollen, zu denen auch Aufopferung und Abhängigkeit gehören. Dadurch, dass wir Aufgaben, Rollen und Funktionen übernehmen, die uns nicht gehören, gehen wir den wirklichen Themen aus dem Weg, die uns Glück und Erfolg bringen würden. Wir könnten uns die Erlaubnis geben, ein von Gnade erfülltes Leben zu leben. Selbst die Aufgaben, zu deren Erfüllung wir aufgefordert sind, könnten durch Gnade mühelos und elegant vollbracht werden.

> „Das eingebildete Usurpieren von Funktionen, die nicht deine eigenen sind, ist die Basis der Angst. Die ganze Welt, die du siehst, spiegelt die Illusion wider, dass du das tatest und dadurch die Angst machtest. Die Funktion DEM zurückzugeben, DEM sie gehört, ist also das Entrinnen aus der Angst. Und ebendieses ist es, was die Erinnerung an die Liebe zu dir zurückkehren lässt."
>
> *Ein Kurs in Wundern*, H-29.3:6-9

Nun ist es an der Zeit, dich zu fragen, welche Aufgaben du übernommen hast, die nicht deine Aufgaben sind. Du kannst es intuitiv herausfinden oder eine Weile darüber nachdenken. Stelle dir dann die Frage, welche Auswirkungen diese unwahren Aufgaben auf deinen Erfolg, deine Gesundheit, deine finanzielle Situation und deine Beziehungen haben. Entscheide dann, ob das Übernehmen dieser Aufgaben oder das Usurpieren der Funktionen des HIMMELS das ist, was du wirklich willst. Der Plan des HIMMELS für dich sieht Sorgenfreiheit und Mühelosigkeit vor.

82

Erfolg kommt nicht von dir

Erfolg kommt nicht von dir, ganz gleich, wie du darüber denken magst. Du magst deinen Teil beigetragen, dich gezeigt, sogar hart dafür gearbeitet haben, aber letztlich warst es nicht du. Vielleicht warst du klug genug, auf der Welle des Erfolges zu reiten und dich vom Fluss vorantragen zu lassen. Vielleicht hast du am Beginn eines Projekts oder deines Lebens den Fleiß und die Hingabe besessen, dein Fundament zu errichten. Alle diese Dinge sind notwendig, aber nicht ausreichend.

Vielleicht bist du bereits erfolgreich, aber in deinem Erfolg weißt du, dass es noch weitaus mehr gibt, worin du erfolgreich sein kannst. Wenn du in der Vergangenheit von anderen Menschen abhängig warst und dich auf sie verlassen hast, hast du Schmerz erfahren. Wenn du dich auf deine Eigenständigkeit verlassen hast, hast du Aufopferung anstelle von Mühelosigkeit erfahren und Trennung anstelle von Partnerschaft. Du hast unter Konkurrenz und Vergleichsdenken gelitten, wo Zusammenarbeit und Mühelosigkeit möglich gewesen wären.

Du magst sehr oft versucht sein, dich nur auf dich selbst zu verlassen, aber das ist Rückschritt. Du gehst einen großen Schritt hin zum Erfolg, wenn du dich nicht mehr nur auf dich selbst verlässt, sondern zur Partnerschaft und Zusammenarbeit aufsteigst. Du gehst einen noch größeren Schritt hin zum Erfolg, wenn du zu dem Stadium aufsteigst, in dem du dich auf den HIMMEL verlässt und deine Zuversicht, deine Macht und deinen Erfolg in SEINE Hände legst. Du bist aufgerufen, dich auf das zu verlassen, was unsichtbar, aber dennoch wirklicher ist als das, was du siehst. Erfolg und Hilfe werden dir jederzeit und an jedem Ort zuteil, sobald du darum bittest. GOTT will, dass dir alle Hilfe und aller Erfolg zuteilwerden, die der HIMMEL für dich bereithält. GOTT ist das Prinzip des ERFOLGES. ER ist das *SEIN* selbst, aus dem alles *Sein* herausfließt. Als ERFOLG hat GOTT uns erfolgreich erschaffen. Erfolg ist unser Erbe und unser Vermächtnis.

Deine Gedankenkraft ist gut, funktioniert aber nicht immer, während die Lösung des HIMMELS immer ein Wunder ist und immer Erfolg bringt. Lerne, dich auf den HIMMEL zu verlassen. Dann bist du auf der sicheren Seite. Bitte zu jeder Zeit und an jedem Ort um Erfolg und lerne, dass alle Macht ebenso wie aller Erfolg von GOTT ist.

83

Tyrannen und Gefängnisse

Wenn es in unserem Umfeld einen Tyrannen gibt, dann bedeutet das, dass wir uns in einem Gefängnis befinden, denn Tyrannen errichten Gefängnisse. Ein Tyrann macht andere Menschen zu seinen Gefangenen, damit sie tun, was er will. Gefangenschaft ist das Gegenteil von Erfolg. Unsere Bestimmung ist es jedoch, aus unseren Begrenzungen auszubrechen, um in immer höherem Maße erfolgreich zu sein. Muster des Tyrannen entstehen in der Kindheit meist dann, wenn wir von einem Mitglied unserer Familie oder in der Schule tyrannisiert wurden. Es kann auch sein, dass wir von einer Situation tyrannisiert wurden, die beispielsweise in der Krankheit eines anderen Menschen, in Auseinandersetzungen mit einem anderen Menschen, in seiner Abwesenheit oder in seiner Alkoholsucht bestanden haben kann. Wenn wir die Lektion als Kind nicht gelernt haben, ist die Wahrscheinlichkeit groß, dass wir jetzt von einem anderen Menschen oder von einer Situation tyrannisiert werden.

Es ist an der Zeit, dies zu ändern, weil ein Tyrann in unserem Umfeld uns entweder zum Sklaven oder zum Gefangenen macht. Wenn wir als Kind in einer solchen Situation aufgewachsen sind, bedeutet das, dass wir die Gabe besitzen, tyrannische Situationen zu heilen und den daran beteiligten Tyrannen zu erlösen.

Stelle dir vor, dass du dich wieder in dieser früheren Situation befindest. Du hast eine Seelengabe mitgebracht, weil du genau diese Situation vorausgesehen hast. Sie ist das perfekte Gegenmittel, um die Situation und den betreffenden Menschen zu erlösen. Worin besteht sie? Der HIMMEL gewährt dir in jeder Situation ebenfalls SEINE Hilfe, indem ER eine entsprechende Gabe für dich bereithält. Worin besteht die Gabe des HIMMELS? Bist du bereit, diese Gabe zu empfangen, damit du sie mit allen Menschen teilen kannst, die sie brauchen? Sie bedeutet, dass ein Aspekt deiner Lebensaufgabe darin besteht, Tyrannen vor sich selbst zu retten, und du hast diese Gabe sowohl auf der Ebene deiner Lebensaufgabe als auch auf der Ebene deiner Bestimmung in dieses Leben mitgebracht. Es ist eine Gabe, die in der betreffenden Situation eine entscheidende Veränderung bewirken würde. Die Tatsache, dass du dieses Muster in dir trägst, bedeutet, dass du eine dunkle Lektion gelernt hast, die dein Ego und nicht deinen Erfolg gestärkt hat. Der HIMMEL möchte diese Lektion durch SEINE eigene Lektion ersetzen. Bist du bereit, deine dunkle Lektion loszulassen und um die Lektion des HIMMELS zu bitten? Die Lektion des HIMMELS bewirkt überdies ein Wunder, und die Freiheit wird wiederhergestellt. Kehre nun zurück in die Gegenwart zu der Person oder Situation, mit der du es jetzt zu tun hast. Trägst du Seelengaben in dir, die konkret für diesen Menschen gedacht sind? Falls es so ist, öffne diese Gaben ebenso wie die Gabe aus deiner Kindheit. Der HIMMEL hält ebenfalls eine Gabe bereit, um sie auf die gegenwärtige Situation anzuwenden. Teile alle Gaben energetisch mit allen Menschen, die an der gegenwärtigen Situation beteiligt sind, und bitte auch hier um die Lektion des HIMMELS, damit du wieder im Frieden sein und Erfüllung erfahren kannst, indem du deine Gaben, deine Lebensaufgabe und deine Bestimmung teilst.

Die Besorgtheit aufgeben

Wir sind aufgerufen, die Besorgtheit aufzugeben, nicht aber die Fürsorge. Wir sind aufgerufen, sowohl die Schwere der Besorgtheit aufzugeben als auch die Tollkühnheit der Sorglosigkeit. Die Fürsorge, die der Besorgtheit entspringt, ist keine echte Fürsorge. Sie ist eine Rolle. Sie handelt richtig, tut es aber aus den falschen Gründen. Sie rührt nicht von Liebe und von dem Wunsch her, anderen Menschen zu dienen. Sie rührt von dem Gefühl, etwas tun zu *sollen* oder zu *müssen*, und von der Angst der Schuld her. Alle unsere Rollen fußen auf einem Urteil darüber, dass jemand in der Vergangenheit etwas falsch gemacht hat. Dieses Urteil ist von Konkurrenzdenken geprägt: „Er hat es falsch gemacht. Ich zeige ihm, wie es richtig ist." Eine Rolle ist eine Wand, die zwischen uns und einem anderen Menschen steht und deswegen zu Schwierigkeiten, Hindernissen, Fehlwahrnehmung und Erschöpfung führt statt zum Glück und der Belohnung, die von wahrem Geben und Empfangen herrührt.

Wenn du besorgt bist, kompensierst du deine Vergangenheit durch Aufopferung und trägst die Bürde der Welt auf deinen Schultern. Die Alternative besteht darin, dir für deine Vergangenheit zu vergeben. Deine Vergangenheit ist die Vergangenheit, die du erfunden hast, um deine Verbundenheit zu zerstören und unabhängig zu werden. Dies war die einzige Möglichkeit, dir das Dreigespann der Rollen aus Unabhängigkeit, Opfer und Aufopferung anzueignen. Wenn du eine dieser Rollen hast, hast du automatisch auch die beiden anderen. Ungeachtet dessen, welche Geschichte du dir selbst darüber erzählt hast, was andere Menschen für dich getan oder nicht getan, dir angetan oder nicht angetan haben, wurde sie in Angriff und Selbstangriff geschrieben, die dein Ego gestärkt und dir Geschichten der dissoziierten Unabhängigkeit, der Aufopferung und des Opfers eingebracht haben. Dein Unterbewusstsein überführt alle deine Opfergeschichten der Unwahrheit. Je mehr du Opfer warst, umso größer sind nun deine Besorgtheit oder deine Sorglosigkeit. Es gibt jedoch eine Alternative, bei der es um Sorgenfreiheit und darum geht, die Vergangenheit loszulassen, dich wieder neu der Verbundenheit und der Ganzheit zu verpflichten und den HIMMEL vorangehen zu lassen. Der HIMMEL lenkt dein Leben, bringt dir Glück und führt dich auf einen Weg der Heilung, der deine Sorgen und Kümmernisse aufhebt, die alte Akte des Angriffs verbergen.

Die Sorgenfreiheit ist unser wahrer Zustand. Wir können die Bürde der Welt von unseren Schultern nehmen und sie in die HÄNDE GOTTES legen. Wir können unser Leben zurückgewinnen, statt hart zu arbeiten, um es auf eine Weise aufrechtzuerhalten, die *uns* nicht einschließt. Nun ist es an der Zeit, dem HIMMEL die Führung zu überlassen. Der HIMMEL ist nicht religiös, sondern spirituell. Der HIMMEL und dein wahres Selbst stimmen überein. Der Wille deines Egos richtet stets die Kamera auf dich, während du kämpfst und die Bürde der Welt trägst, um deine Besonderheit für die Nachwelt festzuhalten. Es ist an der Zeit, dir selbst treu zu sein. Du weißt, dass du es bist, wenn du sorgenfrei, offen für Partnerschaft und auch dem HIMMEL treu bist.

Erfolg hängt von Überzeugung ab

Überzeugung ist sowohl Glaube als auch Absicht. Glaube gibt dir die Zuversicht, dass Erfolg möglich ist, und Absicht ist der Wille, den du in eine Situation einbringst, um das höchstmögliche Ergebnis zu erzielen. Es ist möglich, dass deine Erfahrung im Laufe deiner Entwicklung zunimmt und dir ein höheres Maß an Zuversicht gibt. Gleichzeitig können sich jedoch Zweifel einstellen und das wieder zunichtemachen, was du aus der Erfahrung gewonnen hast. Zweifel können daraus erwachsen, dass dein Ego bestimmte Dinge in Frage stellt, aber auch aus anderen Glaubenssätzen beispielsweise über Alter oder Kompetenz.

Wenn deine Bewusstseinsentwicklung voranschreitet, wird dein Ego mit seinen zahllosen sowohl positiven wie auch negativen Glaubenssätzen allmählich kleiner. Weil deine Glaubenssysteme dünner werden, kann dein wahrer Wille, der vom reinen Geist deines wahren Wesens herrührt, sich immer stärker durchsetzen.

Wenn es dir an Überzeugung fehlt, kannst du nicht auf der Welle des Tao reiten. Du treibst im Wasser und wirst von den widerstreitenden Wellen deines Bewusstseins gebeutelt, die als dein Lebensfilm zum Ausdruck kommen, der gemäß deiner heimlichen Wünsche für dich abgespielt wird.

Du kannst der Frage nachgehen, wo du dich gegenwärtig befindest, wenn es um deinen Erfolg geht:

Wie viele deiner Glaubenssysteme arbeiten für deinen Erfolg?

Wie viele deiner Glaubenssysteme arbeiten gegen deinen Erfolg?

Entscheide dich nun mithilfe deiner Willenskraft dafür, alle deine Glaubenssätze zu neuer Ganzheit zu integrieren. Nutze die entstandene Öffnung, um den Einfluss deines wahren geistigen Wesens mit seiner unerschütterlichen Identität als grenzenloses KIND GOTTES zu vergrößern.

Schon nach kurzer Zeit tritt eine neue Ebene deines Bewusstseins mit noch mehr positiven und negativen Glaubenssystemen zutage. Sie erzeugen Konflikte in Bezug auf deinen Erfolg, aber auch sie kannst du ganz einfach integrieren. Die Ganzheit, die mit jeder Integration entsteht, lässt dich die Kraft deines Willens erkennen, deine Absicht zu fokussieren.

Es kommt jedoch eine Zeit, in der du aufhörst, mit deiner Willenskraft zu lenken, und dem HIMMEL erlaubst, dir mühelose Lektionen zu bringen, um die alten, ungelernten Muster aufzulösen, die zurückgekehrt sind und dich in der Gegenwart heimsuchen. Du überlässt es dem HIMMEL, dein Leben zu lenken, weil du weißt, dass ER alle guten Dinge für dich will. Dann wird deine Überzeugung auf Abkürzungen ausgerichtet, zu denen Wunder und der heilige Augenblick gehören, in dem du dich so tief mit einem anderen Menschen verbindest, dass die materielle Welt fortfällt und sich in die GROSSEN STRAHLEN der LIEBE und des LICHTS hinein auflöst. Deine Absicht wird auf die Vereinigung mit dem EINSSEIN ausgerichtet. Auch hier hängt es wiederum von deiner Überzeugung ab, ob du diesen Zustand erreichst.

86

Die Entscheidung
für die Erinnerung

Unser Bewusstsein ist unzählige Male gespalten. Da diese Spaltungen schmerzhaft sind, dissoziieren wir sie, um sie zu überdecken. Wenn Dissoziation oder Verleugnung nicht funktionieren, lenkt der Schmerz uns von der Erinnerung ab. Um ein glückliches und nach unseren Vorstellungen erfolgreiches Leben zu führen, ist es wichtig, dass wir uns an GOTT erinnern. Wenn die Zeit abgelaufen ist, bleibt nur GOTT, und wir erkennen uns selbst im GEIST GOTTES, weil wir IHN niemals verlassen haben. Wir haben lediglich geträumt, dass wir herausgefallen sind, und nun ist es an der Zeit, uns daran zu erinnern, welche Bedeutung das EINSSEIN hat, das ewig ist. Wenn du dich dem Denken an GOTT hingibst, wird ER in deinem Geist wachsen, bis die Illusion der Trennung, die das Ego ist, verblasst und du das Paradies einmal mehr erfährst. Wenn du diesen Weg beschreitest, entdeckst du viele Abkürzungen, die dir helfen, Zeit zu sparen und die höheren Stadien des Bewusstseins zu erreichen, bis du zu guter Letzt über die Dualität von Subjekt und Objekt hinausgelangst. Dann kannst du erneut Anspruch auf das Gewahrsein und die ekstatische Freude erheben, die dich erwarten.

In *Ein Kurs in Wundern* wird gesagt, dass nur das wertvoll ist, was du mit Liebe ansiehst, und dies ist ein Zeichen dafür, dass du auf dem richtigen Weg bist, wenn du dich an GOTT erinnerst: alle und alles mit Liebe anzusehen, denn dann schließt du jeden Teil deiner selbst in Liebe ein. Wenn du alles mit Liebe ansiehst, wächst die Selbstliebe in dir. Wenn du an GOTT denkst und die GÖTT-LICHE PRÄSENZ wahrnimmst, dehnt sich auch deine Selbstliebe aus. Wenn du mit Liebe schaust, schaust du mit Vertrauen. Als Folge davon entwickelt die Welt sich auf das hin, was eine Bedeutung hat. Was du gibst und was du mit anderen Menschen teilst, bringt GOTT für dich zum Ausdruck. Wenn dies in GÖTTLICHER Fülle geschieht, hast du das EINSSEIN erreicht, das stets Teil deines Geistes gewesen ist.

Wenn du wieder in das investierst, was wirklich ist, führt es dich zu dem hin, was *Ein Kurs in Wundern* „die wirkliche Welt" nennt, einen Zustand des HIMMELS auf Erden. Wenn du in das investierst, was wirklich ist, investierst du in dich selbst, statt über dich zu urteilen und dein Bewusstsein noch stärker zu spalten. In dich selbst zu investieren heißt, dich zu einem noch höheren Maß an Ganzheit zu führen.

Es geht stets um Liebe und nicht um Trennung. Trennung ist die heimliche Absicht, die jedem negativen Ereignis zugrunde liegt, aber die Liebe und das EINSSEIN sind die letzte Wirklichkeit. Warum willst du deinen Geist in vergängliche Dinge investieren, wenn wirkliche Bedeutung und die Heimkehr zu GOTT für dich verfügbar sind?

Der Kleinheit entkommen

W ir leben in einer Welt der Kleinheit, in einer bedeutungslosen Welt banaler Ziele. Wenn sie ein Traum ist, gibt es kaum etwas, das eine Bedeutung hat. Viele spirituelle und religiöse Wege versichern uns, dass die Welt, in der wir leben, ein Traum ist, den wir träumen und dem nicht mehr Bedeutung zukommt als den Träumen, die wir nachts träumen. Wenn wir aufwachen, ist alles vergangen, aber im Traum wirkt alles äußerst real. Neue Aspekte der Quantenphysik gelangen zu ganz ähnlichen Erkenntnissen. Wir leben in einer Welt, in der alles Licht ist, und durch unsere Entscheidungen entsteht die Welt, die wir sehen. Glaubenssätze sind alte, statische Entscheidungen, die unsere Welt als Traum aufrechterhalten.

Der Zweck unserer nächtlichen Träume besteht darin, unsere Erlebnisse auf einer psychischen Ebene zu verarbeiten. Sie helfen uns, mit all dem umzugehen, was wir im Laufe des Tages nicht verarbeiten konnten. Wenn wir nicht träumen könnten, würden wir schon nach fünf Tagen erste Anzeichen einer Psychose entwickeln. Der spirituelle Zweck unseres Tagtraums besteht darin, ihm zu entfliehen und daraus zu erwachen: zu erkennen, dass wir in Platos Höhle sitzen, und uns nicht länger für die Schatten an der Wand zu interessieren, sondern die Höhle zu verlassen. Es gibt einige Mittel und Wege, diesen Prozess zu vereinfachen.

Der erste Weg, den wir gehen können, besteht darin, unsere Lebensaufgabe zu erfüllen, diesen besonderen Seelenauftrag, der *unser* Wachstum am stärksten fördert, während er gleichzeitig allen anderen Menschen hilft, ebenfalls zu größerer Einheit und zum Erwachen voranzugehen.

„Denn deine Funktion ist nicht klein, und nur dadurch, dass du deine Funktion findest und erfüllst, kannst du der Kleinheit entrinnen."

Ein Kurs in Wundern, T-15.III.3:5

Wenn wir noch atmen, haben wir noch eine Funktion zu erfüllen, die nicht nur darin besteht, glücklich zu sein und Heilung zu erlangen, wenn wir es nicht sind. Wir alle sind hier, um die Welt zu erlösen. Wir tun es dadurch, dass wir glücklich sind, Heilung erlangen und anderen Menschen helfen, vor allem aber dadurch, dass wir den Aspekt unserer Berufung erfüllen, der uns ganz allein zugedacht ist. Dies ist unsere persönliche Funktion, die nur wir erfüllen können.

In einer Welt, die sich gegen Bedeutungslosigkeit verteidigt, will unser Ego uns vermeintlich retten, indem es uns dazu bringt, banale Ziele zu verfolgen und uns mit der Kleinheit zu arrangieren. Das hat jedoch immer nur zur Folge, dass wir enttäuscht werden.

Stelle dir also vor, dass dein Leben ein großes Videospiel ist und nur das Maß, in dem du liebst und gibst, dein Bewusstsein erweitert und dir eine echte Bedeutung gibt. Diese Bedeutung kann dir nicht nur helfen, dem Spiel zu entkommen, sondern mehrt auch das, was jenseits des Spiels liegt. Je mehr wir geben und die Vergebung als eine der höchsten Formen des Gebens einbeziehen, umso größer ist das Maß an Wahrheit, Freiheit und Glück, das wir besitzen. Geben und Vergeben erweitern unser Bewusstsein, bis wir über das Bewusstsein hinaus zum Gewahrsein der Ewigkeit erhoben werden. Das letzte Ziel besteht in der Erkenntnis, dass wir unsere Welt gemacht haben und dass sie ein Traum ist, damit wir unser Selbst loslassen und uns zu unserem SELBST bekennen können.

Gib also, als ob es deine letzte Möglichkeit wäre. Liebe, als ob es kein Morgen gäbe. Lebe deine Lebensaufgabe. Diese Dinge helfen dir, der Kleinheit zu entkommen. Diese Dinge helfen dir zu erwachen. Diese Dinge helfen dir, auf dem Weg zum Erwachen einen glücklichen Traum zu träumen. Es gibt so viel zu tun und noch mehr zu vergeben. Wir können diese Welt wieder zu einem HIMMEL auf Erden machen. Wir wollen unseren Teil dazu beitragen und der Kleinheit entkommen, damit wir zur wahren Größe dessen gelangen können, der wir wirklich sind. Nur unser Zweifel daran, dass wir die Essenz der Liebe sind, als die wir geschaffen wurden, bringt uns dazu, uns selbst anzugreifen und uns zutiefst unwürdig zu fühlen, statt ganz einfach unsere Lektion zu lernen. Wenn wir geben, lieben, vergeben und unsere Lebensaufgabe annehmen, erinnern wir uns immer mehr daran, wer wir sind, und das macht uns glücklich.

Was du mit Liebe herbeirufst, wird zu dir kommen

Bedürfnisse suchen, weil sie einsam und leer sind. Bedürfnisse entstehen durch den Verlust der Verbundenheit und sind immer ein Zeichen von Schmerz. Der Verlust der Verbundenheit führt dazu, dass wir leiden und dass unser Bewusstsein gespalten ist. Der bewusste Anteil unseres gespaltenen Bewusstseins will Liebe und Erfolg, während der verborgene Anteil nicht nur Unabhängigkeit, sondern auch bestimmte Belohnungen will, die das Ego aufbauen. Das bringt uns in einen Zwiespalt, wenn es darum geht, das zu empfangen, was wir wollen, weil das Ego, das aus Trennung besteht, die Trennung und damit sich selbst nicht verlieren will. Deswegen schlägt es uns vor, die Dinge, die wir haben wollen, außerhalb von uns zu bekommen oder zu nehmen. Bekommen und Nehmen erzeugen jedoch Gier, machen uns noch unzufriedener und haben Niederlage und Herzensbruch zur Folge.

Das Problem reicht jedoch noch weiter zurück als bis zu dem selbstsabotierenden Mechanismus des Egos, äußere Dinge zu bekommen. Es beginnt damit, dass wir unser Bewusstsein noch auf eine andere Weise spalten. Wir urteilen über uns selbst. Um die Dinge zu verbergen, über die wir urteilen und um derentwillen wir uns schuldig fühlen, spalten wir diesen Anteil unseres Bewusstseins ab und projizieren ihn nach außen auf die Welt. Wenn die Zeit kommt, in der wir uns leer und bedürftig fühlen, fangen wir an, nach dem zu suchen, was uns fehlt, und das ist ironischerweise genau das, was wir nicht wirklich wollen. Deshalb ist es nicht verwunderlich, dass wir uns quälen müssen, um es zu bekommen. Der Grund liegt darin, dass wir das, was wir wollen, bereits verurteilt und zurückgewiesen haben. Niemand außer uns selbst kann uns etwas vorenthalten. Wir bekommen nie genug von dem, was wir nicht wirklich wollen.

Du kannst darum bitten, dass der verborgene Anteil deines Bewusstseins, der sich verurteilt, schuldig, ungeliebt und unabhängig fühlt, mit dem Anteil deines Bewusstseins verbunden wird, der wirklich will, was du willst, damit du deine Ziele mühelos erreichen kannst. Bitte den HIMMEL und dein höheres Bewusstsein darum, die Spaltung, die Angst, Schmerz, Schuld und das Verlangen nach Trennung in sich birgt, mit dem zu integrieren, was du wirklich willst.

Liebe das, was du willst, denn Liebe lädt ein und heißt willkommen. Liebe ist die stärkste Kraft, die es gibt. Verwechsle ein Bedürfnis nicht mit Liebe, denn ein Bedürfnis ist ein Mechanismus, um etwas zu bekommen, das dir aber nie Befriedigung bringen wird. Liebe ist Geben, Teilen, Ausdehnen und Empfangen. Liebe lockt das herbei, was du willst. Sie ruft sanft und unwiderstehlich zu dem hinaus, was scheinbar außerhalb von dir ist. Rufe also mit Liebe, damit das, was du rufst, mühelos zu dir hingezogen wird.

89

Gott ist wirklich

Wir sind in so hohem Maße in unserem Leben und in der Welt gefangen, dass wir rasch vergessen können, worum es im Leben überhaupt geht. Wir streben nach Erfolg, aber wir vergessen dabei, dass wir Erfolg sind. Das Prinzip des Erfolges hat uns als Erfolg geschaffen. Gott ist wirklich. Das mögen wir zwar glauben, aber wir leben nicht so, als sei es wahr. Am Ende des 19. Jahrhunderts hat Friedrich Nietzsche etwas geschrieben, das sehr oft missverstanden wurde. Er sagte: „Gott ist tot." Damit meinte er nicht, dass Gott tot sei, sondern dass die Menschen so lebten, als ob er tot sei. Das Denken wurde damals bereits sehr stark von bürgerlichen Werten bestimmt, und die Menschen wurden nicht mehr wegen ihrer Seele, sondern wegen ihrer Nützlichkeit wertgeschätzt. Dies veränderte die Gesellschaft, die sich von den Grundlagen spiritueller Werte entfernte und dem Nützlichkeitsdenken der neuen Mittelschicht zuwandte. Diese Mittelschicht rechtfertigte ihre Existenz, indem sie sich zwischen der Oberschicht des Adels und der Unterschicht der Hörigen entwickelte. In der Feudalgesellschaft hatten alle Menschen einen Wert, weil sie eine Seele besaßen. Zu Nietzsches Zeit schien der Prozess, in dem die spirituellen Werte durch materielle Werte abgelöst wurden, bereits abgeschlossen. Nun findet auf der persönlichen Ebene jedoch eine spirituelle Wiedergeburt statt, weil die Gnade auf der Erde immer mehr zunimmt.

Wenn wir voll und ganz begreifen würden, dass Gott wirklich ist, dann würde sich alles verändern. Wir würden jeden Menschen wieder wertschätzen, weil Gott in jedem Menschen ist, ganz gleich, ob er es weiß oder nicht. Das hätte zur Folge, dass wir von der dissoziierten Unabhängigkeit und der Leblosigkeit, die von Konkurrenz, Konsumdenken und Gier herrührt, aufsteigen könnten zur wechselseitigen Abhängigkeit, die erneuerte Partnerschaften, Ebenbürtigkeit, den Wunsch nach Gegenseitigkeit, die Wertschätzung des Weiblichen und eine neue Fähigkeit zu empfangen bringt. GOTT ist wirklich, und wir haben Hilfe.

GOTT ist wirklich, und ER gibt allen alles. Antworten sind für uns verfügbar, wenn wir darum bitten. Wir haben unser Ego aufgebaut, aber nun wird es nicht mehr länger gebraucht. Wir könnten zulassen, dass jede Entscheidung für uns getroffen wird. Wir könnten die Mauern der Trennung, der Schuld und der Angst abbauen, aus denen das Ego besteht, das sich von Angriff und Selbstangriff nährt. Wir könnten den HIMMEL auf Erden haben, indem wir zuerst durch unsere gegenwärtigen Probleme hindurch- und dann weiter auf die höheren Ebenen der Liebe und des Erfolges vorangehen – bis wir schließlich das große Glück erreichen. Je weiter wir über Polarisierung, Dualität und die Trennung hinausgelangen und sie durch das Ziel größerer Einheit ersetzen, umso mehr können wir das große Glück erfahren. Wenn wir weiterhin in unser Ego und in seine Besonderheit investieren, dann investieren wir in unseren eigenen Niedergang, weil das Ego sogar in diesem Augenblick unseren Tod plant. Es ist an der Zeit, dass wir in das investieren, was einen wirklichen Wert besitzt. Das bringt uns voran zum GARTEN, der ein Zustand des HIMMELS auf Erden ist. Ist das nicht der eigentliche Sinn und Zweck von Erfolg?

Vielen Menschen wurden religiöse Dogmen regelrecht aufgezwungen. GOTT wurde zu einer politischen Angelegenheit, zu einer Angelegenheit unwahrer Macht. Das hatte zur Folge, dass sehr viele Menschen das Kind wieder einmal zusammen mit dem Bade ausgeschüttet haben. Wir haben GOTT zusammen mit der Religion vor die Tür gesetzt. Aber GOTT ist wirklich. Wir mögen ein verlorener Sohn gewesen sein, aber nun ist es an der Zeit, zu einem liebenden VATER heimzukehren.

Die Hilfe ist hier. Der Trost ist hier. Die Gnade ist hier. Wunder sind verfügbar. Wir könnten zulassen, dass GOTT uns hilft. Wir könnten einen Weg finden, der uns nach Hause zurückbringt.

Die tiefste Angst auf der unbewussten Ebene ist die Angst vor GOTT. Weil wir GOTT angegriffen haben, glauben wir, uns einen mächtigen Feind geschaffen zu haben. Weil wir glauben, dass wir uns vom EINSSEIN getrennt haben, glauben wir auch, dass GOTT uns wegen unserer Rebellion und unserer Lasterhaftigkeit verfolgt. Doch GOTT ist die LIEBE, sodass es nichts gibt, was ER zu vergeben hätte. Unter allen unseren Ängsten liegt die Angst vor GOTT als LIEBE verborgen. Wir haben Angst, dass, wenn wir unsere Schuld und unsere Rache aufgeben, der Ruf der LIEBE an unser essenzielles Selbst als Liebe so stark wäre, dass wir mit einem einzigen Sprung in den HIMMEL zurückgelangen würden. Wir haben

Angst, dass wir die Identität, die wir aufgebaut haben, ebenso verlieren würden wie die Welt, die wir in unserem Tagtraum geschaffen haben. Das, was wir aufgebaut haben, ist uns lieb und teuer, selbst wenn es eine Illusion ist, selbst wenn es unwahr ist.

Als wir träumten, wir seien aus der Ewigkeit herausgefallen, hat GOTT den HEILIGEN GEIST geschickt, um uns den Rückweg zu weisen. Wenn wir das höchste Ziel anstreben, das in Liebe und Heilung besteht, um den Weg zurück zur WAHRHEIT als GOTT zu finden, dann investieren wir in das, was in einer Welt der Illusion eine Bedeutung hat. Der Weg wird mühelos und herrlich sein, weil wir alles zurückgewinnen, was wir verloren haben. GOTT ist wirklich. Warum vergeuden wir unsere Zeit?

Das Problem des Rückzugs

Das Problem des Rückzugs besteht darin, dass er eine Form von Ärger ist. Je mehr Ärger – ganz gleich, in welcher Form – du zulässt, umso mehr verstärkst du sowohl die Schuld als auch die Angst, die deinen Erfolg blockiert. Rückzug verhindert nicht nur, dass du empfangen kannst, sondern zwingt dich auch in eine Rolle, die ebenfalls verhindert, dass du empfängst.

Jedes Mal, wenn wir verletzt wurden, einen Herzensbruch oder ein Trauma erlitten haben, haben wir uns zurückgezogen. Jedes Mal, wenn wir zum Opfer gemacht wurden, haben wir uns zurückgezogen. Jedes Mal, wenn wir die Verbundenheit verloren haben, haben wir uns zurückgezogen. Alle diese Dinge führen dazu, dass wir uns aufopfern, und Aufopferung lässt nicht zu, dass wir empfangen. Sie ist ein Angriff, der vor allem gegen das Weibliche gerichtet ist, und macht uns hartherzig.

Rückzug bedeutet, dass wir nicht akzeptieren, was geschehen ist. Das schließt den Schmerz in uns ein, was dazu führt, dass ein Teil von uns emotional erstarrt ist und nicht erwachsen wird. Dies verursacht zu einem späteren Zeitpunkt in unserem Leben neuen Schmerz.

Es gibt einen Weg, den Rückzug zu beenden und die Verbundenheit zu erneuern, sodass du den nächsten Schritt gehen kannst. Rufe dir für die folgenden Übungen ein Problem ins Gedächtnis, mit dem du es gegenwärtig zu tun hast, weil jedes Problem einen Ort des Rückzugs widerspiegelt. Frage dich, wie viele Türen du geschlossen hast, sodass das Problem entstehen konnte. Entscheide dich dafür, sie alle zu öffnen. Frage dich dann, wie viele Schritte du dich von der Verbundenheit zurückgezogen hast, sodass das Problem entstehen konnte. Entscheide dich dafür, vorzutreten und dich wieder neu zu verbinden. Frage dich, zu wie viel Prozent du dich weggeworfen hast. Entscheide dich dafür, diesen Prozentsatz wieder willkommen zu heißen.

Frage dich anschließend, wie viele Schritte die Verbundenheit entfernt ist, die du zurückgewiesen hast, sodass dieses Problem entstehen konnte. Frage dich, worin das ursprüngliche Thema bestanden hat, das dich dazu gebracht hat, dich zurückzuziehen, und entscheide dich einfach dafür, diese Situation nun zu akzeptieren. Akzeptanz ist ein Paradoxon, das dir erlaubt, das Thema loszulassen, sodass neuer Fluss entstehen kann. Integriere im nächsten Schritt das Thema, um das es ging. Integriere die Menschen als Stellvertreter deiner inneren Selbstkonzepte, mit denen du dich im Konflikt befunden hast. Frieden und ein neues Maß an Ganzheit ebenso wie Selbstvertrauen, Offenheit und Rückhaltlosigkeit sind die Folge.

Wenn du dich also einhundert Schritte von deiner ursprünglichen Verbundenheit entfernt hast, entscheide dich dafür, zu akzeptieren, dass dies geschehen ist. Wie viele Schritte kannst du der Verbundenheit nun näher kommen? Worin besteht der nächste Aspekt, den du in Bezug auf die Situation nur schwer akzeptieren kannst? Denke daran, dass du dich von dem, was du nicht akzeptieren willst, auch nicht befreien kannst. Eine Situation ändert sich erst, wenn du dich dafür entscheidest, sie so zu akzeptieren, wie sie ist, und auch deine Emotionen ändern sich erst, wenn du akzeptierst, wie du dich fühlst – nicht nur als das Opfer, sondern als derjenige, der sich aufgrund seiner falschen Geisteshaltung von der Verbundenheit zurückgezogen hat. Wenn du die Situation und deine Emotionen annimmst, kannst du sie loslassen, sodass sie dich nicht bedrängen, sondern wieder in die richtige Perspektive gerückt werden. Dann werden sie auch nicht vergraben, weil du deinen Anteil daran nicht akzeptieren kannst. Akzeptanz erlaubt dir, die Verbundenheit zurückzugewinnen, die du verloren hast.

Jedes Mal, wenn du etwas akzeptierst, dem du zuvor Widerstand geleistet hast, kommen die ursprüngliche Verbundenheit und die daran beteiligten Menschen dir auf eine wahrhaftige Weise näher, die Verletztheit, Herzensbruch und zerschlagene Träume, Opferdenken, Schuld, Verlust, Angst, Gefühle der Unzulänglichkeit, Unwürdigkeit, Hass und Selbsthass, Muster der Niederlage, der falschen Geisteshaltung und des Rückzugs beseitigt. Während du die einzelnen Schritte gehst, nimm wahr, wie die ursprüngliche Szene dir mit einem höheren Maß an Nähe und Erfolg immer näher kommt, bis sie eins mit dir wird, weil du alles akzeptierst.

91

Du regst dich niemals aus dem Grund auf, den du meinst

„Du regst dich niemals aus dem Grund auf, den du meinst." Dies ist ein wichtiges Zitat aus *Ein Kurs in Wundern*. Wir regen uns auf, weil wir glauben, dass jemand oder etwas uns von dem fernhält, was wir wollen, obwohl in Wirklichkeit nur wir selbst die Macht dazu besitzen. Unsere Aufregung ist ein Hinweis darauf, dass wir uns auf äußere Umstände verlassen und glauben, dass äußere Umstände uns im Weg stehen. Wenn die Dinge nicht so laufen, wie wir es wollen, regen wir uns auf. Es ist wichtig, dass wir erkennen, ob und wann wir außerhalb von uns nach Erfolg suchen. Wenn wir es tun, sind Schwäche, Krankheit, Enttäuschung, Desillusionierung und Schuldzuweisungen die Folge. Auf der tiefsten Ebene haben wir die Welt nach außen projiziert. Anschließend wollen wir unsere Bedürfnisse durch das erfüllt haben, was wir aus unserer Angst und Schuld heraus abgespalten und nach außen projiziert haben. Wir projizieren auch unsere Schuld und unseren Selbstangriff nach außen. Unser Bewusstsein ist bereits gespalten im Hinblick auf das, was wir wollen. Wir wollen es und wollen es gleichzeitig nicht. Das macht Erfolg zu einer rein zufälligen Sache. Wir arbeiten hart für etwas, von dem wir auf einer unterbewussten Ebene gar nicht sicher sind, dass wir es überhaupt wollen. Nur wir selbst können uns etwas vorenthalten, und unsere unterbewussten Entscheidungen bestimmen, was wir uns zugestehen und was nicht. Ein Aspekt dieses Selbstentzuges ist Selbstangriff, während der andere Aspekt das Verlangen ist, unsere Unabhängigkeit zu bewahren.

Unsere Aufregung kann uns also als Hinweis darauf dienen, wo *wir unserem Erfolg im Weg stehen*. In unserer so geschäftigen Zeit übertünchen wir unsere emotionalen Verstimmungen und versuchen, über sie hinauszugelangen und sie möglichst weit hinter uns zu lassen, ohne dass wir uns mit ihnen befassen. Das hat zur Folge, dass wir sie in unserem Bewusstsein speichern, sie dissoziieren und die Gelegenheit versäumen, eine Anhaftung und ein Muster zu heilen, das uns daran hindert, erfolgreich zu sein. Wenn wir uns ein wenig Zeit nehmen, uns mit unseren emotionalen Verstimmungen zu befassen, und uns von den damit verbundenen Emotionen zeigen lassen, wo wir anhaften, dann können wir diese Anhaftungen loslassen.

Anhaftungen verhindern, dass wir empfangen können. Sie ahmen Verbundenheit nach, basieren jedoch auf Verlust und auf einem Mangel an Wert sowohl in Bezug auf uns selbst als auch in Bezug auf das, was wir verloren haben. Wenn wir etwas wirklich wertgeschätzt hätten, könnten wir es – ungeachtet der Proteste unseres Verstandes – nicht verloren haben. Anhaftungen bringen jeden Fluss zum Stillstand und erschweren jede Kommunikation, und das ist das genaue Gegenteil von Verbundenheit. Wenn du verbunden bist, kannst du ganz natürlich geben und empfangen und gelangst in einem natürlichen Fluss voran. Sobald du deine Emotionen und Anhaftungen loslässt, kannst du nach den Selbstkonzepten suchen, die unter dem Verlust verborgen liegen. Du wirst die bewussten Selbstkonzepte finden, die unter dem Verlust leiden. Du wirst aber auch die verborgenen Selbstkonzepte finden, die dieses Ereignis geplant haben und auf eine Belohnung aus waren, die zum Beispiel in Kontrolle, in Kleinheit oder in Unabhängigkeit bestehen kann.

Wenn du dazu bereit bist, lasse alle deine Anhaftungen los, weil sie deinem Glück im Weg stehen. Wenn du zu guter Letzt auch deine äußere Suche loslässt, kannst du das natürliche Glück und den natürlichen Erfolg annehmen, der unter dem verborgen lag, woran du angehaftet hast. Nimm deine innere Ganzheit an und teile sie mit mindestens einem anderen Menschen, denn dies verstärkt die Wahrnehmung, dass sie deine Gabe ist, die du geben und mit anderen Menschen teilen kannst.

Brauchst du Hilfe?

I mmer wenn wir vor einem Problem stehen, brauchen wir Hilfe. Viele Menschen arbeiten dann härter, rackern sich ab, strengen sich noch mehr an. Sie verlassen sich nur auf ihren eigenen Verstand, der manchmal zwar brillant sein mag, aber trotzdem nicht immer Erfolg bringt. Häufig verfallen wir in denselben alten Trott, wenn wir versuchen, dieselben Probleme zu lösen. Psychologen haben in Versuchen lebensgroße Irrgärten gebaut und herausgefunden, dass Menschen weit weniger einfallsreich sind als Ratten, wenn es darum geht, den Weg hinaus oder den Preis zu finden, und dass sie oft immer wieder zu ein und derselben leeren Sackgasse zurückkehren, in der keine Belohnung auf sie wartet.

Viele befragte Sportler erklären, dass sie in ihrer Disziplin lieber Glück hätten, als gut darin zu sein. Wenn du lernst, auf die Gnade zu vertrauen, die vom HIMMEL durch dein höheres Bewusstsein zu dir kommt, dann vertraust du auf die höchste Form von Glück und Fluss, die es gibt. In dem Maße, in dem sich zwischen dir und dem HIMMEL eine Partnerschaft entwickelt, wächst auch deine Verbundenheit mit anderen Menschen und mit dem Leben. In dem Maße, in dem deine Verbundenheit wächst, wächst auch deine Macht, das zu verwirklichen, was du willst, und die Dinge zu haben, die du dir wünschst. Was du für das Mittel zum Erfolg hältst, wandelt sich allmählich von außen nach innen. Liebe, Heilung und Freude treten stärker in den Vordergrund. Das innere Leben gewinnt allmählich den Vorrang vor dem äußeren Leben, und du erkennst, dass es einen GOTT gibt, auf den du vertrauen kannst, statt Besonderheit und Stolz zu deinen Göttern zu machen. Hier verwandelst du deine Verletzungen in die besonderen Gaben der Heilung, die darunter verborgen liegen, statt durch Versagen die Aufmerksamkeit auf dich zu richten oder deinen Erfolg zur Selbstverherrlichung zu benutzen. Statt den Scheinwerfer auf dich selbst zu richten, findest du die Erfüllung, die daher rührt, dass du deine Berufung lebst und dich rückhaltlos hingibst.

An unserem Lieblingsstrand in Hawaii war ich einmal in einer starken Strömung gefangen, die mich trotz meiner Bemühungen, ihr zu entkommen, an ein und derselben Stelle festhielt. Links und rechts von mir waren zwei Riffe, aber ich war jeweils etwa zehn Meter von ihnen entfernt und kam einfach nicht von der Stelle. Nachdem ich zehn Minuten gekämpft hatte und allmählich erschöpft war, erkannte ich, dass ich entweder eine Anstrengung auf Leben und Tod unternehmen konnte, um den Strand zu erreichen, an dem mein Freund stand und mir winkte, oder dass ich den einfachen Weg gehen und um Hilfe bitten konnte. Da ich im Leben schon so vielen Menschen geholfen hatte, war ich zuversichtlich, dass ich nun auch für mich selbst um die Hilfe bitten konnte, die ich brauchte. Die Hilfe, die du anderen Menschen gewährst, lässt dich erkennen, dass Hilfe auch für dich verfügbar ist, wenn *du* sie brauchst. Ich bat also einfach um die Hilfe des HIMMELS. Nach etwa einer Minute tauchten zwei Surfer, ein Mann und eine Frau, scheinbar aus dem Nichts auf. Sie waren auf dem Weg hinaus zu den großen Wellen, um dort zu surfen. Als sie mich sahen, fragte der Mann, ob ich Hilfe bräuchte, und nach einem ganz kurzen Zögern antwortete ich: „Ja. Ich brauche Hilfe." Daraufhin gab er mir eins der Surfbretter, und seine Freundin zog mich zurück zum Strand, der etwa hundert Meter entfernt war. Ich war müde und dankbar dafür, dass der HIMMEL mir diese beiden Surfer geschickt hatte.

Wenn du die Verantwortung für deine Situation übernehmen kannst, wartet der HIMMEL darauf, dir zu helfen. Du brauchst nur darum zu bitten. Deine Bitte um Hilfe macht alle Hilfe für dich verfügbar, die du brauchst und die stets gegeben wird. Ich sage manchen Klienten: „Warte nicht, bis die Situation zu einem Notfall geworden ist, ehe du um Hilfe bittest. Ich spreche aus Erfahrung."

Die Bitte um Hilfe ist der beste Weg, um zu erkennen, dass Hilfe für dich verfügbar ist. Wenn du einmal erkannt hast, dass der HIMMEL hinter dir steht, kannst du dich mit vollkommener Sicherheit in jede Lernsituation hineinwagen, weil du weißt, dass Wunder die Antwort des HIMMELS auf jede Herausforderung sind.

Hüte dich jedoch davor, einem anderen Menschen die Schuld an deinem Problem zu geben, denn dies ist eine der Wurzeln aller Probleme und eine Strategie des Egos, die deine Besonderheit hervorheben soll, ohne Verantwortung zu übernehmen. Lasse diese Urteile los. Wenn du die tieferen Ebenen deines Bewusstseins kennen würdest, wüsstest du, dass niemand außer dir dich verletzen kann. Lasse zu, dass der HIMMEL dir hilft. Je mehr Hilfe du empfängst, umso mehr Hilfe kannst du geben. Das macht sowohl dich als auch den HIMMEL glücklich, so wie jeder liebende Elternteil glücklich ist, wenn sein Kind Hilfe empfängt, und stolz, wenn es Hilfe gewährt.

93

Der glückliche Traum

„Die Welt, die er sieht, existiert deshalb nicht."

Psychotherapie: Zweck, Prozess und Praxis, P-1.I.4:3

Row, row, row your boat gently down the stream. Merrily, merrily, merrily, merrily, life is but a dream.

Nicht nur das bekannte amerikanische Kinderlied, sondern auch Hinduismus und Buddhismus, *Ein Kurs in Wundern* und die Kabbala sprechen vom Leben als eine Illusion, als Traum und als Maya. In der Bibel heißt es, dass Adam in einen tiefen Schlaf fiel, aber nirgendwo steht, dass er wieder aufgewacht ist.

Träume rühren von Trennung her, die der Ursprung von Illusionen, Verlust, Angst, Bedürfnis, Widerstand, Schwäche und Schuld ist. Wir kompensieren unseren Verlust und unsere Illusionen, indem wir träumen. Wir träumen von dem, was wir uns wünschen, denn alle Träume, ob Wach- oder Schlafträume, sind eine Form von Wunscherfüllung, um das auszugleichen, was in unserem Leben fehlt. Träume sind eine Kompensation. Es sind Abwehrmechanismen, die Angst verbergen sollen, uns aber nicht von der Angst befreien. Alle Träume, ob positiv oder negativ, verbergen Angst, und außerdem zeigen sie ein Bedürfnis. Träume sind ein Versuch, etwas zu bekommen, das wir verurteilt und von dem wir uns dann durch Trennung abgespalten haben. Die Kluft zwischen uns und der Erfüllung unserer Träume ist jedoch mit Angst, Schuld, Widerstand und Gefühlen der Unzulänglichkeit ausgefüllt. Tatsächlich tragen wir das, wonach wir suchen, in uns. Unser Urteil hat es lediglich nach außen projiziert. Etwas außerhalb von uns zu brauchen ist gleichbedeutend mit Angst.

„Die Träume, welche du zu mögen glaubst, sind die, in denen die Funktionen, die du [ihm] zugewiesen hast, erfüllt worden sind, in denen den Bedürfnissen, die du dir zuschreibst, entsprochen worden ist. Es ist nicht von Belang, ob sie Erfüllung finden oder bloße Wünsche sind. Es ist die Idee, sie existierten, aus der die Ängste aufsteigen."

Ein Kurs in Wundern, T-29.IV.4:3-5

Angst, Bedürfnis, Schuld, Widerstand und Schwäche machen die Erfüllung unserer Träume zu einer äußerst anstrengenden Angelegenheit. Selbst wenn es uns gelingt, ist unser Glück jedoch nicht von Dauer, weil das Bedürfnis, das heute genährt wird, morgen wieder hungrig ist.

„Er muss willens werden, sein Denken umzukehren und zu verstehen, dass das, wovon er glaubte, es habe seine Wirkungen auf ihn projiziert, durch seine Projektionen auf die Welt gemacht wurde."

Psychotherapie: Zweck, Prozess und Praxis, P-1.I.4:2

Es gibt drei Dinge, die direkt zu einem glücklichen Wachtraum führen. Erstens müssen wir aufhören, darüber bestimmen zu wollen, wie jeder und alles im Traum zu sein hat. Tun wir es nicht, sind Enttäuschung, Schmerz, Verlust und Leiden die Folge. Zweitens müssen wir vergebende Träume träumen, da sie zu glücklichen Träumen und zur Erneuerung von Zuversicht und Ganzheit, Verbundenheit und Selbstliebe führen. Drittens müssen wir anderen Menschen helfen und alle Träumer lieben, von denen wir umgeben sind.

„Träume werden nicht mehr oder weniger gewünscht. Das Verlangen nach ihnen besteht oder nicht. Und jeder stellt irgendeine Funktion dar, die du zugeteilt hast, irgendein Ziel, das ein Ereignis, ein Körper oder eine Sache darstellen und für dich erreichen *soll*. Wie glücklich würden deine Träume werden, wenn du nicht jener wärst, der jeglicher Figur, die der Traum enthält, die „richtige" Rolle zuerteilte."

Ein Kurs in Wundern, T-29.IV.4:6-8, T-29.IV.5:1

„Wozu ist dein Bruder da? Du erkennst es nicht, weil deine Funktion für dich verschleiert ist. Teile ihm keine Rolle zu, von der du dir einbildest, sie würde dir Glück bringen. Und versuche nicht, ihn zu verletzen, wenn er nicht die Rolle übernimmt, die du ihm zugeteilt hast in dem, wozu nach deinem Traum dein Leben auserkoren war.

In jedem seiner Träume bittet er um Hilfe, und du kannst ihm Hilfe geben, wenn du die Funktion des Traumes so siehst, wie ER dessen Funktion wahrnimmt, DER alle Träume als Mittel nutzen kann, um der Funktion zu dienen, die IHM gegeben ist. Weil ER den Träumer liebt und nicht den Traum, wird jeder Traum zu einer Liebesgabe. Denn in dessen Mittelpunkt steht SEINE LIEBE zu dir, die jede Form, die er auch immer annimmt, mit Liebe erhellt."

Ein Kurs in Wundern, T-29.IV.6:1-7

Du wirst also glücklich, wenn du aufhörst, anderen Menschen eine Rolle in deiner Geschichte zu übertragen. Dass du ihnen eine Rolle zugeteilt hast, erkennst du daran, dass du früher oder später über sie urteilst, dich verletzt fühlst oder dich ärgerst, weil sie die Rolle nicht ausgefüllt haben, die du, der Held der Geschichte, ihnen als deinen Nebendarstellern zugewiesen hattest. Du bist rechtschaffen wütend oder verletzt, wenn sie nicht den Part übernommen haben, der dein Bedürfnis erfüllt hätte. Die Liebe macht uns immer glücklich. Geben, das als Liebe maskiert ist, um zu nehmen, ist das, was zum Herzensbruch führt.

Wir sind automatisch glücklich, wenn wir aufhören, anderen Menschen eine Rolle zuteilen zu wollen. Vergebung befreit sie außerdem von ihren Fehltritten in unserem Film und davon, dass sie einen eigenen Willen haben wollen. Vergebung erneuert auch die Verbundenheit, die wir verloren hatten, und die Ganzheit, die Frieden und Freude bringt. Die Träumer zu lieben und nicht über ihre Träume zu urteilen, ist zu guter Letzt die Funktion, die der HIMMEL uns zugewiesen hat. Wir könnten den HIMMEL einfach den HIMMEL sein lassen, und wir könnten einfach der sein, der wir sind, nämlich GOTTES Kind. Kontrolle und Urteile sind das, was uns daran hindert, die höchste Form des Traums zu träumen – einen glücklichen Traum, ehe wir erwachen.

Geschäftigkeit verbirgt Zwiespältigkeit

Geschäftigkeit verbirgt unsere Zwiespältigkeit, wenn es darum geht, glücklich zu sein oder Erfolg zu haben. Geschäftigkeit ist nicht nur eine Ablenkung, sondern auch eine Verzögerungstaktik. Buddha hat einmal gesagt, dass wir sowohl die Geschäftigkeit als auch die Faulheit benutzen, um dem Glück aus dem Weg zu gehen. Geschäftigkeit ist eine Abwehrstrategie gegen den stillen Geist, in dem Frieden, Freude und GOTT zu finden sind. Geschäftigkeit setzt Adrenalin an die Stelle des echten Kontakts, der sowohl Nähe als auch Erfolg bringt. Im stillen Geist finden wir die Zeitlosigkeit des *Seins* und können einmal mehr das PARADIES im Leben erfahren.

Wir benutzen unsere Geschäftigkeit, um uns einen Wert zu geben, aber wie jeder Abwehrmechanismus verhindert sie, dass wir empfangen können, und führt deshalb zum Burnout. Geschäftigkeit erhält die Aufopferung am Leben, die Schwere der Bürde und den Glauben, dass wir alles aus eigener Kraft erreichen müssen. Der Verlust unserer Verbundenheit lässt Geschäftigkeit anstelle von Zugehörigkeit entstehen. Sie soll alle Verluste kompensieren, die zur Depression führen. Wir versuchen, unserer Depression immer einen Schritt voraus zu sein, können aber niemals langsamer werden, weil sie uns direkt auf den Fersen ist. Ein Schritt der Heilung, der Frieden und Ganzheit bringt, besteht darin, unsere Depression und unsere Geschäftigkeit zu integrieren. Jedes Mal, wenn wir eine weitere Schicht unserer Geschäftigkeit integrieren, fällt die Depression fort, und unsere Zwiespältigkeit nimmt ab.

Unsere Geschäftigkeit verbirgt fast immer unsere Zwiespältigkeit im Hinblick auf den nächsten Schritt in Nähe und Erfolg. Der Verlust der Verbundenheit geht mit einem gespaltenen Bewusstsein einher. Ein Teil von uns will den Erfolg und die Liebe, die wir verloren haben, während der andere Teil die Besonderheit und die Unabhängigkeit will, die das heimliche Ziel unseres Verlustes waren.

Das heißt, dass wir unser Ziel erreichen wollen, es gleichzeitig aber auch nicht erreichen wollen. Wir wollen Liebe und wollen sie gleichzeitig nicht, und wir verbergen den Anteil unseres Bewusstseins, der sie nicht will, damit wir sie wollen können. Wir erzählen uns eine Geschichte, der zufolge wir nur erfolgreich sein wollen, aber wenn wir wirklich nur erfolgreich sein wollten, hätten wir nichts als Erfolg. Unsere Zwiespältigkeit sorgt dafür, dass wir gegensätzliche Absichten verfolgen, und das macht es ausgesprochen schwierig, unsere Ziele zu erreichen. Das Maß unserer Geschäftigkeit entspricht dem Maß unserer Zwiespältigkeit. Wir können nach außen hin geschäftig wirken, aber nach innen gleichzeitig von Frieden erfüllt und frei von Stress sein. Das Maß, in dem wir gestresst sind, entspricht dem Maß, in dem unser Ego darauf abzielt, Aufmerksamkeit zu erlangen. „Schaut mich an. Seht nur, wie schwer die Dinge für mich sind. Ich muss wichtig sein. Schaut nur, wie viel ich zu tun habe." Stress blockiert jedoch sowohl Effektivität als auch die Fähigkeit, zu empfangen. Wenn wir empfangen, dann ist das ein Zeichen dafür, dass wir unsere Zwiespältigkeit zumindest teilweise überwunden haben.

Geschäftigkeit neigt dazu, unsere Aufmerksamkeit im Traum nach außen anstatt nach innen gerichtet zu halten. Der Blick nach innen ist der beste Weg, um ins PARADIES und schließlich zum Licht des HIMMELS zurückzugelangen. Wenn unsere Geschäftigkeit uns Stress verursacht, ist es schwierig, liebenswürdig und gütig zu sein, und es werden Menschen geopfert in unserem Bemühen, uns um alles zu kümmern. Um in Frieden zu sein, müssen wir die Worte Jesu beherzigen und „in der Welt, aber nicht von der Welt" sein.

Manche Menschen haben eine Lebensaufgabe, die dafür sorgt, dass sie auf ganz natürliche Weise geschäftig sind, aber wir alle sind zu der inneren Ruhe aufgerufen, die unsere Verbindung mit dem HIMMEL stärkt. So werden Ziele durch Gnade gelenkt und verwirklicht. Wir alle sind dazu aufgerufen, denn unsere Lebensaufgabe besteht darin, der Welt zu vergeben, und Vergebung bringt Frieden.

95

Bedürfnisse und deine Geschäftigkeit

Je mehr Bedürfnisse wir haben, umso mehr sind wir damit beschäftigt, sie erfüllt zu bekommen. Bedürfnisse entstehen durch Trennung, und weil wir die Einsamkeit der Trennung nicht ertragen können, tun wir Dinge, die uns auf Trab halten. Wir wollen jedoch nichts haben, was unsere Einsamkeit beenden oder unsere Bedürfnisse erfüllen könnte, weil wir dann unsere Unabhängigkeit verlieren würden, die unsere Einsamkeit und unsere Bedürfnisse dissoziiert, aber gleichzeitig dafür sorgt, dass wir sie weiterhin in uns tragen. Wir benutzen die Dissoziation der Geschäftigkeit, damit wir den Schmerz, den Verlust, das Bedürfnis, die Angst, die Schuld oder die Gefühle der Unzulänglichkeit nicht fühlen müssen, die mit Trennung einhergehen. Wir gelangen an einen Ort, an dem wir Bedürfnisse haben, können aber nicht das ganze Ausmaß des Unbehagens fühlen, das damit einhergeht. Es könnte uns vielleicht stärker motivieren, uns zu ändern und die Verbundenheit zurückzugewinnen, die wir leichtfertig aufgegeben haben, während wir gleichzeitig einen anderen Menschen zu Unrecht beschuldigt haben, uns zum Opfer gemacht zu haben.

Unsere Geschäftigkeit soll unter Beweis stellen, wie wichtig wir sind, und unser Ego und die Besonderheit nähren, durch die es gedeiht. Unsere Bedürfnisse lenken die Aufmerksamkeit auf uns selbst. Sie versuchen zu nehmen, können aber nicht empfangen und bringen uns dazu, immer mehr haben zu wollen. Geschäftigkeit, die unwahr ist, ist an Gier geknüpft, und beide halten uns in Dissoziation und Leblosigkeit gefangen, die Partnerschaft, Nähe und Erfolg im Weg stehen. Diese Form der Unabhängigkeit ist ein schlechter Ersatz für und ein bloßes Zerrbild der Freiheit, die mit Verpflichtung kommt. Geschäftigkeit ist eine Kompensation gegen die Leblosigkeit, die von Rollen herrührt. Sie wird benutzt, um Schuld und Aufopferung, die ödipale Verschwörung, Konkurrenz, Angst vor dem nächsten Schritt, Angst vor Erfolg und Angst vor Nähe zu verbergen. Diese Form der Geschäftigkeit trägt keine Früchte, weil sie als eine Abwehrstrategie benutzt wird.

Bedürfnisse sind Glaubenssätze an Mangel, und Geschäftigkeit ist der Glaube, dass wir allein sind und einen Weg finden müssen, unsere Bedürfnisse aus eigener Kraft zu erfüllen. Wir erschaffen äußere Götzen, von denen wir glauben, sie könnten uns Befriedigung bringen, und das sorgt dafür, dass wir ständig auf der Jagd danach sind. Wenn wir sie bekommen, bringen sie uns keine Befriedigung, weil wir die Trennung und die Einstellung des Nehmens nicht geheilt haben, die von ihnen herrührt. Geben würde diese Dinge heilen.

Geschäftigkeit ist ineffektiv. Sie vergeudet unsere Zeit und ist nicht im Fluss, sodass sie weder Glück bringt noch mühelos ist. Geschäftigkeit verbirgt unsere Sehnsucht nach dem Formlosen. Was wir in der Form suchen, ist das, was nur GOTT uns in unbegrenzter Formlosigkeit geben kann. Es kann nicht auf eine Form oder auf äußere Götzen begrenzt werden. Unsere Verbindung mit GOTT stellt sich in der Stille ein. Sie ist unser einziges Bedürfnis, das in Wahrheit nicht von Geschäftigkeit abhängig ist. Geschäftigkeit ist genau genommen eine Abwehrstrategie des Egos gegen GOTT.

Verpflichtung zentriert uns, und Zentriertheit bringt uns Frieden und Effektivität zurück, während sie gleichzeitig unsere Bedürfnisse heilt. Es ist an der Zeit, dass wir prüfen, in welchem Maße unser Leben von Geschäftigkeit geprägt ist und in welchem Maße wir außerhalb von uns suchen. Wenn wir unsere Zeit nicht weiterhin mit der Suche nach Dingen vergeuden wollen, die uns nicht glücklich machen, können wir den HIMMEL darum bitten, uns einen besseren Weg zu zeigen. Er geht mit einem stillen Geist einher, der Frieden bringt.

96

Was willst du wirklich?

Die Welt besteht ebenso aus Konzepten wie das Selbst. Diese inneren Konzepte trennen uns von uns selbst, von anderen Menschen und von der Welt, und sie bringen Angst und Schuld. Sie rühren von Urteilen her, die wir über uns selbst gefällt und dann abgespalten, verdrängt und nach außen projiziert haben. Auf die gleiche Weise haben wir ein Bild von uns selbst erschaffen, eine Selbstidentität, die zwei Gesichter hat. Das erste Gesicht ist das Gesicht unschuldigen Leidens, während das zweite, verborgene Gesicht das Gesicht bösartigen Angriffs ist. Dieses Gesicht verurteilt die Welt ständig für das, was sie uns angetan hat, obwohl es in Wirklichkeit das ist, was *wir* insgeheim getan haben.

Wir haben die Welt benutzt, um ein Selbst zu erlangen. Dieses Selbst soll uns eine besondere Identität und damit eine besondere Stellung geben, die uns aber gleichzeitig von der Welt trennt. Das Selbst, das wir geschaffen haben, ist ein anklagender Finger der Verurteilung, der sagt: „Schau nur, was du mir angetan hast. Ich leide deinetwegen. Wegen dem, was du mir angetan hast, bin ich so, wie ich bin. Es ist dein Fehler, dass ich so bin, wie ich bin. Und daran, wie ich bin, lässt sich nichts ändern." Diese Einstellung führt zu Problemen, Schwierigkeiten und Distanz.

Ist es das, was du wirklich willst? Kann es dir Befriedigung bringen? Wir brauchen das Selbst, das wir aufgebaut haben, wirklich nicht. Streife es ab, und die Liebe wird an seine Stelle treten, weil der HIMMEL uns als viel mehr geschaffen hat. Unsere Konzepte haben zu der Art und Weise geführt, in der wir die Welt und uns selbst wahrnehmen. Sie erschaffen die Geschichten, die unser Leben sind. Ist das wirklich das Leben, das du haben willst? Wir können unsere Wahrnehmung ändern. Unsere Erfahrung ist nicht die Wirklichkeit. Sie ist keine Tatsache, sondern eine Wahl. Wir können sie jederzeit ändern. Betrachte deine Wahrnehmung und sage dir:

„Dieser Fehler, den ich sehe, ist nicht die Wahrheit. Will ich das Problem, oder will ich die Antwort?"

Nimm dann wahr, ob dein Problem sich anders darstellt und ob dein Gefühl sich verändert hat. Es kann sich positiv verändern, negativ verändern oder gleich bleiben. Wenn es sich negativ verändert, bist du auf tief eingepresste, dissoziierte Emotionen gestoßen. Wenn sich nach der siebten Wiederholung immer noch keine Veränderung eingestellt hat, hältst du an deinem Problem fest. Vertraue dem Prozess, wiederhole die Aussage und stelle dir die Frage:

„Dieser Fehler, den ich sehe, ist nicht die Wahrheit. Will ich das Problem, oder will ich die Antwort?"

Wiederhole diese Worte mit großer Entschlossenheit und bitte um die Hilfe des HIMMELS, bis das Problem sich vollständig aufgelöst hat und nur die Liebe und Freude bleiben.

97

Die Erwartungen deiner Eltern erfüllen

Wie würdest du dich fühlen, wenn du allen Erwartungen deiner Eltern gerecht würdest? Würde es dich glücklich, stolz und dankbar machen? Würde es dafür sorgen, dass du im Fluss bist? Du magst vielleicht dein ganzes Leben lang versucht haben, die Erwartungen deiner Eltern zu erfüllen, ohne je Erfolg zu haben, aber du kannst es jetzt in nur wenigen Minuten erreichen, *wenn du es wirklich willst*. Dazu musst du zunächst erkennen und begreifen, dass deine Emotionen von dir und nicht von dem herrühren, was deine Eltern getan oder nicht getan haben. Dies ist das Urprinzip emotionaler Reife. Wenn du dieses Prinzip verwirklichst, erlangst du deine Macht zurück, und du erkennst, dass du dir alle Opfersituationen selbst angetan hast.

Ebenso gilt, dass du das, was du dir selbst angetan hast, auch wieder ungeschehen machen kannst. Dies verändert deine Geschichte, deine selbstsabotierenden Muster und das, was deinem Erfolg im Weg steht. Es gibt dir das Einfühlungsvermögen, das du brauchst, um den HIMMEL auf Erden zu erleben oder zumindest ein goldenes Leben zu leben.

Kehren wir nun zu den Erwartungen deiner Eltern zurück. Erwartungen führen zu Enttäuschung und Frustration. Es sind Forderungen, die Druck und Stress erzeugen. Wir treiben uns an, geben auf oder gehen in zu viele unterschiedliche Richtungen, geraten in Aufregung oder in einen Burnout, strengen uns zu sehr an und werden perfektionistisch. Alle diese Dinge mögen zwar den guten äußeren Schein wahren, können uns aber keine Befriedigung bringen, weil wir in diesem Stadium in besonders hohem Maße dissoziiert sind.

Ein weiteres wichtiges Prinzip, das du verstehen musst, lautet, dass die einzigen Erwartungen, die dir zu schaffen machen, die Erwartungen sind, die du an dich selbst stellst. Nehmen wir beispielsweise an, dass ich drei unterschiedliche Erwartungen an dich habe. Nimm wahr, welche dieser Erwartungen dich unter Druck setzen, während du sie liest und verinnerlichst.

1. Wenn du dich aller Probleme entledigen willst, die du hast, *solltest* du eine Bank ausrauben. Du *solltest* es wirklich tun.
2. Du *musst* härter arbeiten, wenn du erfolgreich sein willst. Das ist der Preis, den du zahlst. Du *musst* es tun.
3. Du *musst* deinen Kindern wirklich ein besserer Vater beziehungsweise eine bessere Mutter sein, und du *solltest* deinen Eltern wirklich ein besseres Kind sein. Und seien wir ehrlich, du *musst* in all deinen Beziehungen ein besserer Partner sein.

Alle drei Erwartungen sind gleich groß, aber nur die Erwartungen, die du an dich selbst richtest, verursachen dir Stress. Wir wollen nun ein Experiment durchführen, in dem deine Eltern in allen drei Fällen die gleichen Erwartungen an dich stellen. Sie selbst und ihre Erwartungen an dich ändern sich nicht. Das Experiment besteht darin, dass du ihnen gegenüber drei unterschiedliche Haltungen einnimmst und wahrnimmst, welche Wirkung dies auf dich hat. Ich wiederhole noch einmal, dass die Haltung deiner Eltern in allen drei Fällen unverändert bleibt, du ihnen gegenüber jedoch drei unterschiedliche Haltungen einnimmst.

1. Du bist der Auffassung, dass deine Eltern wirklich schlechte Eltern sind, die keine Ahnung davon haben, wie man ein Kind erzieht. Sie machen dumme Fehler und scheinen sich nicht wirklich zu kümmern. Wie fühlst du dich ganz allgemein, wenn du sie aus diesem Blickwinkel betrachtest? Was denkst du über dich selbst?
2. Du schaust deine Eltern an und erkennst, wie viel sie in ihrer Kindheit und durch das Leben mit ihren Eltern verloren haben. Du erkennst, wie sehr sie sich als Verlierer gefühlt und geglaubt haben, als Eltern zu versagen. Sie tun dir wirklich leid. Du hast Mitleid mit ihnen, weil sie dich unter Druck setzen, damit du nicht so endest wie sie selbst. Wie fühlst du dich ganz allgemein, wenn du sie aus diesem Blickwinkel betrachtest? Was denkst du über dich selbst?
3. Du schaust deine Eltern an und erkennst, was sie für eine Kindheit hatten und wie schwer es für sie gewesen ist. Du fragst dich, ob du deine Sache genauso gut gemacht hättest, wenn du ihr Leben mit ihren Eltern geführt hättest. Be-

trachte sie in dem Wissen, dass sie alles gegeben haben, was sie hatten, und dass sie das Beste getan haben, dessen sie in Anbetracht der Umstände fähig waren. Sie wollten nur das Beste für dich, auch wenn sie sich manchmal ein wenig zu sehr bemüht haben. Wie fühlst du dich ganz allgemein, wenn du sie aus diesem Blickwinkel betrachtest, und was denkst du über dich selbst?

Fast alle Menschen, mit denen ich dieses Experiment durchgeführt habe, haben mir berichtet, dass sie sich bei der ersten Haltung nicht gut gefühlt und schlecht über sich selbst gedacht haben. Bei der zweiten Haltung waren Gefühle von Traurigkeit und Selbstmitleid vorherrschend. Bei der dritten Haltung hatten sie ein gutes Gefühl und eine gute Einstellung zu sich selbst. Deine Eltern haben sich in allen drei Fällen nicht verändert. Deine Gefühle und deine Einstellung zu dir selbst haben sich abhängig davon verändert, welche Haltung du eingenommen hast.

Gehe der Frage nach, wie du dich in deiner Kindheit gefühlt hast. Welche der drei Haltungen kommt deinen eigenen Gefühlen am nächsten? Die Art und Weise, in der du dich selbst erfahren hast, entspricht der Haltung, die du deinen Eltern gegenüber an den Tag gelegt hast. Das ist jedoch die Vergangenheit. Welche Haltung möchtest du für die Zeit deiner Kindheit deinen Eltern gegenüber *jetzt* einnehmen? Deine Haltung ihnen gegenüber gibt dir deine Emotionen in Bezug auf das Leben und auf dich selbst. Wenn deine Eltern deine Erwartungen nicht erfüllt haben, hast du fast immer geglaubt, dass du ihre Erwartungen nicht erfüllt hast. Etwas von jemandem zu erwarten bedeutet, dass du es ihm oder dir selbst nicht gibst.

Du hast die Wahl, wie es jetzt sein soll. Du kannst *deine* Erwartungen an deine Eltern loslassen und eine gute Einstellung zu dir selbst entwickeln. Du kannst ihnen und dir selbst geben und dir die Haltung zu eigen machen, dass sie das Beste getan haben, dessen sie fähig waren, um dich von dem Druck zu befreien, den sie scheinbar auf dich ausgeübt haben, den du in Wirklichkeit jedoch auf dich selbst und auf sie ausgeübt hast.

98

Was Götzen dich vergessen machen wollen

Die Götzen und falschen Götter, von denen wir glauben, dass sie uns retten und glücklich machen werden, hoffen, dass wir uns nicht daran erinnern, dass dauerhaftes Glück von dem Ort in uns herrührt, an dem GOTT und die Ganzheit zu finden sind. Jedes Mal, wenn wir uns von einem anderen Menschen getrennt haben, war es, als sei ein Loch in der Ganzheit entstanden, eine Spaltung im EINSSEIN. Was wir durch unser Urteil abgespalten haben, wurde zu dem, wonach wir anschließend in der Welt gesucht haben, dem wir aber gleichzeitig aus dem Weg gegangen sind.

Götzen wollen uns vergessen machen, dass wirkliches Glück von innen kommt und dass unser Bewusstsein gespalten ist, wenn es darum geht, das zu erreichen, was wir außerhalb von uns suchen. Wir wollen es und wollen es gleichzeitig nicht. Das führt dazu, dass wir hart arbeiten müssen, um unsere Ziele zu erreichen. Götzen wollen uns vergessen machen, dass sie erfundene Illusionen sind, die unsere Verluste kompensieren sollen. Unsere Götzen verkörpern in Wahrheit bestimmte Aspekte unserer selbst, die wir in unserer Vorstellung abgeschnitten haben, und in Wirklichkeit tragen wir das, was wir abgespalten haben, nach wie vor in uns. Götzen wollen uns glauben machen, dass wir schwach sind, und das stärkt ihre scheinbare Macht, uns zu retten. Dabei tragen wir selbst die Macht in uns. Es ist die Macht GOTTES, und wir brauchen CHRISTUS nur um die Macht zu bitten, während wir allen Zeichen von Schwäche, Krankheit und Elend sowie allen Götzen aus dem Weg gehen, die uns in Schwäche und in Gefühlen der Hilflosigkeit gefangen halten.

Unsere Götzen wollen uns vergessen machen, wer wir sind. Wir sind GOTTES KINDER und können jederzeit um Hilfe bitten.

„Alle Götzen dieser Welt wurden gemacht, damit verhindert wird, dass du die Wahrheit im Inneren erkennst, und um die Treue dem Traume gegenüber aufrechtzuerhalten, dass du das finden musst, was außerhalb von dir ist, um vollständig zu sein und glücklich. Es ist vergeblich, Götzen in der Hoffnung auf den Frieden anzubeten. GOTT weilt im Inneren, und deine Vollständigkeit liegt in IHM. Kein Götze tritt an SEINE Stelle."

Ein Kurs in Wundern, T.29.VII.6:1-4

Vergib allen Versuchungen. Wenn du Götzen siehst, erlaube dir, die Angst und das Elend zu sehen, das sie bringen. Vergib allem und wende dich nach innen, wo die Stärke des HIMMELS dich erwartet.

Konkurrenz und Konflikt

Konkurrenz ist eine Folge von verlorener Verbundenheit und Trennung. Sie ist ein Trick des Egos, der dafür sorgen soll, dass wir auf der Stelle treten und in Mangel und Angst gefangen sind. Das Ego macht uns glauben, dass wir einen anderen Menschen besiegen müssen, um es zu etwas zu bringen oder erfolgreich zu sein. Konkurrenz hat jedoch Kämpfe und Konflikte zur Folge. Sie basieren auf Gefühlen der Überlegenheit, fordern jedoch Anstrengung und harte Arbeit. Konkurrenz ist auf dem Teufelskreis von Überlegenheit und Unterlegenheit sowie auf dem Teufelskreis und dem großen Krieg von Gewinnen und Verlieren aufgebaut. Diese Dualitäten verlangen, dass ihr jeweiliger Gegensatz ein Teil der Erfahrung ist. Konkurrenz und die Konflikte, die sie verursacht, führen meist zu Rückzug und daraus folgender Leblosigkeit, um nichts zu verlieren. Dies vertreibt den Frieden. Frieden ist jedoch der Ursprung, aus dem Erfolg, Fülle, Glück und Liebe hervorgehen. Konkurrenz fordert harte Arbeit. Sie ist eine Ablenkung und eine Verzögerungstaktik, die sowohl Erfolg als auch Nähe fernhalten soll. Der Konflikt, den Konkurrenz erzeugt, verhindert, dass wir empfangen können. Konkurrenz kompensiert Angst. Sie verbirgt die Angst, setzt sich aber nicht mit ihr auseinander. Die Angst, die wir in uns tragen, ist die Mauer, die uns von uns selbst, von anderen Menschen und von GOTT trennt.

Die Gesellschaft ist von Konkurrenz geprägt, weil unsere Familien, nachdem sie ihre Verbundenheit verloren haben, von Konkurrenz geprägt sind. Unsere Generation hat jedoch versprochen, die Verbundenheit wiederherzustellen, und jetzt ist die Zeit gekommen, in der wir dieses Versprechen erfüllen wollten. Unsere Verpflichtung zur Partnerschaft und Zusammenarbeit mit allen Menschen und mit dem HIMMEL lässt die Wunder zu, die notwendig sind, um der Welt ihre Verbundenheit zurückzugeben. Es ist an der Zeit, die Konkurrenz zugunsten von

Verpflichtung aufzugeben, weil Verpflichtung die Konflikte der Vergangenheit heilt, die Angst vor dem nächsten Schritt heilt und uns unser Herz zurückbringt, damit wir empfangen können. Das stellt das Gleichgewicht und den Fluss in unserem Leben wieder her.

100

An den falschen Orten
nach Macht streben

Wenn wir nach Macht streben, dann bedeutet das, dass wir sie verloren oder nie besessen haben. Weil es uns an Selbstvertrauen mangelt, wollen wir Macht über andere Menschen gewinnen. Wir versuchen, mit Menschen in Übereinstimmung zu gelangen, die über diese Macht verfügen, weil anderenfalls auch wir zum Opfer der Menschen werden, die diese Macht zu besitzen scheinen. Das Streben nach Macht schließt in sich, dass etwas außerhalb von uns in der Lage ist, uns Macht zu geben, aber das, was uns wirklich ermächtigen kann, kommt von innen. Alle Macht ist von GOTT, und GOTT ist in uns. Wir stürzen jedoch nach draußen und streben danach, das zu bekommen, was wir bereits weggeworfen haben. Jedes Mal, wenn wir uns trennen, gehen Verbundenheit und Unschuld verloren. Unser Bewusstsein ist gespalten. Es will Liebe, Erfolg und Macht, und gleichzeitig will es sie nicht. Ein gespaltenes Bewusstsein ist ein Ort der Schwäche. Ganzheit, die Unschuld ist, ist ein Ort der Stärke. Wir suchen nach dem, was wir bereits weggeworfen haben. Wir suchen nach dem, was wir haben und gleichzeitig nicht haben wollen, weil wir zwiegespalten sind. Deshalb suchen wir ständig an den falschen Orten. Deshalb reden wir uns ein, dass Beherrschung und Angriff nicht Ausdruck von Angst und Schwäche, sondern Formen der Macht sind. Je mehr wir in dieser Weise nach Macht streben, umso größer wird unsere Abwehr. Je größer unsere Abwehr wird, umso größer wird unsere Angst.

Wir wollen beweisen, dass wir machtlos sind, denn wenn wir machtlos sind, sind wir nicht verantwortlich für unser Leben und für das, was uns geschehen ist. Dann trägt jemand anderer die Schuld. Wir glauben, dass entweder jemand anderer die Schuld trägt oder dass wir selbst die Schuld tragen, und wir wollen nicht, dass es unser Verschulden ist. Deshalb sind wir bereit, uns zum Opfer machen zu lassen, um anderen Menschen zu Unrecht die Schuld daran geben zu können. Verantwortung ist Macht, und wenn wir in unserer Schlammschlacht die Verantwortung verlieren, dann glauben wir, frei zu sein. Wir haben eine ganze Welt aufgebaut, in der wir als grenzenloser, reiner Geist scheinbar begrenzt sind. Wir haben eine ganze Welt aufgebaut, um uns eine Identität zu geben. Diese Identität – der ganze Stolz unseres Egos – ist jedoch auf der Zerstörung unserer Verbundenheit aufgebaut, und das macht uns schwach, ängstlich, schuldig und getrennt. Wie kann das Macht sein? Wir haben den Preis in Form dieser Dinge bezahlt, damit wir unabhängig sein konnten. Diese Unabhängigkeit war jedoch keine Freiheit, sondern eine Rolle, die uns Grenzen auferlegt und dissoziiert und die uns den Eindruck vermittelt hat, dass wir die Kontrolle haben, im Recht sind und unseren eigenen Weg gehen. In seinem Streben danach, GOTT zu sein, sind diese Dinge dem Ego lieb und teuer, aber in Wirklichkeit sind sie Zeichen von Angst und Schwäche.

Die Welt ist buchstäblich daraus entstanden, dass wir uns selbst verurteilt, Anteile von uns abgespalten, verdrängt und dann nach außen auf die Welt projiziert haben. Das gibt uns ein Bewusstsein anstelle der Freude reinen Gewahrseins. Alle Gedanken, die dem Bewusstsein entsprungen sind, erschaffen die Welt, in der wir leben. Deshalb ist die Welt ein Traum: Sie kommt von unseren Gedanken. Jeder Gedanke, den wir haben, ist eine Suche. Er sucht nach einem äußeren Ziel. Wir suchen außerhalb von uns nach dem, wovon wir glaubten, es von unserem *Sein* abspalten zu können. Obwohl dies nicht möglich ist, haben wir geträumt, dass es möglich sei, weil wir wollten, dass es so ist. Nun suchen wir nach dem, was wir fortgestoßen haben, und glauben, dass wir, wenn wir es besitzen, unsere Macht zurückerlangen. Wir glauben, dass alles, was wir ansammeln oder bekommen wollen, uns Macht verleiht. Jedes Bedürfnis, jeder Akt des Schwelgens, jede Sucht und jeder Götze soll eine innere Leere ausfüllen und will beweisen, dass wir Macht besitzen. Wir werden in diesen Dingen keine Macht finden. Wir werden flüchtiges Vergnügen oder Schmerz finden, müssen an neuen und anderen Orten aber weiterhin nach Macht streben, denn dadurch, dass wir unsere Macht weggeworfen haben, haben wir uns von GOTT abgeschnitten. Wir versuchen unaufhörlich, das zu finden, was wir verloren und weggeworfen haben, aber wir werden es nicht dort finden, wo wir danach suchen.

„Du gibst ihr (der Welt) Ziele, welche sie nicht hat, und so entscheidest du, wozu sie da ist. Du trachtest, einen Ort der Götzen in ihr zu sehen, die außerhalb von dir gefunden werden und die Macht haben, das vollständig zu machen, was innen ist, indem sie, was du bist, zwischen den beiden spalten."

Ein Kurs in Wundern, T-29.VII.8:2-3

Macht in einem nächtlichen Traum zu gewinnen, bedeutet nichts, wenn du am Morgen aufwachst. Macht in einer Traumwelt zu gewinnen, hat die gleiche Bedeutung. Wir leben in einer Welt der Illusionen. Was hier gewonnen wird, um uns zu ermächtigen, hat abhängig davon, wofür es eingesetzt wird, wenig oder keine Bedeutung. Wenn es eingesetzt wird, um uns weiterzuentwickeln oder anderen Menschen zu helfen, damit sie erwachen können, dann besitzt es Macht. Anderenfalls ist es wie ein Traum, den wir in der Nacht träumen. Es hat keine wirkliche Konsequenz. *Ein Kurs in Wundern* spricht davon, dass unsere Stärke die Schwäche des HIMMELS und unsere Schwäche die Stärke des HIMMELS ist.

Der HIMMEL unterstützt dich, wann immer du Hilfe brauchst, es sei denn, dass du deiner eigenen Bitte im Weg stehst. Dies ist der einzige richtige Ort, um nach Macht zu streben. Sie ist da, wenn du sie brauchst und um sie bittest. Diese Macht trägst du stets in dir. Je mehr du um sie bittest und sie empfängst, umso mehr weißt du, dass sie dir gehört. Die MACHT hat dich als mächtig geschaffen. Dies ist dein Vermächtnis als reiner Geist. Es erwartet dich jetzt als du selbst.

Nachwort

Glück, Erfolg und Liebe sind die höchsten Formen des Seins in dieser Welt, Gehe wir zu unserem *Sein* erwachen. Unser *Sein* ist der reine Geist unseres wahren Wesens, und hier erkennen wir, dass wir grenzenlose Liebe, ein Teil der GRENZENLOSEN LIEBE sind, die uns geschaffen hat. Unser *Sein* zeigt unseren grenzenlosen Willen, sodass unsere Macht immer größer wird, je mehr wir die Hindernisse aus dem Weg räumen, die uns vom reinen Geist unserer wahren Wesensnatur fernhalten. Wir geben widerstreitende Ziele auf, um haben zu können, was wir wirklich wollen. Wir wollen in Wirklichkeit den HIMMEL und nicht die Hölle, sodass wir, wenn wir unsere Selbstkonzepte auflösen, den reinen Geist unserer wahren Wesensnatur in immer höherem Maße kennenlernen. Wir befreien uns von den zahllosen Fallen des Egos, die versuchen, die bestehende Situation aufrechtzuerhalten, statt unbeschwerte evolutionäre Veränderung zuzulassen. Unser Ego will, dass das Leben und wir selbst so bleiben, wie wir sind. Der HIMMEL und unser höheres Bewusstsein wollen segenbringende Veränderung für uns, bis wir unser *Sein* erreichen. Das *Sein* ist der Teil von uns, der sich für den glücklichen Traum als den Ort entscheidet, an dem die Wahrscheinlichkeit am größten ist, dass wir zu unserer höchsten Bestimmung als KIND GOTTES erwachen – zum *Sein* im *Sein selbst*, in ekstatischer Freude und im EINSSEIN.

Danksagungen

Partnerschaft und Unterstützung sind das, worum es im Leben geht. Ich weiß, dass ich es auf mich allein gestellt niemals schaffen könnte. Menschen, die in so hohem Maße unabhängig sind, dass sie glauben, es zu können, führen sich selbst an der Nase herum. Ich danke Cilla, meiner Büromanagerin, und Pua, unserer Haushälterin, für ihre Unterstützung und dafür, dass sie im Büro und zu Hause für einen reibungslosen Ablauf sorgen, sodass meine Frau und ich uns vielen anderen drängenden Themen zuwenden können. Sunny ist die beste Sekretärin, die ich mir wünschen kann. Sie organisiert alles und sorgt für einen reibungslosen Austausch zwischen uns beiden und später zwischen meinem Lektor und mir. Mein Lektor Paul Mark Wadleigh, Professor an der Washington State University und der Gonzaga University, ist nicht nur ein alter Freund, sondern trägt aufgrund unserer natürlichen geistigen Übereinstimmung auch zur besseren Lesbarkeit meiner Bücher bei. Ich möchte mich bei Werner Vogel bedanken, meinem Herausgeber beim Verlag Via Nova, der ein inzwischen langjähriger Freund und zudem eine enorme Unterstützung ist und der wie wir alle an die Vision der Heilung dieser Welt glaubt. Ich danke meiner Frau, die eine ständige Quelle der Unterstützung und der Inspiration für mich ist, und meinen Kindern, die mich gemeinsam mit meiner Frau schon allein durch ihr Dasein unterstützen und inspirieren.

Seit vielen Jahren inspirieren mich auch die mystischen Dichter in der englischen Übersetzung von Daniel Ladinsky, und seine Bücher bieten sowohl geistige Nahrung als auch eine weitere Möglichkeit, die Himmelsleiter zu erforschen. Zum Schluss möchte ich den Stellenwert hervorheben, den *Ein Kurs in Wundern* in meinem Leben einnimmt. Der *Kurs* hat mir zahllose Erkenntnisse und ein enorm hohes Maß an Heilung geschenkt, und er ist für mich einfach eine fortwährende Quelle der Erhebung. Ich lese und wende ihn nun seit über vierzig Jahren an, und in dieser Zeit hat er mich von unzähligen Fallen befreit. Er inspiriert mich dazu, seine Prinzipien der Heilung in meinen eigenen Büchern weiterzugeben.

Worte der Kraft
aus „Ein Kurs in Wundern"
mit Interpretationen von Chuck Spezzano

Hardcover, 400 Seiten, ISBN 978-3-86616-358-4

Nicht viele Bücher der Menschheitsgeschichte haben eine solch große transformatorische Kraft und Dimension wie das Buch „Ein Kurs in Wundern". Auch der weltberühmte Weisheitslehrer Chuck Spezzano schöpft seit Jahrzehnten aus der göttlichen Inspiration dieses Meisterwerks. Er hat daraus für 365 Tage jeweils eine Botschaft in einem Satz ausgewählt und sie in einem kurzen Ausschnitt als Zitat in den Zusammenhang des Buchtextes gestellt. Er gibt dann seinen eigenen Kommentar zu den ausgewählten „Worten der Kraft", tief berührende Erläuterungen, Anregungen, Anstöße und Interpretationen. Dieses Buch ist ein wahrhaftiger „Seelen-Begleiter" im Alltag, durchdrungen von göttlicher Weisheit und Liebe. Es enthält Worte, die unser tiefstes inneres Sein nähren und erhellen können, und ist bestens geeignet für alle, die „Ein Kurs in Wundern" erst noch kennenlernen möchten.

Karten der Sexualität
Liebe und Zärtlichkeit
Illustrationen von Petra Kühne
Chuck Spezzano

100 farbige Karten mit Begleitbuch (Paperback), 304 Seiten, ISBN 978-3-86616-375-1

Sexualität ist eine der wohl kraftvollsten menschlichen Energien überhaupt. So vielfältig und individuell die Erfahrungsräume dabei sein mögen, in der Essenz zeigt sich doch immer die Sehnsucht nach Liebe und nach dem Eins-Sein mit dem Göttlichen. Dieses neue Karten-Set mit einem ausführlichen Begleitbuch von Chuck Spezzano konfrontiert uns in unverstellter Ehrlichkeit und zugleich lebendiger Weisheit mit all den facettenreichen Aspekten und Seiten des Themas. Der Autor lässt uns innehalten, nachspüren und vergegenwärtigen. Er ermuntert uns, Hindernisse für die Liebe zu überwinden, egoistisches Verhalten zu durchschauen, ungesunde Muster aufzulösen und führt so zu mehr Nähe, Verbindung und Zärtlichkeit. Die exzellenten und künstlerisch hochwertigen Illustrationen unterstreichen noch die tiefgründigen Erkenntnisse des Weisheitslehrers Chuck Spezzano.

Das Spiel des Lebens gewinnen
Die menschliche Existenz auf eine höhere Ebene bringen
Chuck Spezzano

Hardcover, 288 Seiten, ISBN 978-3-86616-376-8

Solange Du Deine Muster, Widerstände und Konditionierungen nicht wirklich erkannt und aufgelöst hast, bist Du ein Gefangener in diesem Spiel des Lebens. Die Frage ist ja: Worauf wartest Du? Und: Bist Du bereit für den nächsten Schritt? Dieses Buch kann die Eintrittskarte zu einem neuen Leben in einem erwachten Dasein werden. In seinem unermüdlichen Drang nach globaler Transformation und Heilung konfrontiert uns der weltberühmte Weisheitslehrer Chuck Spezzano schonungslos mit uns selbst und all unseren versteckten „Ego-Spielchen"! Es ist Zeit, den nächsten Level des Bewusstseins zu erreichen, und dieses Buch ist eine große Chance, das alte Spiel zu beenden, um im wahrhaftigen SEIN neu zu beginnen. In jedem Moment! (Your turn) Jetzt bist Du dran!

Dein Herz ruft nach Liebe
Wie deine Partnerschaft erblühen kann
Chuck Spezzano

Hardcover, 224 Seiten, ISBN 978-3-86616-390-4

Die Liebe – immer wieder die Liebe! Was sonst? Solange wir nicht vollkommen durchdrungen sind von dieser alles umfassenden Kraft, die jeden Moment strahlt, pulsiert und uns in ihrer ganzen Zartheit und Lebendigkeit erfüllt, so lange sind wir Lernende. Und erst, wenn unsere Herzen wirklich Quell des nicht endenden Lichts und Mitgefühls geworden sind, erst dann sind wir am Ziel, erst dann haben wir unsere wahre Bestimmung gefunden als wirkender Teil des Göttlichen. Der Autor öffnet uns Türen, zeichnet uns Wege, gibt uns Hinweise, Ausblicke, Inspirationen und nimmt uns an die Hand, um uns sicher durch das innere Labyrinth zu geleiten.

Ich bin bei Euch
Botschaften aus der göttlichen Welt für eine neue Zeit
Eva Maria Leonard

Hardcover, 176 Seiten, mit 24 farbigen Bildern, ISBN 978-3-86616-393-5

Im Spätsommer des Jahres 2013 nahm Eva Maria Leonard Fotos von ihrem Garten auf und machte eine erstaunliche Entdeckung: Auf den Fotos zeigten sich unerklärliche, in Licht gefasste Formen mit einer unglaublich intensiven, tief berührenden Ausstrahlung. Ganz so, als würden sie ein Tor zum göttlichen Licht öffnen, durch das die höchste Schwingung der Freude, der Liebe und des Friedens direkt in das Herz des Betrachters fließen kann. Schon bald kamen Botschaften aus der geistigen Welt hinzu, die ein allumfassendes Verständnis unseres Daseins vermitteln. Sie geben Orientierung, Halt und Zuversicht in einer sich verändernden Welt. Dieses Buch gibt Zeugnis von der Weisheit und Liebe göttlicher Präsenz, die uns jeden Moment umgibt und heilende Energien sendet, damit wir in neuem, erwachten Bewusstsein den Weg in eine lichtvolle Zukunft gehen können.

Den eigenen Platz im Ganzen finden
Persönlichkeitsentwicklung in einer globalisierten Welt
Anna Gamma

Paperback, 176 Seiten, ISBN 978-3-86616-399-7

Noch nie waren globales und persönliches Geschehen so eng miteinander verknüpft. Immer schwieriger wird es, dabei Orientierung und Zuversicht zu behalten und eine innere Basis zu finden, aus der heraus wir sinnvoll und positiv handeln können. In diesem Buch stellt Anna Gamma zwei Modelle vor, die nicht nur auf der Basis des logisch-rationalen Verstandes entwickelt wurden, sondern auf tiefen spirituellen Erfahrungen beruhen. Zeitgemäße Handlungsmodelle und wegweisende Vorschläge zur Entwicklung der eigenen Persönlichkeit werden dargestellt. So wird aus gefühlter Ohnmacht gelebte Verantwortung, aus innerer Stagnation freudvolles Gestalten, aus empfundener Zerrissenheit kraftvolle Gelassenheit. Ein Buch der Hoffnung, fundiert, realitätsbezogen, zutiefst ermutigend und nutzbringend in Beruf und Freizeit.